Nikolaus B. Enkelmann
Mit Freude erfolgreich sein

Nikolaus B. Enkelmann

Mit Freude erfolgreich sein

Motivieren · Begeistern · Überzeugen
Arbeitsbuch zur Persönlichkeitsbildung

mvg verlag

CIP-Kurztitelaufnahme der Deutschen Bibliothek

Enkelmann, Nikolaus B.:
Mit Freude erfolgreich sein : motivieren, begeistern, überzeugen ; Arbeitsbuch zur Persönlichkeitsbildung / Nikolaus B. Enkelmann. – 2. Aufl. – Landsberg am Lech : mvg-Verl., 1988.
ISBN 3-478-07080-5

2. Auflage 1988

8910 Landsberg am Lech
Umschlaggestaltung: Baeuerle & Gruber
Satz: Fotosatz H. Buck, 8300 Kumhausen
Druck: Presse-Druck Augsburg
Bindearbeiten: Thomas Buchbinderei, 8900 Augsburg
Printed in Germany 070 080/188352
ISBN 3-478-07080-5

Inhalt

Vorwort

Zum Gebrauch dieses Buches

Liebe Leser,

wenn Sie dieses Buch lesen, sind Sie bereits dabei, Ihr Leben *positiv* zu verändern. Deshalb sollten Sie es keinesfalls nur überfliegen, sondern die für Sie wichtigen Beiträge Satz für Satz »studieren«.

Dazu rate ich Ihnen folgende Leseweise: Sie wissen ja noch aus Ihrer Schul- oder Studienzeit, daß es besonders effektiv ist, wenn man »mit dem Bleistift« liest. Statt des Bleistiftes nehmen Sie zwei verschiedenfarbige Stifte, zum Beispiel einen grünen und roten Filzstift.

Mit dem grünen Stift unterstreichen Sie alles, was Ihre bisherigen Erkenntnisse bestätigt. (Das steigert Ihr Selbstbewußtsein.)

Mit dem roten Stift unterstreichen Sie die Erkenntnisse, die neu für Sie sind, und über die Sie jetzt zum ersten Mal nachdenken. (Das steigert Ihre Lernfähigkeit und aktiviert Ihr Gedächtnis.)

Dieser aktive Lesevorgang hat drei entscheidende Vorteile:

1. Sie aktivieren das bereits vorhandene Wissen.
2. Ihr Gehirn speichert und festigt mühelos neue Erkenntnisse.
3. Sie finden wichtige Informationen sofort wieder.

Nikolaus B. Enkelmann

Einleitung

Die Krise als Chance

Alle sprechen von der Krise. Wir nicht!

Die Zukunftsprognosen der meisten Medien sind pessimistisch. Ist dieser Pessimismus nun der Wegweiser unserer Zukunft?

Es ist zweifellos so, daß Menschen leicht beeinflußbare Wesen sind. Die pessimistischen Überschriften in Zeitungen und Zeitschriften haben sich inzwischen in so vielen Gehirnen festgesetzt, daß daraus eine negativ-lähmende Überzeugung wird. Die vieldiskutierte Basisfrage heißt:

Haben wir die Grenzen des Wachstums erreicht?

Leben heißt »Altes stirbt – Neues wird«. Auch im wirtschaftlichen Leben sieht es nicht anders aus. Es gibt, wie auch beim einzelnen, die zwei Möglichkeiten: sich auf vergangenen Erfolgen auszuruhen, oder sie zu verlängern oder zu erneuern.

Zu einer Krise kommt es immer dann, wenn aus Zufriedenheit aufgehört wurde, sich selbst oder eine Situation weiter zu entwickeln und auf Änderungen hin zu beobachten. Überall im Leben gilt die Maxime »Stillstand ist Rückgang!«

Zu allen Zeiten großer Krisen gab es positive und negative Beispiele. Hier meldeten Firmen Konkurs an, wo andere Millionenumsätze machten.

Der eine klagt, der andere stabilisiert.

Ausgangspunkt für unsere Analyse sind die Fragen:

- Warum geht es dem einen besser und dem anderen weniger gut trotz gleicher Voraussetzung?
- Ist das Zufall oder Planung?

Sicher ist es eine Binsenweisheit, daß der Mensch die Welt nicht so sieht, wie sie ist (die objektive Wirklichkeit), sondern so, wie sie ihm scheint. Ein indisches Sprichwort sagt: »Jeder sieht die Welt durch die Brille, die für seine Augen paßt.«

Also sieht jeder nur das, was er sehen will. Der Pessimist sieht in der Zukunft ganz andere Entwicklungsmöglichkeiten als der Optimist. Beide werden sich also in der gleichen Situation ganz unterschiedlich verhalten und damit ganz unterschiedliche Entwicklungen einleiten und bewirken. Eine Entwicklung nimmt einen positiven Anfang, die andere beginnt negativ; ein Trend, der sich automatisch im Laufe seiner Weiterentwicklung verstärkt.

Wir haben nicht nur die Möglichkeit, auf das Leben zu reagieren, sondern die Chance, durch unser eigenes Verhalten, andere zur Reaktion zu veranlassen. Wir sind also selbst Anfang und Ursache einer positiven Entwicklung.

Am Anfang ist immer der Gedanke,
ihm folgt die Idee, ihr die Tat.

Wir kennen aus der Medizin den »Placebo-Effekt« – den Erwartungs-Effekt. Ein Placebo sieht aus wie ein Arzneimittel, enthält jedoch keinen Wirkstoff. Placebos werden zuweilen von Ärzten verordnet, wenn der Patient das starke Bedürfnis nach Tabletten hat (Tablettensucht).

Fühlt sich der Patient nach der Einnahme besser, ist das ein psychologischer Effekt und nicht die Wirkung der Arznei. Bei Testsituationen reagieren 20 – 40 Prozent aller Personen auf Placebos positiv.

In Chicago bildete man zwei Studentengruppen. Die gemeinsame Aufgabe hieß, weiße Ratten zu dressieren. Der ersten Gruppe wurde die Information gegeben, es handle sich um sehr intelligente Ratten aus einer besonderen Zucht. Der zweiten Gruppe teilte man mit, es handle sich um Ratten ganz normaler Herkunft.

Nach vier Wochen wurden die Dressurleistungen miteinander verglichen. Das Ergebnis war wie erwartet:

Die erste Gruppe hatte besser dressierte Ratten als die zweite Gruppe, obwohl alle Tiere aus der gleichen Zucht stammten.

Ein weiteres Beispiel:

Ein Team von Psychologen testete eine Schulklasse auf ihren Intelligenz-Quotienten und teilte ihre Testergebnisse in einer anschließenden Lehrerkonferenz mit. Dabei erwähnten sie die Namen von vier Schülern, die bei diesem Test am besten abgeschnitten hatten.

Ein Jahr später wurde den Lehrern die Frage gestellt: »Wie haben sich alle Schüler im Lauf dieses Jahres entwickelt?«

Das Ergebnis war nicht weiter erstaunlich. Die vier Schüler, deren Namen man in der ersten Besprechung genannt hatte, waren zu den besten Schülern aufgerückt. Sie waren beachtet, gefordert und dadurch gefördert worden. Die Erwartung hatte den sichtbaren Erfolg produziert; denn die vier stammten ursprünglich aus dem Klassen-Durchschnitt.

Ein anderes Beispiel las ich vor vielen Jahren: Ein Franzose wanderte nach Amerika aus und gründete dort eine Französische Weingroßhandlung. Sein Unternehmen wuchs und wurde sehr bekannt. Zum 25-jährigen Geschäftsjubiläum gab er ein großes Fest mit vielen Ehrengästen und Journalisten. Einer stellte dem Weingroßhändler die bohrende Frage: »Sie haben sich zur Zeit der Weltwirtschaftskrise selbständig gemacht, ihren Betrieb aufgebaut und vergrößert. Was haben Sie für ein Erfolgs-System?«

»Sie werden mich auslachen, wenn ich es ihnen erzähle«, antwortete der Franzose. »In den ersten Jahren hier in Amerika waren meine Englischkenntnisse so dürftig, daß ich keine Zeitung lesen konnte. Deshalb wußte ich gar nichts von der Krise.«

Alles lebt aus der Beachtung und hört
durch Nichtbeachtung auf zu sein.

Nur das, was wir beachten, hat für uns Bedeutung. Beachten wir darum in Zukunft stärker unsere positiven Möglichkeiten und Chancen, Krisennachrichten sollten wir keine Beachtung schenken.

Mit den folgenden drei Aufgaben können Sie das eben Gelesene gleich trainieren.

1. Aufgabe

Werden Sie gleich aktiv, schreiben Sie fünf Antworten auf ein Blatt Papier zu der Frage:

Was kann ich besonders gut?

2. Aufgabe
Notieren Sie fünf weitere Antworten, nehmen Sie sich dabei etwas Zeit zum Überlegen:
Was kann ich davon in den nächsten zwei Monaten verbessern?

3. Aufgabe
Schneiden Sie aus einem leichten Karton zehn Kärtchen in der Größe von etwa 10 mal 4 cm. Schreiben Sie auf jeden Kärtchen den Satz:
Das nächste Jahr wird für mich ein Jahr des Fortschritts und des Erfolgs.
Warum ???

Das Wort *Warum* schreiben Sie besonders deutlich, setzen drei Fragezeichen dazu. Diese optische Betonung und die Satzzeichen aktivieren Ihr Unterbewußtsein besonders intensiv.

Als nächstes stecken und stellen Sie ein Kärtchen in jede Tasche, in den Terminkalender und an Orte, an denen Sie arbeiten oder sich länger aufhalten. Was bewirken diese kleinen Karten?

Jedesmal, wenn Sie ein Kärtchen sehen oder berühren, regen Sie Ihr Unterbewußtsein zur Kreativität an. Sammeln Sie Ihre Einfälle auf Zetteln; gewöhnen Sie sich generell an, Ideen und wichtige Gedanken sofort schriftlich festzuhalten.

Nach 14 Tagen schreiben Sie für sich einen etwa zweiseitigen Aufsatz mit dem Thema:

»Warum wird das nächste Jahr ein Jahr des Fortschritts und des Erfolgs für mich?«

Bewußtsein bewirkt Schöpfung. Nicht körperliche, sondern gedankliche Mehrarbeit bringt größeren Erfolg. Die Erfolgsursache liegt in Ihren Denkprozessen und Ihren Ideen.

Viele sprechen von der Krise. Sie nicht!

Ihre Blickrichtung heißt »Die Krise als Chance!« Sie gehören zu den Menschen, die ganz gezielt nach neuen Ideen Ausschau halten. Sie gehören zu dem Kreis, der ganz bewußt nach Chancen sucht und sie deshalb auch findet.

Die Stufen unseres Bewußtseins und ihre Beeinflußbarkeit

Wie oft stellen Sie sich die Frage:

Warum bin ich eigentlich so, wie ich bin?
Warum bin ich nicht ganz anders?
Warum habe ich mich gerade wieder so – und nicht wie geplant – verhalten?
Welche Mechanismen zwingen mich, so zu sein, wie ich bin.

Und die wichtigste Frage daraus:

Welche Möglichkeiten der Selbstkorrektur habe ich?

Kann der Mensch zu einem gesunden Selbstwertgefühl gelangen, wenn er sich gar nicht kennt?

Der Schlüssel zu all diesen Antworten unseres Seins liegt nur in uns selbst. Deshalb können uns auch nur Selbstbeobachtung und Selbsterkenntnis den Weg zum eigenen Verständnis weisen. Unsichtbares sichtbar zu machen, ist jedoch nicht einfach.

Bei den nachstehenden Modellen geht es darum, die in uns ablaufenden Prozesse zu begreifen und Korrekturen zu erlernen.

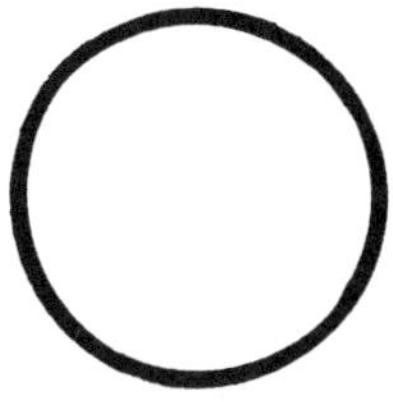

Der Kreis ist das Symbol für Harmonie und Vollendung

... mit der körperlichen und seelischen Säule

Ein Mensch, der noch in Ordnung ist, wird am besten durch das Symbol des Kreises dargestellt. Der Kreis ist das Symbol für Harmonie und Vollendung. Der gesunde Mensch besteht aus zwei geraden Säulen: dem körperlichen und dem seelischen Menschen.

Solange er lebt, sind Körper und Seele eine Einheit. Erst im Augenblick des Todes tritt eine Trennung ein.

Um unser Leben glücklich zu meistern, müssen die körperlichen und seelischen Kräfte harmonisch miteinander unseren bewußten Willen unterstützen. Das zeigt deutlich, wie die körperliche und seelische Verfassung sich gegenseitig fördern oder hemmen kann.

Leben ist ein Prozeß gegenseitiger Beeinflussung.

Der Körper beeinflußt den seelischen Menschen und der seelische Mensch – unser Unterbewußtsein – beeinflußt den Körper. Das Unterbewußtsein bestimmt also weitgehend mit, ob wir gesund oder krank sind. Lenken wir deshalb unsere Aufmerksamkeit auf den seelischen Menschen, der auch die Richtung unseres Lebens bestimmt. Das psychologische Dreieck verdeutlicht die Struktur des Bewußtseins am besten.

Das obere kleine Dreieck ist unser Ich, unser Urteils- und Kritikvermögen.

Viele Menschen glauben, daß dieses kleine Dreieck das Ganze ist. Dabei ist es nur als kleiner Teil sichtbar. Das Wesentliche ist – wie beim Eisberg – unsichtbar.

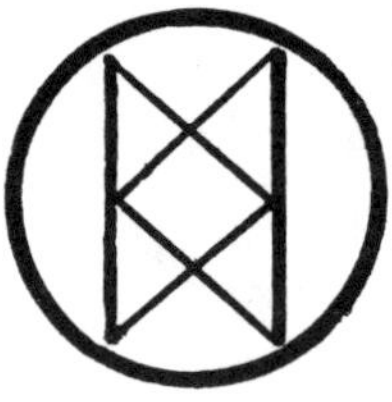

Körper und Seele beeinflussen sich gegenseitig

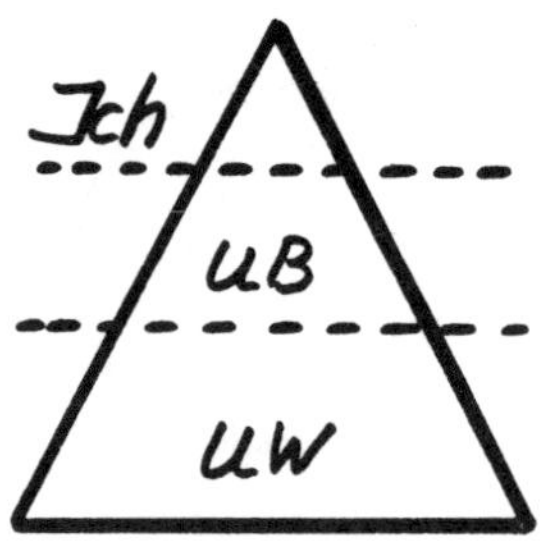

1. Dreieck: ICH – Urteils- und Kritikvermögen
2. Dreieck: Unterbewußtsein
3. Dreieck: Kollektives Unterbewußtsein

Die zweite Schicht nimmt wesentlich mehr Raum ein. Hier wird unser Leben wirklich gestaltet. Es ist unser Unterbewußtsein. Nur wenige Menschen kennen die Aufgaben und Möglichkeiten ihres Unterbewußtseins. Sie ahnen nicht einmal, wie unsere körperlichen, seelischen und geistigen Vorgänge und das Verhältnis zur Umwelt vom Unterbewußtsein gesteuert werden.

Glück und Unglück, Gesundheit und Krankheit, Klugheit und Dummheit, Harmonie und Aggression, Erfolg und Mißerfolg, Hoffnung und Verzweiflung – alles wird vom Unterbewußtsein produziert und gelenkt. Unsere Körperfunktion und der komplizierte Stoffwechsel, unsere schwankenden Gefühle und Stimmungen, unsere starken Antriebe und Hemmungen, auch unsere intellektuellen Leistungen und die Kontaktfähigkeit zur Umwelt sind unterbewußte Vorgänge.

Um diesen ungeheuerlichen Prozeß aktuell zu ermöglichen, sind alle Informationen unseres Lebens – von der Zeugung bis zu dieser Minute – gespeichert. Nichts hat Ihr Unterbewußtsein vergessen.

In der dritten Schicht, unter dem persönlichen Unterbewußtsein, liegt das kollektive Unterbewußtsein. Wir bezeichnen das kollektive Unterbewußtsein auch als unser Urwissen. In dieser Schicht sind – wie schon frühe Mystiker beobachteten – alle Informationen der Evolution gespeichert.

Lernen ist ein Wiedererinnern der Seele. (Plato)

Wir sind weiser, wissender und fähiger, als wir es ahnen und für möglich halten. Es gehört persönlich sehr viel Selbstbewußtsein dazu, seine eigene Größe zu akzeptieren.

Denn nur wenn wir diese Grunderkenntnis akzeptieren, machen wir uns auf den Weg, um uns von den negativen Fesseln der Angst, der Furcht und den Hemmungen zu befreien. Erst wenn wir den genialen Kern unserer Persönlichkeit begreifen, kann der Befreiungsprozeß von Krankheit, Armut, Depressionen, falschem Lebensweg und Unglück beginnen.

Die Trennungslinien zwischen den verschiedenen Schichten sind gestrichelt. Das heißt, je gelöster und gelassener ein Mensch ist, umso durchlässiger und besser miteinander verbunden sind die verschiedenen Bewußtseinsbereiche. Ideen und Erkenntnisse werden frei und können dem *Ich* bewußt werden. Ist ein Mensch aber verkrampft, verspannt oder gehemmt – nicht nur die Muskulatur seines Körpers –, so sind die Synapsen des Gehirns blockiert, und das Unterbewußtsein ist nicht in der Lage, auf harmonische Art genial zu reagieren und zu arbeiten. Das aber ist die Lebensbasis für jede freie Persönlichkeit.

Es gibt viele psychische und körperliche Wege, um dieses »spannungsfreie Ziel« zu erreichen. (Meine Motivations-Cassetten zeigen Ihnen einen gefahrlosen und weltanschaulich neutralen Weg.)

Unsere Übungen machen Sie weder vom Psychologen noch von einer Sekte noch von Tageszeiten oder bestimmten Glaubensformen abhängig.

Das Ziel heißt: jeder ist selbst der Meister seines Lebensweges. Da unser Lebensweg vom Unterbewußtsein gesteuert wird, sind wir von den gespeicherten Informationen abhängig. Jeder ist das vorläufige Endergebnis seiner eigenen Geschichte, geprägt von seinen Erlebnissen und Erfahrungen. Unser Gesicht ist die Landkarte unserer Vergangenheit. Alle Siege und Niederlagen – alles Glück und Unglück – Gesundheit und Krankheit – Lachen und Depressionen – sind in unserem Gesicht eingraviert.

Kein Mensch kann auf Dauer verhindern, daß sein Gesicht sein wahres Wesen widerspiegelt.

Wir alle werden leider zu oft von falschen, negativen Programmen gelenkt und geleitet. Wir meistern deshalb unser Leben in dem Augenblick, wo wir selbst und nicht der Zufall, unser Unterbewußtsein programmieren.

Wie sich dadurch unsere Situation langsam positiv verändern läßt, möchte ich Ihnen nun verdeutlichen.

Die Speicherkapazität unseres Gedächtnisses reichte aus, um 100 000 Jahre alt zu werden. Das heißt alle Frühkindheits-, Kindheits-, Jugend- und Erwachseneneindrücke sind zwar programmiert, aber wieviel neue Speichermöglichkeiten sind noch vorhanden?

Darin liegt unsere Chance. An der Vergangenheit können wir nichts ändern. Ändern jedoch können wir die Programme und Antriebe für unsere Zukunft. Täglich empfängt unser Unterbewußtsein neue, negative Impulse und weil wir dieses nicht vollständig unterbinden können, ist es notwendig, daß wir die Kunst der positiven Beeinflussung unseres Unterbewußtseins praktizieren. Damit sind wir bei der lebenswichtigen Bedeutung des Mentalen Trainings.

Im Zustand der Tiefenentspannung ist das Unterbewußtsein formbar wie Wachs. Im Zustand der Entspannung ist es am leichtesten, Blockaden der Vergangenheit zu neutralisieren und neue, positive Antriebe für die Zukunft zu programmieren und zu verstärken. Die Erkenntnisse der modernen Gehirnforschung machen deutlich, daß unser Vorhaben, in unserem Leben mitzubestimmen, kein Wunschtraum, sondern möglich und praktizierbar ist.

Wenn negative Informationen uns zerstören können, dann können positive Informationen uns aufbauen, uns befreien, unsere Weiter- und Höherentwicklung stark beeinflussen.

Vieles, was vor Jahrzehnten noch unvorstellbar oder gar unmöglich galt, sieht heute wissenschaftlich ganz anders aus.

Denken ist ein bio-elektrischer Prozeß.

Wir können heute die Arbeit unseres Gehirns an dem graphischen Wiedergabe-bild vom Elektro-Enzephalogramm (EEG) beobachten und studieren.

Unser Gehirn produziert je nach unserer Verfassung und Stimmung unterschiedliche Gehirnströme von 0 bis 35 Hertz. Bei 0 befinden wir uns im Tiefschlaf, bei 35 Hertz im Zustand höchster Erregung.

1. *Im Delta-Zustand – tiefster Schlaf* – erzeugt das Gehirn eine Wellenlänge von 0 bis 4 Hertz.
2. *Im Theta-Zustand – leichter Schlaf* – erzeugt das Gehirn eine Wellenlänge von 4 bis 7 Hertz.
   Bei ca. 7 Hertz liegt die Einschlafgrenze.
3. *Im Alpha-Zustand – Zustand der Entspannung* – erzeugt das Gehirn eine Wellenlänge von 7 bis 14 Hertz.
4. *Im Beta-Zustand – schwacher bis starker Erregungszustand* – erzeugt das Gehirn 15 bis 35 Hertz.

Die gleich hohe Frequenz kann im Zustand des Einschlafens vorhanden sein, wenn die Gedanken Zirkus fahren und man in Anbetracht seiner Probleme, nicht erledigter Arbeiten oder Ängsten vor dem nächsten Tag stark erregt ist.

Je höher die Hertzzahl, desto verschlossener ist der Weg ins Unterbewußtsein. Eine erfolgreiche Beeinflussung des Unterbewußtseins ist nach diesen Erkenntnissen nur im Alpha-Zustand möglich. Sowohl für die Selbst-wie für die Fremdbeeinflussung. Deshalb kann die Qualität jedes Entspannungs-Systems sich daran messen, wie schnell und wie sicher sie den Übenden in den Alpha-Zustand bringt.

Was passiert im Alpha-Zustand?

Der Geist ist wach und bewußt, während der Körper einen Zustand äußerst tiefer Ruhe erfährt. Dieser Zustand ruhender, bewußter Wachheit wird subjektiv als »erweitert« bezeichnet. Die Gehirnwellen, sind nach den EEG-Messungen, in hohem Maße geordnet und synchronisiert. Die chaotischen, wechselnden Frequenzen, die für den Beta-Zustand charakteristisch sind, werden durch einige klare, einfache Frequenzen ersetzt. Die rechte und linke Hälfte des Gehirns werden sowohl in der Frequenz, wie in der Phase ihrer Gehirnwellen synchronisiert. Damit weitet sich das Gehirnpotential.

Ordnung, Synchronisation und weitere Charakteristika deuten eine tiefgehende, harmonisierende Wirkung an. Sowohl im inneren Bereich des Gehirns, als auch im Bereich des bewußten Denkens und deren Wechselbeziehung.

Das synchrone Gehirnwellenmuster im Alpha-Zustand bildet die Grundlage für größere Ordnung, Kreativität und spätere konzentrierte Aktivität.

Unser Mentales Training ist seit vielen Jahren der sichere Weg über die »Rolltreppe« leicht in den Alpha-Zustand zu gelangen.

Die Augen sind geschlossen, aber die Ohren bleiben als wichtiger Informationskanal offen.

Die Stufen unseres Bewußtseins

- *Wann sind wir hellwach?*
- *Wann nehmen wir etwas auf?*
- *Wann verarbeiten wir?*
- *Wann lernen wir am besten?*

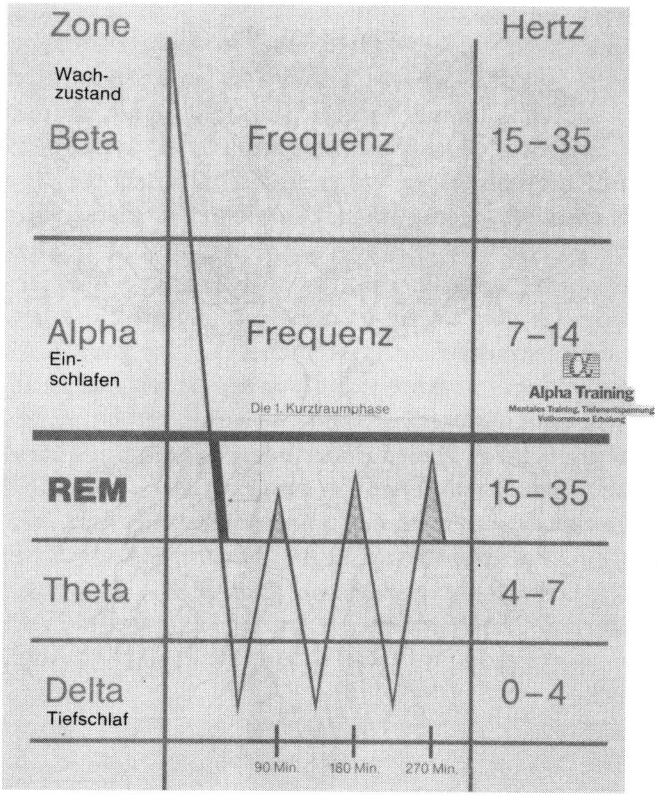

Schon vor zweitausend Jahren erkannten indische Yogis im »Mantra« die Macht des gesprochenen Wortes.

Alles, was unser Ohr hört, wird im Gedächtnis aufgezeichnet. Was frühere Generationen bereits wußten, wird heute wieder durch die Technik anwendbar. Der beste Lehrmeister ist der Cassetten-Recorder. Er hat eine Stimme, die unser Unterbewußtsein ganz gezielt und suggestiv ansprechen kann.

Entscheidend ist die Qualität der besprochenen Cassette.

Jede unserer Cassetten hat einen wirksamen Laserstrahl, der dafür sorgt, daß der Übende nicht in unerwünschte oder unkontrollierte Zustände abgleitet. Die Selbststeuerung des Unterbewußtseins bleibt aufrecht erhalten. Gedanken und Gefühle schweifen nicht ab. Das genial gestaltete Gefüge unseres unbewußten Geschehens bleibt ungestört erhalten. Bei Fehlsteuerung jedoch muß und soll ein neues Verhaltensmuster einprogrammiert werden. Durch unsere Übungen wird die Grenze zwischen Bewußtsein und Unterbewußtsein nicht zerstört, sondern nur durchlässiger. Das persönliche »Ich« wird in seiner inneren Autorität gestärkt. Unser Ziel ist die Beeinflussung des unbewußten Geschehens, damit Ihr Unterbewußtsein Sie automatisch Ihren Zielen näher bringt. Durch das harmonische Ansprechen öffnet sich »Das Tor zum Unterbewußtsein«. Die persönlichkeitsstärkende Wirkung unseres Trainings tritt schon nach 21 Tagen ein. Es vergrößert sich die Kreativität und der Freiheitsspielraum des Individuums. Meine Stimme auf den Cassetten erzeugt in Ihrem Unterbewußtsein ein wirkungsvolles Wechselspiel zwischen Information und Assoziation. Neue positive Antriebe verdichten sich.

Die Philosophie der Erfolgreichen

Den erfolgreichen Menschen erkennt man
auf den ersten Blick.
Man sieht, daß etwas in ihm steckt,
und man spürt, daß er eine schöpferische Kraft
in sich trägt.
Er hat einen offenen Blick;
schon nach den ersten Worten bemerkt man,
daß man ihm gute Leistungen zutrauen kann.
Der erfolgreiche Mensch gehört zu den
Menschen, die früher oder später mit
beständiger Sicherheit an die Spitze kommen.
Ein bestimmter Geist zeichnet ihn aus.
Es ist der Geist der Initiative, des Mutes
und der Arbeitsfreude.
Der erfolgreiche Mensch hat eine nur ihm
zukommende Lebensanschauung.
Er glaubt nicht an Intrigen und Lügen.
Er glaubt nicht an den Zufall.
Er wartet nicht auf bessere Zeiten.
Er weiß, das alles sind nur Ausreden.
Dagegen glaubt der Tüchtige
an die Wirksamkeit seiner Leistung.
Er glaubt daran, daß er sich
selbst anstrengen muß.
Er vertraut seiner Fähigkeit, auch Durststrecken
durchstehen zu können.
Er glaubt vor allem an die treibende Kraft,
die von großen Zielen ausgeht.

Grundgesetze der Lebensentfaltung: Die Denkgesetze

1. Nur der Mensch hat die Kraft, bewußt zu denken, zu planen und zu gestalten. Nur er kann sich selbst und damit sein Schicksal und seine Zukunft gezielt beeinflussen.
2. Am Anfang jeder Tat steht die Idee. Nur was gedacht wurde, existiert.
3. Gedanken entwickeln sich im Unterbewußtsein. Aus dem Menschen selbst oder durch äußere Einflüsse.
4. Das Unterbewußtsein — die Baustelle des Lebens und der Arbeitsraum der Seele — hat die Tendenz, jeden Gedanken zu realisieren.
5. Aus dem kleinsten Gedankenfunken kann ein leuchtendes Feuer werden.
6. Was wachsen soll, braucht Nahrung. Die Nahrung der Gedanken ist die Konzentration.
7. Bewußte oder unbewußte Konzentration ist Verdichtung von Lebensenergie.
8. Im Streit zwischen Gefühl und Intellekt siegt immer das Gefühl.
9. Gefühle lenken und verstärken die Konzentration unbewußt, aber nachdrücklich.

10. Durch eine gezielte Entscheidung
kann die Aufmerksamkeit
auf jeden ausgewählten Punkt gelenkt werden.

11. Beachtung bringt Verstärkung.
Nichtbeachtung bringt Befreiung.

12. Zustimmung aktiviert Kräfte —
Ablehnung vernichtet Lebenskraft.

13. Die ständige Wiederholung einer Idee
wird erst zum Glauben — dann zur Überzeugung.
(Auch in negativer Hinsicht)

14. Glaube führt zur Tat.
Konzentration führt zum Erfolg.
Wiederholung führt zur Meisterschaft.

Was Du denkst, das wirst Du

Die Kunst zu überzeugen – eine lebenswichtige Fähigkeit

Wir alle mußten oft erfahren, wie schmerzlich es ist, wenn man die Wahrheit sagt: man vertraute uns nicht, wir hatten recht, doch man glaubte uns nicht; wir hatten eine großartige Idee, aber wir konnten andere nicht davon überzeugen; wir machten gute Erfahrungen mit einem Produkt, einer Dienstleistung, einem Buch, einer Methode, einem Lehrgang, einer Reise, aber andere blieben skeptisch. Eine wohlmeinende Absicht, eine gute Idee allein genügen nicht, wie Sie sehen, um andere zu gewinnen. Was uns fehlt, ist eine lebenswichtige Fähigkeit:

Die Kunst des Überzeugens.

Zur Entfaltung dieser Kunst schlage ich Ihnen ein kleines Entwicklungsprogramm vor. Lesen Sie bitte immer wieder die beiden vorhergehenden Seiten durch, um die Denkgesetze zu verstehen. Beginnen Sie mit dem 1. und 2. Denkgesetz:

1. Denkgesetz: Nur der Mensch hat die Kraft, bewußt zu denken, zu planen und zu gestalten. Nur er kann sich selbst und damit sein Schicksal und seine Zukunft beeinflussen.

2. Denkgesetz: Am Anfang jeder Tat steht die Idee. Nur was gedacht wurde, existiert.

Machen Sie sich hierzu bitte schriftlich bewußt, wie wichtig die Fähigkeit ist, andere zu überzeugen. Nehmen Sie den Stift und suchen sie 10 Gründe, warum die Kunst zu überzeugen gerade für Sie so wesentlich ist. Aber bitte schriftlich!

1. ______________________________

2. ______________________________

3. ______________________________

4. ____

5. ____

6. ____

7. ____

8. ____

9. ____

10. ____

Fahren Sie fort mit dem

11. Denkgesetz: Beachtung bringt Verstärkung. Nichtbeachtung bringt Befreiung.

Lassen Sie sich einige Tage Zeit. Ihr Unterbewußtsein hat jetzt einen klaren Arbeitsauftrag und wird sich intensiv mit der Suche nach Gründen beschäftigen. Lesen Sie Ihre Liste ab und zu durch und erweitern Sie sie immer mehr. Eine Flut von kleinen und großen Gründen wird Ihnen einfallen und so langsam die Erkenntnis und damit den Entschluß reifen lassen: die Kunst, andere zu überzeugen, ist eine meiner allerwichtigsten Fähigkeiten. Erst dann beginnen Sie mit der zweiten Aufgabe.

Schreiben Sie die Namen von mindestens 10 Personen auf, die Ihrer Meinung nach Meister sind in der Kunst des Überzeugens. Das können Persönlichkeiten aus Politik, Wirtschaft, Kunst, Geschichte, Theater oder Wissenschaft und aus Ihrem persönlichen Bekanntenkreis sein. Notieren Sie zu jeder Persönlichkeit auch eine kurze Begründung. Notieren Sie, *warum* jemand so erfolgreich ist. Das läßt Ihre Erkenntnisfähigkeit enorm wachsen.

1. ____

2. ____

3. ______________________________

4. ______________________________

5. ______________________________

6. ______________________________

7. ______________________________

8. ______________________________

9. ______________________________

10. ______________________________

3. Denkgesetz: Gedanken entwickeln sich im Unterbewußtsein. Aus dem Menschen selbst oder durch äußere Einflüsse.

Haben Sie immer Notizpapier bei sich. Eine Fülle von Ideen und Begründungen werden Ihnen klar werden. Es ist aber wichtig, diese sofort zu notieren, da der Alltag sonst Ihre Gedanken verschluckt. Also nicht mehr warten – *sofort* beginnen!

Es ist absolut zu wenig, die Gesetze des Denkens nur zu studieren. Machen sie sich die kleine Mühe, sie auswendig zu lernen. Denn nur so stehen sie Ihnen immer bewußt und vor allem *unbewußt*, das heißt gefühlsmäßig, zur Verfügung. Die Denkgesetze werden somit zu Bausteinen, mit denen Ihr Unterbewußtsein die Kunst des Überzeugens für Sie aufbaut.

Praxis ist alles!

Nur durch das Praktizieren gelangt der Mensch vom theoretischen Wissen zur Erkenntnis und zur lebendigen Erfahrung. Die Denkgesetze zeigen uns den Weg, aus unserem Leben das Beste zu machen. Darum also üben und trainieren! Der Alltag ist unser Trainingsfeld. Doch weiter in unserem Entfaltungsprogramm: Durch die zwei ersten Übungen wurde Ihnen bewußt:

1. wie wichtig die Kunst des Überzeugens ist,
2. wer ein Meister darin ist.

Dadurch wuchs in Ihnen der Wunsch, es auch zur Meisterschaft zu bringen.

Bewußtsein bewirkt Schöpfung!

Bevor wir nun einen Schritt weitergehen, lesen Sie sich die Ergebnisse der 1. und 2. Aufgabe noch einmal durch. Dabei fällt Ihnen noch etwas Neues dazu ein, das Sie auch sofort notieren. Diese Übungen haben einen tiefenpsychologischen Hintergrund. Dazu eine kleine Geschichte: Als junger Mann hielt Goethe eine Ansprache anläßlich des Geburtstages von Shakespeare, in der er unter anderem sagte: *Eigenschaften und Fähigkeiten, die wir an anderen Menschen erkennen, davon tragen wir den Stempel in uns selbst.* Lesen Sie laut die folgenden Gesetze vor:

6. Denkgesetz: Was wachsen soll, braucht Nahrung. Die Nahrung der Gedanken ist die Konzentration.

7. Denkgesetz: Bewußte oder unbewußte Konzentration ist Verdichtung von Lebensenergie.

9. Denkgesetz: Gefühle lenken und verstärken die Konzentration unbewußt, aber nachdrücklich.

10. Denkgesetz: Durch eine gezielte Entscheidung kann die Aufmerksamkeit auf jeden ausgewählten Punkt gelenkt werden.

Überzeugen heißt beeinflussen!

Beeinflussen kann man aber nur jemanden, der bereit ist, etwas in sich »einfließen« zu lassen, der sich öffnet, der zuhört, der aufmerksam ist. Deshalb ist die Aggression der größte Feind der Überzeugungskunst. Aggression verschließt und verhärtet. Jede Aggressivität ist daher unbedingt auszuschalten. Kein Erfolg ist möglich ohne die Hilfe der anderen. Dazu aber brauchen wir Achtung, Vertrauen, oft auch Zuneigung. Wenn Sie überzeugen wollen, muß man Sie als sympathischen und liebenswürdigen Menschen schätzen.

Es ist nur möglich, Menschen zu führen, wenn man weiß, was in Menschen vorgeht, und wenn man weiß, wie notwendig es ist, ganz bestimmte Inhalte zu verändern. Immer wieder spricht man von der modernen Menschenführung, von Suggestivtechnik. Suggestion ist »Eingebung«, willkürliche geistige Beeinflussung der Gefühle, Vorstellungen und Willensabläufe eines anderen. Jeder Mensch ist suggestibel, das heißt, der Suggestion zugänglich.

Eine Suggestion ist eine zweifelsfreie Behauptung. Also nicht ein entschiedenes »Vielleicht« oder »Wahrscheinlich«, sondern ein »Sich-fest-legen«. Nach Rhetorikkursen für Fortgeschrittene berichten Teilnehmer oft, daß sie, seitdem sie sich bemühen, präziser und suggestiver zu sprechen, weniger Rückfragen haben als je zuvor. Denn immer wieder, wenn etwas schiefgegangen ist, hören Sie den Satz »Ich habe mir gedacht . . .«. Dann wissen Sie schon, daß es wieder etwas geradezubiegen gibt. Wenn es nun aber gelingt, zweifelsfrei ganz bestimmte Informationen in das Unterbewußtsein unserer Mitarbeiter zu lenken, kann der Mitarbeiter gar nicht anders, als unter dem Zwang dieses suggestiven Einflusses auch den Befehl folgerichtig durchzuführen.

Es kommt darauf an, daß Ihre Anweisungen sich möglichst tief und eindeutig im Unterbewußtsein Ihrer Mitarbeiter einnisten. Tiefe Engrammkomplexe bilden. Besprechen Sie Ihre Mitarbeiter wie eine Tonbandkassette. Wenn Sie ein Tonband schwach besprechen, dann kommt das Echo selbstverständlich schwach zurück. Wenn Sie ein Tonband unsicher besprechen, wie kann nur das Echo sein? Unsicher!

Sie sehen also, wieweit wir hier eine Möglichkeit in der Hand haben, durch unser eigenes Verhalten das Echo und die Reaktion unserer Mitarbeiter selbst zu bestimmen.

Wovon hängen Tiefenwirkung und Prägefähigkeit Ihrer Beeinflussungsfähigkeit ab? Die einzige Voraussetzung, um die Kraft Ihrer Suggestionsfähigkeit zu steigern, ist Ihre *Konzentrationsfähigkeit.* Je konzentrierter und eindeutiger Sie selbst Ihre Anordnungen suggestiv in das Gehirn Ihrer Mitarbeiter hineinspeichern, um so fester verankern Sie dort Ihre Informationen.

Wenn also Konzentrationsfähigkeit die wichtigste Eigenschaft für eine Führungskraft ist, dann werden Sie erkennen, daß Nervosität die negativste ist. Je nervöser, je abgehetzter Sie sind, um so geringer ist der Einfluß, der von Ihnen ausgeht. Darum setzt die Fähigkeit, Mitarbeiter zu führen, nicht nur den Mitarbeiter voraus, der willens ist, sich führen zu lassen, sondern von dem Motivator wird noch mehr verlangt.

Durch welche Kanäle ist nun das Unterbewußtsein des Menschen am stärksten beeinflußbar? Durch die Sinne natürlich, vor allem durch Augen und Ohren. Dabei ist es interessant, zu bedenken, daß der Mensch die Augen schließt, den optischen Sinn also während des Schlafes abschalten kann, daß unsere Ohren aber ständig geöffnet sind. Das heißt, daß auch jemand, der nicht zusieht, trotzdem durch akustische Informationen ständig beeinflußt wird. Der stärkste suggestive Einfluß entsteht, wenn Optik und Akustik sich verbinden.

Vorbild zu sein
ist die stärkste Macht!

Wir wissen heute, daß der Mensch zu 15 Prozent von seinen Erbanlagen und zu ca. 85 Prozent von seiner Umwelt beeinflußt wird. Zum allergrößten Teil also ist der Mensch Produkt seiner Umwelt. *Sie* sind für Ihre Mitarbeiter Umwelt. *Sie* bestimmen, wie Ihre Mitarbeiter reagieren. Wie stark ist Ihre Fähigkeit, in Ihren Mitarbeitern ein positives Echo wachzurufen?

Durch Presse oder Fernsehen haben Sie sicher erfahren, daß Österreichs Skispringer bei der Olympiade 1976 in Innsbruck Gold- und Silbermedaillen gewonnen haben. Einige Jahre zuvor hatte Baldur Preiml in Grenoble eine Bronzemedaille im Skispringen gewonnen. Danach hörte man vom österreichischen Skisprung lange nichts mehr. Trotz bester Voraussetzungen war die Nationalmannschaft eine der schlechtesten der Welt. Der größte Teil österreichischen Exports aber besteht aus Skiern und Skiartikeln. Die Motivation, österreichische Skier zu kaufen, war gering. So kam die Industrie auf die Idee, wieder sportliche Siege zu fordern. Auf der Suche nach einer dafür geeigneten Persönlichkeit kam man auf Professor Baldur Preiml, dem es auch tatsächlich gelang, mit Hilfe psychologischer Menschenführung innerhalb von zwei Jahren die österreichischen »Adler« zur Weltelite zu bringen. Hier zeigt sich, daß es möglich ist, das Leistungsniveau des Menschen bis ans Wunderbare zu heben, wenn von einer Persönlichkeit die Kraft ausgeht, die Mitarbeiter anzuspornen.

Wir selbst also sind die Umwelt unserer Mitarbeiter. Wir selbst bestimmen weitestgehend, wie andere reagieren. Die 14 Denkgesetze enthalten alle diese psychologischen Naturgesetze, z.B. das mit dem

2. Denkgesetz: Am Anfang jeder Tat steht die Idee.
Nur was gedacht wurde, existiert.

Ein Mitarbeiter kann noch so bereit sein, Ihre Anordnungen durchzuführen, wenn sie ihm aber nicht klar sind, nützt der beste Wille nichts. Hier müssen wir uns selbst einmal an die Brust schlagen. Gehen wir nicht oft von der falschen Voraussetzung aus, unsere Mitmenschen als Gedankenleser zu betrachten? Müßten sie nicht merken, was wir wollen? Nein! Wir setzen beim anderen viel zuviel voraus. Wir nehmen uns nicht die Mühe, den anderen zu informieren und in unsere Gedankengänge einzuweihen. Das ist eine große Unterlassungssünde.

5. Denkgesetz: Aus dem kleinsten Gedankenfunken kann ein leuchtendes Feuer werden.

Es sind seine Gedanken, seine Bewußtseinsinhalte, die einen Mitarbeiter zu seiner höchsten Leistungsfähigkeit antreiben können; aber es sind auch seine Gedanken und Gefühle, die einen Mitarbeiter dazu veranlassen können, daß er aufgibt und resigniert. Ein neurotischer Chef kann einen ganzen Betrieb verrückt machen; ein harmonischer, dynamischer, führungsfähiger Chef aber kann seinen ganzen Betrieb mitreißen, er kann in den Köpfen seiner Mitarbeiter zukunftsfrohe Ideen aktivieren. Vergegenwärtigen wir uns nochmals:

11. Denkgesetz: Beachtung bringt Verstärkung. Nichtbeachtung bringt Befreiung.

12. Denkgesetz: Zustimmung aktiviert Kräfte – Ablehnung vernichtet Lebenskraft.

Wir beschäftigen uns viel zu oft mit dem, was wir *nicht* wollen und viel zu selten mit dem, *was oder wie* wir etwas wollen. Nicht die Fehler der Mitarbeiter dürfen in den Vordergrund stehen, sondern ihre positiven Anlagen. Wir sollten nicht immer wieder das betonen, was wir *nicht* mögen. Häufiges Kritisieren verärgert nur. Wir sollten uns darum bemühen, genau zu formulieren, worum es geht. Das ist nicht leicht, schon in der Schule galt dieses Gesetz: Manche Lehrer erweckten deshalb in uns Fähigkeiten, die andere für unmöglich hielten.

Eine der wichtigsten Aufgaben also, die ein Unternehmer sich heute stellen muß, ist tatsächlich die Fähigkeit, das aus einem Menschen herauszuholen, was aufgrund seiner Anlagen möglich ist.

Nicht in der Ablehnung – im Kritisieren, Schimpfen, Nörgeln oder (noch schlimmer) im Ironisieren – liegt Ihre Beeinflussungskraft, sondern in der Bejahung, in der Anerkennung, in der richtigen, positiven, suggestiven Führung gewinnen Sie. Lesen Sie nochmals das 13. Denkgesetz:

13. Denkgesetz: Die ständige Wiederholung einer Idee wird erst zum Glauben – dann zur Überzeugung. (Auch in negativer Hinsicht).

Felsenfeste Überzeugung also, der sichere Glaube, von dem man sagt, daß er Berge versetzen könne, macht erst die Kräfte bereit, um die Behauptung zu realisieren. Die Werbung praktiziert dieses Denkgesetz jeden Tag, um Millionen von Menschen zu manipulieren. Warum verzichten Sie bei Ihrer schwierigen Aufgabe der Menschenführung auf diese Erkenntnisse? Schon Pestalozzi erkannte vor Jahren, daß mancher etwas Gutes tue, weil man ihm etwas Gutes zutraue. Ein altes Gesetz also.

Der große französische Politiker Mendès France hat gesagt: Wir haben nur zwei Möglichkeiten. Entweder einzugestehen, daß wir uns geirrt haben, oder etwas so oft zu wiederholen, bis es sich realisiert hat. Sie haben sich mit einer Idee, einem Plan, wochenlang auseinandergesetzt. Dann aber glauben Sie, daß es genüge, es Ihren Mitarbeitern einmal sagen zu müssen. Sie sind vielleicht sogar noch erstaunt, daß der Betrieb nicht sofort reagiert, wenn Sie eine Anordnung einmal geben. Das *kann* nicht gut gehen! Denn Ihre Ideen sind für andere Fremdkörper. Durch die fortdauernde Wiederholung aber, durch Erklären, Beschreiben, Vorwegnehmen der Wirkungen und Zustände, durch Hervorheben und Unterstreichen der zu erwartenden Vorteile und Besserungen allein wird Ihr Plan auch zum geistigen Eigentum Ihres Mitarbeiters. Denn:

Einmal sagen, ist keinmal sagen!

Erinnern Sie sich, wie oft Ihre Mutter Ihnen etwas sagen mußte? Auch aus der Werbepsychologie wissen Sie, daß eine Anzeige allein nichts nützt. Entweder lassen Sie eine ganze Serie von Annoncen los, oder Sie lassen es ganz sein. Ein einsamer Impuls wird durch andere überdeckt. Erinnern wir uns an das 11. Denkgesetz.

11. Denkgesetz: Beachtung bringt Verstärkung. Nichtbeachtung bringt Befreiung.

Wenn sie bei Ihren Mitarbeitern Fehler beachten, werden die Fehler von Tag zu Tag zunehmen. Wenn Sie bei Ihren Mitarbeitern die positiven Eigenschaften beachten, werden diese positiven Eigenschaften von Tag zu Tag zunehmen.

Ein Direktor bei der Dresdner Bank bewahrte auf seinem Schreibtisch – ich sah es bei einem Besuch – ein Tageskärtchen auf mit dem Text:

Ein Chef, der an seinen Mitarbeitern nichts Gutes findet,
ist nur zu faul, danach zu suchen.

Solch ein Chef ist in der Lage, ein gutes Betriebsklima zu erreichen. Alle Antriebe in uns existieren aus der Beachtung. Warum haben wir die starke Neigung, immer nur auf die Fehler zu achten? Wenn wir das Positive zu wenig anerkennen, bekommt der Mitarbeiter zu wenig Erfolgserlebnisse. Haben Sie schon je in Ihrem Leben das Gefühl gehabt, zu stark anerkannt, zu viel gelobt, zu heftig geliebt worden zu sein?

Wie Sie erkennen, ist es mit den »Streicheleinheiten« wie mit dem Geld. Man kann nie genug davon bekommen. Sie sehen jetzt, welche positive Chance Sie mit dem 13. und 14. Denkgesetz erhalten haben:

Alle Antriebe existieren nur aus der Beachtung!

Es ist ein straffer Selbsterziehungsprozeß, uns dahin zu bringen, am andern die positiven Seiten zu bemerken. Kein Mensch ist ein Engel. Jeder hat – wie eine Münze – zwei Seiten, aber wer zwingt uns denn dazu, immer nur die negative Seite zu betrachten? Da alles vom Menschen ausgeht, so hängt doch auch Ihr Erfolg von dem Leistungsvermögen und – noch wichtiger – von der Leistungsbereitschaft Ihrer Mitarbeiter ab. Wenn Sie also immer nur auf deren Schwächen achten, dann werden Sie das Letzte, das Beste, das Höchste niemals aus ihnen herausholen. Ich kenne viele Chefs, für die ihre Mitarbeiter »durchs Feuer« gehen. Welche Art Führungspersönlichkeiten waren das, die das erreichten? Es waren Menschen, die immer wieder auf das Gute achteten. Man kann es hier zu einer wirklichen Meisterschaft bringen, immer das zu bemerken und anzuerkennen, was wir im anderen aktivieren wollen.

14. Denkgesetz: Glaube führt zur Tat. Konzentration zum Erfolg. Wiederholung führt zur Meisterschaft.

Wiederholung zwingt also den Menschen später dazu, automatisch nach einer bestimmten Zigarette oder Seife zu greifen. Wenn die großen Markenfirmen nur ein Vierteljahr lang darauf verzichteten, ihre Thesen zu wiederholen, wie würden dann wohl die Bilanzen aussehen? Keine große Firma kann sich dieses Risiko erlauben.

Worauf es ankommt, ist die Kunst, ganz bestimmte Vorstellungen, Anordnungen und Ziele so lange zu wiederholen, bis sie sich im Unterbewußtsein unserer Mitarbeiter festgesetzt haben und somit zu einer automatischen Reiz-Reaktions-Kette geworden sind. Alles hängt also ab von dem Mann oder der Frau, die den Ton angeben, die Motivator sind.

Welche Voraussetzungen sollte so ein Motivator haben? Auch hier gilt, daß noch kein Meister vom Himmel gefallen ist. Doch jedes Talent entfaltet sich durch Betätigung. Wir haben doch täglich die Möglichkeit, unsere Talente in der Menschenführung zu üben, um so nicht nur unser Können und unsere Fähigkeiten, sondern auch unseren Einfluß und unsere Macht zu erweitern. Ziel wäre dabei, was Dwight D. Eisenhower einmal so formulierte: »Führen ist die Fähigkeit, einen Menschen dazu zu bringen, das zu tun, was man will, wann man will und wie man will – weil er selbst es so will.«

Für sie ist also die wichtigste Frage: Will ich überhaupt führen oder möchte ich lieber geführt *werden*?

Wenn wir uns aber nun dazu bekennen, aktive Menschenführung zu betreiben, dann sollten wir dies nicht mehr unbewußt, sondern ganz gezielt tun. Daraus erwächst das notwendige und starke Selbstbewußtsein, das jede Führungskraft unbedingt auszeichnen muß.

Die zweite Frage, die viel zu selten gestellt wird, ist die: Wozu oder wohin will ich meine Mitarbeiter bringen? Führen ist die Fähigkeit, ein Ziel zu haben und dieses Ziel plastisch vorstellbar beschreiben zu können! Bei vielen Unternehmerseminaren muß man feststellen, wie schwer es fällt, Unternehmensziele zu definieren. Darum sollten Sie sich die konkrete Frage stellen: »Was will ich erreichen?« *bevor* Sie mit Ihren Mitarbeitern reden. Zielklarheit ist auch das erste und wichtigste Anliegen. Zielklarheit ist das Geheimnis der Konzentrationsfähigkeit. Menschen, die sich nicht konzentrieren können, wissen nicht, was sie wollen. Sie sind zerstreut und flatterhaft, haben tausend Gedanken und Ideen im Kopf, aber können keinen einzigen Gedanken stark und mächtig machen und durchführen.

Die Frage nach dem Ziel ist vorrangig. Dann kommt die Frage nach dem Weg, dem rationellsten. Was dient, was schadet dem Unternehmen? Je eindeutiger Sie wissen, was Sie wollen, desto leichter machen Sie es Ihren Mitarbeitern, Ihnen zu folgen. Sie können aber nicht von Ihren Mitarbeitern verlangen, daß sie bereit sind, Ihnen zu folgen, wenn Sie selbst nicht wissen, wohin die Reise geht. Jedem Autofahrer können Sie es anmerken, ob er den Weg kennt oder nicht. Niemand fährt unsicherer und gefährlicher als der, der nicht genau weiß, wohin er soll. Manche Unternehmer machen den Fehler, zu hektisch zu führen. Bei jedem Sechstagerennen können Sie beobachten, daß die Fahrer immer möglichst am Hinterrad ihres Vordermannes fahren, um so durch den Sogwind mitgezogen zu werden. Ist der Abstand, den Sie zu Ihren Mitarbeitern haben, so eng, daß durch Ihre Führung noch eine Sogwirkung entsteht? Dann wird man Ihnen bereitwillig folgen. Ist aber Ihr Abstand zu groß, entfällt der Sogwind und es entstehen zwei völlig getrennte Bereiche. Darum ist jede Hektik und Übertreibung des Tempos ein echter Führungsfehler! Vorangehen ja – aber so vorangehen, daß man Ihnen folgen kann ...

Dynamik also braucht die Welt, in der wir leben. Sie lebt von dem, was Führungskräfte bereit sind, zu erarbeiten. Darum auch ist gerade in einer Demokratie Führung notwendiger denn je. Denn Demokratie heißt nicht, daß nicht mehr geführt werden soll, sondern gerade in der Demokratie wird von einer Führungspersönlichkeit weit mehr verlangt, als in der Diktatur.

Führungslosigkeit – das wissen wir alle – führt zum Chaos. Wie viele Firmen haben in den letzten Jahren im Konkurs geendet! Natürlich waren da verschiedene Faktoren auslösend, aber Führungsfehler vergrößerten das Chaos noch. Deshalb können Sie sich gar nicht intensiv genug mit der Führungspsychologie beschäftigen. Im Mittelpunkt – davon gingen wir aus – steht der Mensch. Im Mittelpunkt sollten *Sie* stehen mit Ihrer Kraft, Ihrer Fähigkeit, Ihren Mitarbeitern voranzugehen. Von Ihrem Verhalten und Ihrer Wirkung hängen Erfolg und Glück, aber auch das Unglück der von Ihnen geführten Menschen ab.

Es zählt allein, was man tut –
nicht, was man andern zu tun empfiehlt.

Führung ist Vorbild, denn geistige Kräfte im Mitarbeiter werden durch Nachahmung geweckt. Nur die Taten zählen!

Im Zeitalter der Computer und Massen kommt der schöpferischen Persönlichkeit besondere Bedeutung zu. Oft sind es Hemmungen, die uns hindern, unsere Persönlichkeit zu entfalten und das zu tun, was wir möchten und was notwendig ist.

Eine einflußreiche Persönlichkeit muß im täglichen Leben bei vielen Gelegenheiten sprechen. Sie muß frei und sicher auftreten können und sich durchsetzen. Es gibt daher kaum eine Fähigkeit, die so wichtig und universell anwendbar ist, wie die Kunst der freien Rede, wofür in diesem Buch die Voraussetzungen vermittelt werden.

Auf der Wertungsliste für Führungskräfte rangiert die Fähigkeit, Ideen mitzuteilen und neue Ideen zu erwecken, an erster Stelle.

Je höher die Führungskraft steht, um so mehr wird ihre Welt zu einer Welt der Worte.

Welchen Eindruck mache ich?

Notieren Sie unvoreingenommen und gewissenhaft, welchen Eindruck Sie von sich selbst haben – sympathisch oder unsymathisch, verschlossen, aufmerksam, anziehend, abstoßend, aggressiv, unterwürfig, überheblich, selbstbewußt, freundlich, mürrisch, vernachlässigt, gepflegt? Prüfen Sie genau! Bitte *schriftlich.*

Die meisten Leute investieren sehr viel Zeit, Mühe, Kosten in ihr Äußeres. Gut so! Bedenken Sie aber, daß wir nicht nur Augenwesen sind, sondern auch mit den Ohren die Umwelt sehr intensiv erleben. Wir werden nicht nur von optischen Eindrücken überflutet, sondern auch von Geräuschen aller Art, Lärm, vielen, vielen Stimmen. Da wirkt eine warme, wohlklingende Stimme wie eine Oase in der Wüste: erfrischend, besänftigend, erfreuend.

Radio, Fernsehen, Zeitungen und auch das Telefon verbrauchen heute unsere Sprache. Worte haben nicht mehr die große Wirkung, die sie noch für unsere Großeltern und alle vorangegangenen Generationen hatten. Deshalb kommt es um so mehr darauf an, *wie* man etwas sagt. Unsere Ohren sind viel feinere Meßinstrumente als unsere Augen. Wirkung und Suggestionskraft (Beeinflussungsstärke) unserer Worte hängen ab von der Klangfarbe unserer Sprache.

Wie spricht wer?

Hören Sie die Klangfarbe der Stimmen prominenter Persönlichkeiten genau an. Analysieren Sie sie. Wie spricht der Bundespräsident, der Kanzler, der Nachrichtensprecher, ein Sportjournalist, ein Pastor, eine Werbestimme, meine Eltern, mein Partner, meine Kinder, meine Geschäftsfreunde, meine Kollegen? Auch hier treiben Sie bitte umfangreiche Studien!

Als erstes wird Ihnen bewußt, wie oberflächlich Sie bisher den Ausdruckswert der Stimmen beachteten. Zweitens werden Sie merken, daß ihre Menschenkenntnis wächst. Schon Sokrates sagte zu einem neuen Schüler: »Sprich, damit ich dich sehe.«

Sie werden erkennen, daß die Sprache den Charakter des Menschen offenbart. Sie werden Beispiele finden, an denen Sie die Erfahrung machen, daß es die Stimme ist, die eine Person sympathisch oder unsympathisch macht. Von der Menschenkenntnis kommen wir zur Selbsterkenntnis. Damit sind wir für die nächsten Wochen bei der wichtigsten Übung:

Wie spreche ich?

Bei dieser Übung entscheidet nicht der Wunsch – wie *möchte* ich sprechen – sondern die Wirklichkeit. Erforschen Sie die Art, *wie* Sie sprechen, mit äußerster Gründlichkeit. Bitte wieder schriftlich. Durch das Aufschreiben zwingen wir uns zur Präzision und Gedankenklarheit und lernen uns so immer besser kennen.

Fragen zur Selbstanalyse

1. Wie schätzen Sie die Wirkung Ihrer Persönlichkeit ein?
2. Liegen Erfahrungen als Redner vor?
   Wenn keine, warum nicht?
   Weil keine Gelegenheit?
   Oder aus Angst?
3. Haben Sie Mut, als Redner zu wirken?
   Bei beruflichen Anlässen?
   Im privaten Leben?
4. Welche Urteile wurden von Zuhörern geäußert?
   Wie war Ihr eigener Eindruck?
5. In welchen Punkten spüren Sie Mängel?
6. Können Sie sich den verschiedenen Menschentypen anpassen?
   Welchen am leichtesten?
7. Wie sind Sie mit Ihrer Stimme zufrieden?
   Liegen Äußerungen von Angehörigen, Geschäftsfreunden, Kunden über Ihre Stimme vor?
   Positive oder negative?
8. Welchen Eindruck hatten Sie von einer eigenen Bandaufnahme?
9. Wie groß ist die Tragfähigkeit Ihrer Stimme?
10. Wie stark ist Ihre Fähigkeit, suggestiv zu formulieren?

Verhaltensspiegel zur Selbst- und Fremdbeobachtung

1. **Haltung**
   Auftreten, Körper, Hände, Füße

2. **Hörerbezug**
   Augenkontakt, Zwiegespräch, Dialog

3. **Sprachlicher Ausdruck**
   treffend, klar, einfach, sachlich, konservativ, modern

4. **Sprachtechnik**
   Atmung, Ton, Artikulation

5. **Körperlicher Ausdruck**
   Gestik, Mimik

6. **Sprechausdruck**
   Gliederung, (worthaft) Betonung, Beseelung, Melos

7. **Rednerischer Ausdruck**
   leicht — gehemmt
   stark — schwach
   natürlich — falsches Pathos
   Spannung — Lösung
   Steigerung — Höhepunkt

8. **Sprechdenken**
   Sätze abgebrochen, zu schnell, zu lange Sätze, klare Gedankenführung, Beweisführung

9. **Thema**
   erfaßt, Zwecksatz, Abschweifungen

10. **Aufbau**
    Einleitung, Hauptteil, (Wegweiser) Schluß

Selbstvertrauen
ausgeglichen
zuversichtlich
sympathisch
anregend
konzentriert
souverän
tolerant
überzeugend
aufrüttelnd
natürlich
dynamisch
ausgewogen
beharrlich
eindringlich
vital
kreativ
reaktionstüchtig
zielstrebig
Ehrgeiz
Humor
höflich
Urteilsvermögen
Entschlossenheit
Selbständigkeit
unabhängig
Selbstbeherrschung
verläßlich
Phantasie
Suggestivkraft
treibende Kraft
Führungstechnik
nervös
gehemmt
Komplexe
überschwenglich
unentschlossen
wankelmütig
kriechendes Wesen
Eitelkeit
arrogant
Rechthaberei
aggressiv
Gehässigkeit
Geschwätz
unsympathisch
Mißtrauen
Ungeduld
ermüdend
Pessimist

Der Mensch kann nur das, was er gelernt hat

»Leben heißt lernen«, ist der Titel eines Buches des Nobelpreisträgers Konrad Lorenz. Er hat viel über Tiere und Menschen nachgedacht und erforscht. Neben erstaunlichen Gemeinsamkeiten fand er auch gravierende Unterschiede. Es beginnt schon bei der Geburt, in den ersten Stunden des Lebens. Jedes junge Tier ist durch seine Instinktausstattung weiterentwickelt und daher überlebensfähiger als der junge Mensch. Natürlich sagt auch die angeborene Fähigkeit dem Baby, wie es saugen muß, aber es braucht diese Fähigkeit nur vorübergehend. Später braucht der Mensch andere Fähigkeiten zum Überleben, wogegen das Tier sein ganzes Leben lang abhängig ist von dem Programm seiner Art.

Wenn der Mensch geboren wird, ist er nicht viel, aber er kann viel aus sich machen. Im Faust steht diese Chance beschrieben: »So nimmt ein Kind der Mutterbrust nicht gleich im Anfang willig an, doch bald ernährt es sich mit Lust. So wird es Euch an der Weisheit Brüsten mit jedem Tage mehr gelüsten.« Deshalb verstehen Sie meine These: »Alles, was der Mensch kann, kann er nur, weil er das bewußt oder unbewußt gelernt hat.«

Der Mensch ist das lernfähigste Wesen auf dieser Erde – und auch darin liegt der Unterschied zwischen Mensch und Tier. Der Mensch ist das einzige Wesen, das sich selbst und diese Welt verändern kann. Viele Pflanzen und Tiere sind im Verlauf der Evolution ausgestorben. Der Mensch aber hat sich immer höher und weiter entwickelt. Seine enorme Lern- und Anpassungsfähigkeit garantierte sein Überleben bis heute und wahrscheinlich noch viele tausend Jahre. Aber auch das Überleben will nicht nur gewollt werden, sondern es muß auch erlernt werden. Genauso wie man das Zerstören erlernen kann.

Von unseren Eltern erbten wir unseren Körper, unser Gehirn, unser Urwissen, aber nicht die lebensnotwendigen Verhaltensmuster, die uns zu Erfolg oder Mißerfolg, zu Glück oder Unglück führen.

Wir alle wissen, wie wichtig die ersten Jahre im Leben eines Menschen sind. Welche Beachtung er findet, welche Erfolge und Mißerfolge er erlebt. Die Erfahrungen in den ersten Jahren bilden im Gehirn des Menschen dessen Grundraster. Er lernt durch Nachahmung seiner Vorbilder unbewußt. Erst mit der Schule beginnt das bewußte Lernen, der Intellekt übernimmt jedoch nach wie vor – zum Teil – das Nachahmen. Mit dem Satz: »Nicht für die Schule, sondern für das Leben lernen wir«, sollen wir motiviert werden.

Immer mehr Erfahrungen und Informationen über uns selbst und unsere Umwelt speichert in diesen Jahren unser Unterbewußtsein. Es bildete sich unser Charakter, unsere positive oder negative Einmaligkeit. Unser Charakter ist die Summe unserer Erfahrungen und unsere Fähigkeiten sind die Summe aller gemeisterten Lernvorgänge.

»Der Mensch kann nur das, was er gelernt hat.«

Für den Lebenserfolg ist nicht nur entscheidend, was der Mensch weiß, sondern was er kann. »Wissen ist wenig, Können macht den König.«

Sie erkennen jetzt genau, warum die antiautoritäre Erziehung scheitern mußte. Sie ging davon aus, daß der Mensch von allein zum wertvollen und tüchtigen Menschen würde.

Wer mit Messer und Gabel essen kann, hat es gelernt. Wer Fahrrad oder Auto fahren kann, hat es gelernt. Wer Englisch oder Latein sprechen kann, hat es gelernt. Wenn Sie all das durchdenken, beginnen Sie vielleicht, sich selbst noch genauer zu begreifen. Unser Können wurde durch Wiederholungen im Unterbewußtsein programmiert.

Auch wenn Sie Geschicklichkeiten bei Dingen an den Tag legen, die Sie nie vorher geübt haben, selbst wenn Sie völlig neuartige Ideen und Konzepte entwickeln, so basieren auch sie auf der Verknüpfung vorhandener Programmprägungen.

Selbst die größten Erfindungen und Entdeckungen basieren auf der richtigen Kombination von vorhandenem Wissen und Fakten. Durch das wissenschaftliche Erarbeiten von neuen Erfindungen und dem Angleichen und Ergänzen von vorhandenem Wissen sind dann wiederum neue Entwicklungen möglich.

Aber dieser Ablauf ist beim Kleinkind, beim Studenten, beim erfahrenen Wirtschaftler, beim Wissenschaftler, beim Sportler oder

Dirigenten gleich: an vorhandenes, echt erlerntes Wissen wird neues Wissen, neue Erfahrungen angeglichen zur Erweiterung und Vertiefung. Wer nie Musik studiert hat, wird nicht plötzlich eine Oper schreiben. Wer nie Skispringen trainiert hat, wird keine Medaille gewinnen. Wer nie Buchführung erlernt hat, weiß nicht, wie eine Bilanz aussieht. Nicht das Wissen, sondern das erlernte Programm steuert unser Verhalten.

Wenn wir noch genauer hinsehen, werden wir feststellen, daß nicht unser Wille, sondern unsere Programme uns lenken und leiten, uns siegen oder untergehen lassen.

Wir erlernten bisher alles, um so zu werden, wie wir jetzt in diesem Augenblick sind. Wir erlernten die Art und Weise, wie wir sprechen und schreiben, die Art uns zu verhalten und zu arbeiten. Wer also gut mit Menschen umgehen kann, kann es nicht, weil es angeboren ist. Wer erfolgreich Mitarbeiter führen kann, kann es nur, weil er es erlernt hat. Gehen Sie einmal diese Reihe beliebig nach ihren Stärken und Schwächen durch.

Ein aggressiver Mann ist nicht aggressiv, weil er es will, sondern weil sein erlerntes Programm ihn dazu zwingt. Eine lieblose Frau ist nicht lieblos, weil sie es will, oder weil sie es für richtig hält, sie wird von ihrem Programm gesteuert.

Ein Sprichwort macht dieses innere Geschehen deutlich. »Gewohnheit ist der König über den Verstand.«

Wenn wir uns ändern, oder weiter entwickeln möchten, ist es notwendig, uns selbst zu begreifen, wie wir wurden, was wir sind. Nur wenn wir diesen Mechanismus wirklich verstehen, haben wir eine Chance der Höher- und Weiterentwicklung. So wie es dem Naturprozeß der Evolution entspricht.

Das tägliche Leben mit seinen kleinen und großen Problemen und Aufgaben ist unser Betätigungsfeld. Hier erweist sich, ob wir Probleme – oder lösen können. Hier zeigt sich, ob wir andere Nutzen bringen, oder ob wir sie ausnutzen. So lange wir leben, haben wir die Chance der Innovation, der Weiterentwicklung unseres Könnens.

Eine Fähigkeit, die nicht ständig zunimmt, geht täglich einen Schritt zurück. Viele Menschen interessieren sich für das Blühen der

Natur, nur leider nicht für das Erblühen ihrer eigenen Persönlichkeit. Dabei sollte das an erster Stelle stehen. Sehr viele Menschen sind viel zu früh mit dem zufrieden, was sie erreicht haben. Sie haben sich so an sich und ihre Situation gewöhnt, daß ihnen das Vorstellungsvermögen einer stetigen Weiterentwicklung fehlt.

»Lernen ist wie Rudern gegen den Strom«, sagt Benjamin Britten, »sobald man damit aufhört, treibt man zurück.« Aber das merken viele Menschen leider erst viel zu spät.

Die Maxime der Erfolgreichen aber besagt: »Werde der, der Du in Wirklichkeit bist.« Oder wie Goethe es beobachtete: »Kein Mensch will etwas werden, jeder will schon etwas sein.«

Wir alle kennen die Macht der Gewohnheit und wissen, es gibt gute und schlechte Gewohnheiten. Ein erfolgreicher Mensch hat durch Fleiß, Übung und Wiederholung perfekte Programme gespeichert, auf die er sich verlassen kann. Ein unruhiger und unsicherer Mensch dagegen muß bei all dem, was er tut, zunächst seine negativen Programme überwinden. Das kostet Zeit und Lebensenergie.

Gewohnheit heißt die große Lenkerin des Lebens. Daher sollten wir uns täglich bemühen, gute Gewohnheiten einzuprogrammieren. Die Gewohnheit in uns ist eine weise Einrichtung der Natur, um Arbeit und Nachdenken, Willensanstrengung und Zeit zu sparen. Indem unser Handeln harmonisch und automatisch wird, spart uns die Gewohnheit die Kraft von allen neuen Arbeitsvorgängen. Die Gewohnheit spart Nachdenken, indem sie die Kontrolle des Sprechens von den willkürlichen Hirnpartien auf die unwillkürlichen überträgt, z. B. in einer Verhandlung oder beim Reden. Positive Gewohnheiten – also alles, was wir positiv erlernt und uns angeeignet haben – steuern unser gesamtes Verhalten. Sie geben uns die Möglichkeit und Voraussetzung, ein Leben lang erfolgreich zu bleiben. Negative Gewohnheiten verursachen nicht nur permanente Mißerfolge, sondern auch Disharmonien und Krankheiten. Da die Speicherkapazität unseres Unterbewußtseins ausreicht, um 100 000 Jahre alt zu werden, haben wir täglich die Chance, uns zu verbessern und genialer zu werden. Die Lernfähigkeit ist abhängig von unserer geistigen Haltung und nicht von unserem Alter.

Pianisten, Geiger und Artisten zeigen uns z. B., wie präzise der

Mensch, der Höchstleistungen erstrebt, sein Unterbewußtsein trainieren kann. Das Fernsehen gibt uns täglich die Möglichkeit, Spitzenleistungen zu studieren, ganz gleich auf welchem Gebiet. Doch die sie erbringen, wirken nicht müde oder erschöpft, sondern selbstbewußt und heiter.

Gerade die Zeit der Jahreswende ist eine ideale Gelegenheit, persönlich Bilanz zu ziehen, um sich anschließend vorausschauend die Frage zu stellen: »Was sollte ich im nächsten Jahr verbessern, um noch erfolgreicher und gesünder, noch glücklicher zu werden?«

Erarbeiten Sie bitte einen genauen Trainingsplan für jeden Monat. Natürlich dürfen Sie ihn, wenn es Umstände erfordern, verbessern oder umgestalten. Bevor Sie mit dem Training Ihres Unterbewußtseins beginnen, sollten Sie wissen, was Sie wirklich erreichen, was Sie verbessern möchten. Sei es eine bessere Aussprache oder eine klangvollere Stimme, ein besseres Namensgedächtnis oder freies Auftreten. Auch eine verfeinerte Planungstechnik, eine bessere Haltung oder eine größere Belastbarkeit sind gute Gewohnheiten, die trainiert werden können.

Was wir in der täglichen Existenzbehauptung brauchen, ist der Erfolgscharakter. Sie wissen, Erfolg ist eine Frage unseres Charakters. Menschen, die mit anderen umgehen und sie glücklich machen können, haben diese Fähigkeit nicht ererbt, sondern erworben. Also könnte der positive Umgang mit anderen auch ein interessantes Trainingsgebiet für die Zukunft sein.

Er hat einen grünen Daumen, sagt man von einem Menschen, bei dem die Pflanzen erblühen. Er hat eine glückliche Hand, sagt man von einem, dem alles gelingt, was er anfängt. Das sollte Ihr Ziel sein: der fachliche »grüne Daumen« und die glückliche Hand bei allem, was Sie beginnen. Trainieren Sie Ihr Unterbewußtsein, um diesem Ideal immer näher zu kommen.

»Würden die Menschen danach streben,
sich selbst zu vervollkommnen,
statt die ganze Welt zu retten.
Würden Sie versuchen,
selbst innerlich frei zu werden,
statt die ganze Menschheit zu
befreien – wieviel hätten sie getan
zur wahrhaften Befreiung
der ganzen Menschheit.«

(aus dem alten China)

Probleme und Konflikte lösen – darunter leiden oder sogar zerbrechen?

Wahrscheinlich ist unsere Erde der einzige Stern im Universum, auf dem sich das Leben entwickelt und weiterentwickelt hat. Von Stufe zu Stufe der Evolution, obwohl es überall und auf jeder Stufe Probleme, Schwierigkeiten und Konflikte gegeben hat. Das Leben ist an allen Widerständen gewachsen. Die Widerstände waren, so wissen wir heute, die wichtigste Voraussetzung, um auf eine immer höhere Stufe emporzuklimmen.

Jede Generation traf auf dem Wege zur Höherentwicklung stets auf neue Probleme und Aufgaben. Davon ist auch unsere Generation nicht ausgenommen. »Machet Euch die Erde untertan« war die Aufforderung an den Menschen. »Erkennt und erobert die Möglichkeiten dieser Welt« lautet es weiter. Erobern heißt, nutzvoll erkennen und weiterentwickeln, zum Nutzen der Erde und der Menschen. Viele Menschen haben heute jedoch ein gestörtes Verhältnis zum »Erfolg«. Im alten Testament sagte man zu einer Person, die keinen Erfolg hatte: »Gott hat dessen Arbeit nicht gesegnet«. Das hieß, Gott hat die Arbeit nicht anerkannt und von sich gewiesen. In vielen Religionen und Weiterlebens-Definitionen heißt es: Jeder wird einmal für das zur Rechenschaft gezogen, was er versäumt hat zu tun. Danach bemißt sich der Grad des Lebenserfolges.

In unserer Zeit flüchten viele Zeitgenossen aus der Wirklichkeit und streben nach »innerem Reichtum«. Doch wenn sie gefragt werden, was das denn sei, werden sie verlegen und erzählen viel – aber sagen wenig. Das uralte, magische Gesetz – »So wie oben, so auch unten« – offenbart doch die ganze Wahrheit von Mikrokosmos und Makrokosmos. Die Außenwelt entspricht der Innenwelt, der Mensch entspricht dem Schöpfer, und beides bedingt einander.

Innerer Reichtum müßte also dem Gesetz zufolge auch äußerlich bemerkbar sein. Das Streben nur nach äußerem Glanz ist nach diesem Gesetz wertlos und von Gott gewiß nicht gesegnet.

Unser positives Vorbild sollte Nathan der Weise sein. Vielleicht haben Sie in der kommenden Theatersaison die Gelegenheit, sich dieses Werk von Lessing, einmal auf der Bühne anzusehen, oder Sie lesen es noch einmal aufmerksam nach.

Oft streitet man sich um Worte, nur weil die Begriffsdefinitionen unterschiedlich sind. Deshalb möchte ich an dieser Stelle das Wort Erfolg nochmals von meinem Verständnis aus definieren:

Erfolg ist die Fähigkeit, Widerstände zu überwinden. Alles, was lebt, muß ständig Widerstände überwinden. Jede Pflanze, jeder Fisch und auch wir Menschen, die Großen wie die Kleinen unterliegen den gleichen Gesetzen.

Wir können Erfolg auch als die Fähigkeit definieren, Probleme zu lösen. Ich glaube, daß kaum jemand auf die Idee käme zu behaupten: Wir brauchen noch mehr Menschen, die Probleme machen! Sie werden selbst erkennen, daß das nicht der Weg zum persönlichen Glück sein kann. Glück, das wissen wir alle, kommt aus dem Wortstamm »glücken = gelingen«. Das kann doch nur heißen, solange es gelingt, unsere Probleme und Schwierigkeiten zu lösen, sind wir auf dem Wege des Glückes und der Zufriedenheit. Wir sollten darum von Zeit zu Zeit einmal in den Spiegel der Selbsterkenntnis schauen, um uns zu fragen: bin ich ein Mensch, der Probleme macht, oder ein Mensch, dem es immer wieder gelingt, Probleme zu lösen.

Wir haben in den letzten Jahrzehnten viel vom Intelligenz-Quotienten gehört aber viel wesentlicher ist der Erfolgs-Quotient. Die Fähigkeit, über Probleme diskutieren zu können, hat bisher noch keine Lösung gebracht.

Daß Erfolg keine Sache des Zufalls ist, erkennen Sie an unserer Erfolgsformel: Sie erkennen daran auf einen Blick, daß eine Persönlichkeit, der es gelingt, die inneren und äußeren Widerstände zu überwinden, erfolgreich leben kann.

Wer also behauptet, Herkunft oder Umwelt seien schuld daran, daß er nicht erfolgreich wäre, der unternimmt lediglich den traurigen Versuch, seinen mangelnden Erfolgswillen zu bemänteln. Er erklärt sich für unfähig und versucht, daraus eine Lebenseinstellung zu machen.

Erfolgreich leben heißt, auf jeder Altersstufe die Aufgaben dieser

Etappe bestmöglich zu bewältigen. Nachholen geht immer auf Kosten anderer wichtiger Aufgaben. So, wie man seine Jugend nicht nachholen oder sein Rentenalter nicht vorziehen kann, so kann man die Aufgaben des jeweiligen Lebensabschnittes nicht verschieben. Solange der Glaube an das nicht beeinflußbare Schicksal verbreitet ist, unternimmt die große Masse Kreuzzüge gegen alles, was sie in ihrem Recht auf Dummheit, Aberglauben, Faulheit, Not, Elend und Arroganz stört.

Wir glauben daher nicht an ein komplett vorgefertigtes Schicksal, sondern an die Fähigkeit des Menschen zur Mitgestaltung seines Lebens. Jeder hat eine besondere Fähigkeit und Stärke mitbekommen – mindestens eine. Wer sie brach liegenläßt oder sich in Terrains versucht, die nicht seine sind, versagt an seinem Schicksal. Denn diese »Fähigkeit« – diese »Aufgabe« und dieser »Lebensplatz der Ausübung« wurde ihm geschickt. Das ist Schicksal.

Die Freiheit des Menschen besteht darin, daß er sich nach seiner Vernunft und seinen Erkenntnissen richtet und das Erforderliche tut. Und daß er es durch den Reifeprozeß des Lebens – in dem er Probleme und Aufgaben löst – immer besser und besser tut. Bis er seine Lebensaufgabe für den Schöpfer – und damit für sich selbst – gelöst hat – und vom Leben erlöst wird.

Viele, sehr viele Menschen glauben, wenn sie nicht in diesem Beruf erfolgreich sind, werden sie es vielleicht in einem anderen sein. Die Lebensläufe zahlreicher Menschen bestätigen immer wieder dieses traurige Wunschdenken. Die meisten setzen jedoch Erfolg mit viel Geldverdienen gleich, statt nach Erfüllung ihrer Fähigkeiten.

Erfolgreich sind wir immer dann, wenn wir in Übereinstimmung mit den Naturgesetzen handeln. Dagegen ist der Mißerfolg ein deutliches Signal, daß wir bewußt oder unbewußt gegen diese Gesetze verstoßen. Die konsequente Beachtung der »Grundgesetze zur Lebensentfaltung,« ist die berufliche Voraussetzung. Da unsere Erde kein Paradies ist, gibt es keinen Menschen, der hier keine Probleme oder Konflikte zu lösen hätte.

Überprüfen sie doch einmal Ihre eigene Einstellung: »Leide ich unter meinen Problemen oder besitze ich das Erfolgswissen, um an der Lösung zu arbeiten?«

Vielleicht haben Sie sich selbst schon einmal die Frage gestellt: Wäre die Welt vollkommen, was hätte ich dann zu tun? Wie könnte ich mich dann noch von der Masse unterscheiden? Der Erfolgreiche weiß, Unglück und Schwierigkeiten haben ihren Sinn. Je größer die Gefahr, desto mächtiger wird der Antrieb, ihr zu entrinnen oder sie zu meistern.

Viele haben sich daran gewöhnt, bei Problemen oder Konflikten mit Ärger, Flucht, Alkohol oder Resignation zu reagieren. Der Wille zur Überwindung von Schwierigkeiten, Mängeln, Nöten und Gefahren kann überhaupt nur dann entstehen, wenn der Mensch nach der Überwindung sucht. Statt das Leben positiv und erfolgreich zu gestalten, verdrängen die meisten Menschen ihre ungelösten Probleme. Seine Probleme und Aufgaben zu kennen und zu *er*kennen, ist ein Zeichen von innerer Freiheit, von Mut und von Selbstbewußtsein. Daher sollten Sie einmal in einem dafür extra angelegten Ordner »Meine Zukunft« all Ihre Sorgen und Nöte, Probleme, Ängste und Schwierigkeiten schriftlich sichtbar machen! Die meisten Menschen finden weder die Zeit, noch den Mut dazu, obwohl sie wissen, vor der Therapie liegt allemal die Diagnose.

In meinen Seminaren verfolge ich das Ziel, die Teilnehmer zu Alchimisten zu machen. Ein Alchimist war im Mittelalter ein Mensch, der unedle Metalle in Gold verwandelte.

Stellen Sie sich einmal vor, Sie wären ein Mensch, der die Macht besäße, Unglück in Glück zu verwandeln.

Wäre das nicht etwas Wunderbares?

Unbewußt wußten wir schon immer, ohne Probleme und Schwierigkeiten gibt es keine Erfolgserlebnisse. Es ist modern geworden, über das positive Denken zu sprechen. Aber sonderbarerweise praktizieren die meisten Menschen dieses wichtige Können nicht.

Meinungsumfragen ergeben, daß die Bevölkerung immer pessimistischer wird, immer sorgenvoller in die Zukunft schaut. Daher sollten wir nicht von andern das positive Denken verlangen, sondern zuerst von uns.

Aus der Unfähigkeit, persönliche Probleme zu lösen, flüchten viele Menschen in die Lösung der Weltprobleme. Dabei verzweifeln sie immer mehr – und helfen weder sich noch der Welt.

Von Zeit zu Zeit ist es gut, sich an Goethes Zitat aus Wilhelm Meister zu erinnern: *»Des Menschen größtes Verdienst bleibt es wohl, wenn er die Umstände so viel als möglich bestimmt und sich so wenig als möglich von ihnen bestimmen läßt. Das ganze Weltwesen liegt vor uns wie ein großer Steinbruch vor dem Baumeister, der aber nur dann den Namen verdient, wenn er aus den zufälligen Naturmassen ein in seinem Geiste entsprungenes Urbild mit der größten Ökonomie, Zweckmäßigkeit und Festigkeit zusammen stellt. Alles außer uns, ist nur Element. Ja, ich darf wohl sagen, auch alles an uns; aber tief in uns liegt diese schöpferische Kraft, die das zu schaffen vermag, was sein soll, und uns nicht ruhen und rasten läßt, bis wir es außer uns oder an uns auf eine oder die andere Weise dargestellt haben.«*

Für den Meister der Lebenskunst sind Probleme nicht dazu da, um unter ihnen zu leiden, ganz im Gegenteil: Mängel, Nöte, Leiden, Gefahren und Qualen sind selten Erfolgshindernisse, sondern sogar Erfolgsbedingungen, die zu Taten und Leistungen anspornen. Zum Glück leben wir in einer Gesellschaftsordnung, in der wir durch unsere Leistungen auch unsere Erfolge selbst bestimmen können.

Sie werden deshalb den Mut finden, all Ihre Sorgen, Nöte, Probleme, Ängste und Konflikte mit ehrlicher Konzentration in Ihren Ordner »Meine Zukunft« zu schreiben. Wenn Sie sich bei dieser Arbeit beobachten, werden Sie bemerken, daß alles, was man aufschreibt, das heißt »sichtbar« macht, zur Helligkeit im Inneren führt.

Viele, ja fast alle Menschen, möchten glücklich und erfolgreich sein, aber sie peilen alles grob über den Daumen, da sie nie gelernt haben, die Zukunft »methodisch« vorzubereiten. Denn erst dabei kann sich jeder Mensch selbst beweisen, ob er tatsächlich positiv denken und handeln kann.

Bitte nehmen Sie einen Bogen Papier zur Hand. Teilen Sie die Seite in eine linke und eine rechte Spalte. In die linke Spalte schreiben Sie alles, was besser sein könnte, also alles Negative. Und jetzt beginnt die Arbeit des »positiven Alchimisten«, der die Lehre von der Herrschaft über das Negative beherrscht. Der Alchimist war ein Meister der Wandlung. Um etwas wandeln zu können, benötigte er ein Ausgangsmaterial. Auch der positive Alchimist benötigt zu seiner Wandlung eine Ausgangssituation. Sein Material, daß darauf wartet, gewandelt zu werden, sind die negativen Punkte in der linken Spalte. Sie werden bei dieser Fähigkeit eine Veränderung an sich bemerken. Sie leiden nicht länger unter Ihren Problemen oder werden von ihnen erdrückt; denn Sie besitzen den Stoff, aus dem die Träume – und die Lösungen sind. Sie erfahren, was Schöpfung heißt. Wer wirklich einmal hungern mußte, weiß wie köstlich Essen sein kann.

Ganz methodisch gehen Sie nun daran, in der rechten Spalte einen negativen Punkt nach dem anderen in einen positiven Idealzustand umzuformulieren. Vielleicht fühlen und erleben auch Sie diese atemberaubende Situation. Probleme sind oft schon halb gelöst, wenn sie erst einmal richtig definiert sind. Neue Horizonte werden sichtbar. Sie erkennen den Silberstreifen der Zukunft. Sie erleben ganz bewußt die Möglichkeiten und die Macht, die schöpferische Macht des positiven Denkens. Jedoch Ihr Denken wird nur dann zu einer magischen Kraft, wenn Sie es aufschreiben. Wenn Sie bewußt schreiben und die Lösungen so positiv wie möglich formulieren. Die Macht der Suggestion wird durch das geschriebene Ideal sichtbar. Denn durch das Schreiben wird Ihr Geist Materie. Sie werden es direkt erleben, daß Gedanken Kräfte sind, und Sie spüren, nur wer seine Ziele formulieren kann, wird sie auch erreichen. Und noch etwas sehr Wichtiges wird Ihnen klar, Sie sind kein theoretisierender Esoteriker, sondern ein Erfolgs-Praktiker. Sie handeln nicht nur zu Ihrem Vorteil, sondern auch zum Vorteil aller Menschen, die mit Ihnen in Kontakt kommen.

Trainieren Sie also bei jeder Gelegenheit, schriftlich das Negative in das positive Ideal zu verwandeln. Werden Sie ein Meister in der Kunst, das Positive Ihrer Zukunft schriftlich auszudrücken.

Ihre Zukunft wird dadurch Gestalt gewinnen. Durch das Negative im Leben findet der Mensch Ansatzpunkte für sein Wirken; sonst würde er unglücklich werden. Es ist das Kennzeichen praktischer Intelligenz, von der gegebenen Situation auszugehen und die Möglichkeiten zur Verwirklichung des Ziels ausfindig zu machen. Trüb und hoffnungslos in die Zukunft zu schauen, das kann jeder. Aber positiv auf das Leben zu reagieren, kann nur der Meister der weisen Magie. Denn der Mensch besitzt von Natur aus die Kraft und die Fähigkeit, sich selbst und die Umwelt zu verändern. Wir definieren also den Menschen als ein Wesen, welches Ideale in Wirklichkeiten umzuwandeln vermag.

Überwinden wir also das Negative und unsere Sorgen. Denn Sorgen erzeugen negative Reaktionen. Wer sich sorgt, vergißt sich zu wappnen. Wer sich sorgt, erzeugt Gefühle, die ihn deprimieren. Wer sich sorgt, lähmt Körper und Geist. Wer sich sorgt, lenkt seine Energie in negative Kanäle.

Nur der Mensch, der sich freut und begeistert ist, spürt, daß der Geist in ihm wirkt. Wir werden nach und nach die Angst vor Problemen und Konflikten verlieren. Denn wir haben inzwischen den positiven Aspekt von Problemen und Konflikten erkannt und wissen, wer seine Probleme nicht kennt, kann keine Gegenstrategie entwickeln. Wer seine Probleme nicht kennt, ist ihnen hoffnungslos ausgeliefert. Wer eine Gefahr nicht entdeckt, kann ihr nicht entgehen. Wir haben die Angst vor dem Negativen verloren; denn wir wissen: »Wenn man den Teufel beim Namen nennt, ist seine Macht schon gebrochen.«

Da wir wissen, daß der Mensch seine Zukunft gestalten kann, haben wir das Gefühl der Ohnmacht verloren. Die mächtigste Waffe im Daseinskampf, das spüren wir ganz deutlich, ist der Glaube an sich und an den Sinn seiner Ziele.

Zum Abschluß ein positives Zitat:

Betrachte immer die helle Seite aller Dinge – und wenn sie keine helle hat, dann reibe die dunkle, bis sie glänzt.

Fragetechniken

Wer viel fragt, bekommt viel Antwort
Wer richtig fragt – bekommt die richtige Antwort

Es kommt auf die richtige Fragetechnik und die Fragearten an, damit man die richtige Antwort bekommt. Ein gutes Gespräch – und ein gutes Gespräch ist immer ein Beeinflussungsgespräch – besteht nicht aus einer einseitig vorgetragenen Meinung, sondern immer aus einem Zwiegespräch zwischen Frage und Antwort. Fragen sind Impulse für eine Aktivierung. Sie dienen dem Aufspüren, dem Lenken und dem Leiten von Meinungen. Sie sind schließlich das Suggestiv-Instrument, das zur Entscheidung führt.

Werfen Sie einem Kind einen Ball zu – dann wird es ihn auffangen. Genauso ist es mit den Fragen: Werfen Sie Ihrem Gesprächspartner eine Frage zu, wird er sie beantworten und Ihnen den Ball zurückwerfen.

Durch dieses Frage-Antwortspiel kommt es zu einer Zusammenarbeit und zu einem Informationsaustausch. Die Art der Antwort bestimmen Sie als Fragender jedoch selbst durch die Art Ihrer Fragen. Lernen Sie deshalb die Fragetechniken; denn Sie entscheiden darüber, was Sie im Leben alles erfahren werden und erreichen können.

1. Informations-Fragen

Wer informatorische Fragen stellt, benötigt Wissen, Erfahrungen und Einzelheiten von dem anderen. Es geht ihm um Informationen, die er zusammenfügt, um sich einen Überblick zu verschaffen. Informationsfragen sind immer offene Fragen. Das heißt, man fragt nach einer Sache – oder nach einem Sachverhalt, die der andere informierend erklärt.

2. Kontroll-Fragen

Kontroll-Fragen sind bei jedem Gespräch wichtig, um zu erfahren, ob der andere noch zuhört, ob er einen versteht und ob er bis hierher noch positiv gestimmt ist. Die einfachsten Fragen sind:
»Was meinen Sie dazu?« oder
»Sind Sie nicht auch meiner Meinung?« oder
»Finden Sie nicht auch, daß es sich um eine gute Sache handelt?«

An der Reaktion merken Sie, ob Ihnen Ihr Gesprächspartner folgt. Wenn Sie merken, daß hier bereits eine Abwehr oder ein Unverständnis vorhanden ist, gehen Sie in Ihrem Gespräch wieder einige Schritte zurück.

3. Orientierungs-Fragen

Orientierungs-Fragen stellt man auch, um festzustellen, was der andere bisher von der eigenen vorgebrachten Meinung und Absicht hält. Einfache Fragen dieser Art sind:
»Haben Sie noch eine Frage hierzu?« oder
»Wie ist Ihre Meinung zu diesem Punkt?« oder
»Welche Erfahrungen haben Sie hierbei gemacht?« oder
»Habe ich mich in diesem Punkt klar ausgedrückt, und haben Sie verstanden, was wir damit bezwecken wollen?«

Natürlich müssen Sie als Fragender nach diesen Orientierungs-Fragen schweigen und den anderen zu Worte kommen lassen. Lassen Sie ihm Zeit. Er muß sich konzentrieren, muß seine Gedanken ordnen und muß selbst ja erst einmal zu einer Meinung kommen. Aber stellen Sie unbedingt Fragen solcher Art, bevor Sie ein schwieriges Gerät oder eine komplizierte Serviceleistung lang und breit erklären und der andere schon nach Ihrem fünften Satz von Ihnen geistig abgeschaltet hat. An der Antwort nach einer solchen Orientierungs-Frage merken Sie deutlich, was der andere verstanden hat und welche Bereitschaft er Ihnen und Ihren Argumenten entgegenbringt.

4. Ja-Fragen

Bejahungsfragen stellt man, damit man auf einen gleichen Level kommt. Wenn Ihr Gegenüber Ihnen fünfmal zugestimmt hat, wird er Ihnen bei der entscheidenden sechsten Frage kein Nein entgegenschleudern. Die Engländer sind uns in dieser Hinsicht etliches voraus. Sie beginnen grundsätzlich jedes Gespräch mit dem Austausch über das Wetter. Ist man sich erst einmal in diesem Punkt einig, kann man es auch leichter in allem folgenden sein. Man sollte in jedes Gespräch Ja-Fragen einstreuen; denn es muß immer wieder das Verbindende betont werden und nicht das Trennende.

Die »Ja-Frage«-Form wurde übrigens von Sokrates geprägt. Gehen Sie also bei Ihren Gesprächen ebenfalls philosophisch vor und fragen Sie in etwa:

- »Ich bin sicher, daß Sie hier zustimmen.« oder
- »Sie wollen doch sicher auch ...« oder
- »Sie sind mit mir doch der Meinung, daß ...« oder
- »Sicher sind Sie doch auch darüber glücklich, daß ...«

5. Öffnende Fragen

Öffnende Fragen sollen – wie ihr Name sagt – den Gesprächspartner öffnen. Es müssen also auch offene Fragen sein, auf die er nicht nur mit Ja oder Nein antworten kann.
Beispiele sind:

- »Wie sind Sie bisher mit dieser Maschine zufrieden?«
- »Wieviele Jahre arbeiten Sie jetzt damit?«
- »Welchen Nutzen würden Sie von einer neuen Maschine erwarten?«
- »Welches sind Ihre Ziele?«

6. Gegenfragen

Obwohl es eigentlich unhöflich ist, eine Frage mit einer Gegenfrage zu beantworten, ist es jedoch gleichzeitig ein geschicktes psychologisches Verkaufsinstrument, um den anderen mit seinen eigenen Argumenten zu überzeugen.

Beispiel:

Kunde: »Was kostet dieses Gerät?«

Verkäufer: »Das kommt ganz darauf an, für welche Version sie sich entscheiden. Die Version A hat den Vorteil, daß Sie ... Die Version B hat die zwei Vorteile, daß Sie ... Mit dem Zusatzgerät können Sie außerdem folgenden Zusatznutzen erzielen ... Welches Gerät nun glauben Sie also, wäre für Sie am geeignetesten?«

Kunde: »Ja, für mich käme dann schon die Maschine mit dem Zusatzgerät in Frage. Was kostet mich das dann?«

Verkäufer: »Könnten Sie sich vorstellen, Ihre Kaufentscheidung bis 31. Dezember dieses Jahres zu fällen, dann würden Sie noch den diesjährigen Preis von uns erhalten, da wir ab Januar erhöhen werden? Außerdem hätten Sie dann die steuerlichen Abschreibungen noch für dieses Jahr mit 30 %. Ist das nicht interessant für Sie?«

Kunde: »Das könnte schon für mich interessant sein, aber ich müßte wissen, was dieses Gerät kostet?«

Verkäufer: »Bevor ich Ihnen diese Frage deutlich beantworten kann, würde ich gerne wissen, ob Sie für das Gerät auch einen Servicevertrag abschließen würden, da dieser sich natürlich kostensenkend auswirkt – und Sie die absolute Sicherheit haben –, stets ein gewartetes Gerät zu haben und jederzeit unsere Serviceabteilung bei Fragen anrufen zu können.«

Sie merken bereits, daß Sie mit richtig gestellten Fragen zu einer weiteren Einengung des Gespräches kommen und den anderen immer mehr zu dem Punkt führen, wo er endgültig ja sagt, weil er es vorher ja schon stufenweise getan hat.

7. Alternativ-Fragen

Alternativ-Fragen bieten dem Gegenüber mehrere Möglichkeiten und Wege an. Die Zahl der gestellten Alternativen darf aber höchstens drei sein. Alternativ-Fragen sollen zu schnellen Entscheidungen führen. Das Wörtchen »oder« ist dabei meistens der Hauptbestandteil:

»Welcher Besprechungstermin würde Ihnen am besten passen: Montag um 12.30 Uhr *oder* Mittwoch um 14.00 Uhr *oder* Dienstag um 16.15 Uhr?«
»Welche Farbe würde Ihnen am besten gefallen, gelb *oder* rot *oder* grün?«
»Wann soll ich Sie zu diesem Punkt erneut anrufen, im März *oder* Mai *oder* im Juni nächsten Jahres?«

8. Gleichpolige Fragen

Diese sind weiter nichts, als daß man die Frage eines Partners zum Zeichen des Verständnisses wiederholt und dann erst beantwortet. Die Wirkung ist zweierlei:

Man gibt dem Fragenden das Gefühl, seine Frage wirklich richtig verstanden zu haben – und selbst hat man die Möglichkeit, die Antwort etwas besser zu überlegen.

9. Bestätigende Fragen

Mit der Bemerkung »Das ist eine sehr gute Frage« geben Sie Ihrem Gegenüber das Gefühl, überlegt zu fragen und dem Gespräch sehr gut zu folgen. Eine andere Möglichkeit ist: »Es freut mich, daß Sie mir diese Frage stellen.« Oder: »Daß Sie mir diese Frage stellen, beweist mir, daß Sie ...«
Als guter Rhetoriker sollten Sie die bestätigenden Fragen immer wieder einwerfen, denn nichts *bestätigt* Ihren Gesprächspartner mehr, als er sich selbst.

10. Dirigierende Fragen

Der Dirigent eines Orchesters gibt einem Musiker oder einem Teil des Orchesters Einsätze oder Unterstreichungen oder Hervorhebungen. Er schwächt ab oder reißt hoch. Genauso sollten Sie als Frager die Richtung des Gespräches in der Hand behalten und in die Richtung lenken, in die Sie es wollen. Lassen Sie sich nicht von dem anderen die Richtung aufzwängen. Plötzlich ist die Zeit um – und

Sie sind noch immer am Anfang des Gespräches, statt bei der entscheidenden Abschluß-Frage.

11. Provozierende Fragen

Provozieren heißt Herausfordern. Wer provozierende Fragen stellt, muß sich der Herausforderung bewußt sein. Mitunter ist sie aber notwendig, um wirklich herauszufinden, ob der andere nur umgekehrt provozieren will – oder einen Sachverhalt nicht richtig dargestellt hat.
Beispiele:
»Glauben Sie wirklich, daß Sie mit Ihrer Maschine noch in den nächsten drei Jahren konkurrenzfähig sind?«
»Sind Sie sicher, daß Sie zu diesem Preis noch lange den Artikel XY einkaufen können?«

12. Eröffnungs-Fragen für Verhandlungen und Reden

Eine geschickte Frage zum Anfang ist immer ein dynamischer Start. Partner und Publikum werden sofort aufmerksam und nehmen eine positive Erwartungshaltung ein.

Beispiele:
»Wenn ich Ihnen die Lösung zu einem täglichen betrieblichen Problem nennen könnte, hätten Sie dann sieben Minuten Zeit für mich!« oder
»In Ihrem Betrieb entstehen täglich viele Fehlzeiten durch . . . Darf ich Ihnen eine Lösung dazu vorschlagen?« oder
»Sie arbeiten sehr hart, um Ihren Lebensunterhalt zu verdienen – und um zusätzlich im Alter ein Sicherheitspolster zu haben. Wenn ich Ihnen zwei Wege zeige, die aus Ihrem Geld mehr Geld machen, ohne daß es an Sicherheit verliert, wären Sie daran interessiert?«

13. Abschluß-Fragen

Abschluß-Fragen haben das Ziel, bewußt und unbewußt ein Gespräch abzuschließen. Am besten gehen ein paar Ja-Fragen voran, die Sie mit einem freundlichen Lächeln begleiten sollten und möglichst dabei von sich aus zustimmend mit dem Kopf nicken.

Beispiele:
»Konnte ich Sie überzeugen, welche Vorteile diese Maschine für Ihr Unternehmen bringt?«
»Haben Sie sich überzeugt, wie einfach das Gerät zu bedienen ist?«
»Haben Sie als Fachmann bemerkt, wie gut dieses Gerät Ihren räumlichen Verhältnissen angepaßt ist?«
Und nun leiten Sie ohne Übergang zur Abschluß-Frage über:
»Welcher Aufstellungstermin wäre für Sie der geeignete, der 15. November oder der 15. Dezember?«
»Dürfen wir Sie durch eine kleinere Erstbestellung von unserer Qualität überzeugen, oder möchten Sie gleich Ihre erforderliche Papiermenge bestellen?«
»Welches Kostüm darf ich Ihnen einpacken, das grüne oder das gemusterte?«
Bereiten Sie sich auf jedes wichtige Gespräch vor. Wenn Sie viel erfahren müssen, schreiben Sie sich die wichtigsten Fragen in der Reihenfolge auf, damit Sie nachher den Sachverhalt kennen. Wenn Sie etwas verkaufen wollen, legen Sie sich im voraus genau fest:
- Wie werde ich das Gespräch eröffnen?
- Wie werde ich argumentieren?
- Welche Einwände sind zu erwarten?
- Wie werde ich sie widerlegen?
- Mit welchen besonderen Schwierigkeiten ist zu rechnen?
- Welche Abschlußargumente benötige ich?

Jede Wiederholung ist eine Vertiefung

Der Teufel steckt in der Vielseitigkeit. Lernen wir, uns auf wenig Wesentliches zu beschränken und darin zum Meister zu werden.

»Der Mensch ist eine Summe von Möglichkeiten«, schrieb einmal der Kölner Soziologe René König. Wir besitzen also mehr Fähigkeiten, als wir nutzen können. Das heißt: wir leiden nicht an Überschätzung, sondern viel stärker an Unterschätzung. Wenn wir wirklich unser Leben glücklich, gesund und erfolgreich gestalten wollen, müssen wir bereit sein, Konsequenzen zu ziehen. Eine positive Lebensführung beginnt mit der Erkenntnis einer bewußten Lebensgestaltung. Ein Blick in unser Tagebuch oder in den Terminkalender zeigt uns am deutlichsten, was wir aus unseren Tagen – Wochen und Monaten, ja was wir aus unserem Leben machen.

Der überdurchschnittlich große Erfolg beginnt in dem Augenblick, wo wir bewußt – und zwar ganz bewußt – einige Dinge aus unserem Tagesverlauf streichen, damit wir für andere Dinge Zeit gewinnen. Das ist ein schwieriger, aber notwendiger Versuch, aus der eingeschliffenen Routine der Vergangenheit herauszukommen. Aber es geht, wenn wir nur wollen. Unser Ziel sollte es sein, unser Wissen und Können zu vertiefen, Abschied zu nehmen von der Oberflächlichkeit.

Wir müssen nicht alles wissen – wir müssen nicht alles können.

Wären wir auf allen Ebenen vollkommen, was bliebe für unsere Mitmenschen übrig? Wir brauchen den Mut zur Lücke. Haben wir sie gefunden, gewinnen wir auf diesem anderen Gebiet besonderes Wissen und Können. Das bringt uns die angestrebte Autorität und Anerkennung. Unser Selbstbewußtsein wächst – unsere Gesundheit stabilisiert sich.

Nur der Mensch hat die Kraft, bewußt zu denken und zu analysieren. Fleiß allein ist noch keine Garantie für Erfolg und Glück. Auch Ameisen sind fleißig, aber sie haben keine Möglichkeit, über ihre Erfolgsaussichten nachzudenken. Wir aber können uns ganz bewußt die Frage stellen: »Was sollte ich von meinen Tätigkeiten ganz streichen oder anderen übertragen?«

Führungskräfte der Wirtschaft werden z.B. danach beurteilt, ob sie die Fähigkeit zur Delegation anwenden.

Wir gelangen nur dann zum überdurchschnittlichen Erfolg und damit auch zum überdurchschnittlichen Glück, wenn wir einige unserer Fähigkeiten steigern. Im Leben kommt es nicht darauf an, wieviel Talente ein Mensch besitzt, sondern ob und welche er entfaltet hat.

Entfaltung ohne Betätigung ist nicht möglich. Nicht bei uns, nicht bei unseren Kindern, auch nicht bei unseren Mitarbeitern. Nun wird Ihnen unsere Überschrift immer klarer: »Jede Wiederholung ist eine Vertiefung.« Sie erkennen, wie wichtig es ist, die Gesetze der Natur zu erkennen und sich nach ihnen zu richten. Alles was lebt, untersteht dem Gesetz des Wachstums. Wir sprechen von der Wachstums-Energie oder von der Evolutionskraft, die im Universum wirkt.

Einige Menschen glauben, durch Wiederholung würde eine Sache langweilig. »Wer Großes will, muß sich zusammenraffen«, war der Rat Goethes. Und in der Bibel lesen wir: »In der Beschränkung erst, zeigt sich der Meister.« (Beschränkung hier definiert als Gegenteil der Vielseitigkeit.)

Sicher haben auch Sie schon an sich selbst erlebt, daß Arbeiten, die anfangs fast undurchführbar waren, durch häufige Wiederholungen leichter wurden. Etwas nur einmal oder selten zu tun, ist Zeit- und Energieverschwendung. In sieben Punkten sind die positive Wirkung der Wiederholung zusammengefaßt.

1. *Erst durch Wiederholung wird Wissen verdaut und damit zum praktischen Handeln.*

2. *Das persönliche Können nimmt zu. Mit der gleichen Energie werden immer größere Mengen der gleichen Arbeit bewältigt.*

3. *Die einzelnen Abläufe werden immer besser synchronisiert.*

4. *Das Niveau unserer Leistung verbessert sich qualitativ. Wir werden sicherer und zuverlässiger.*

5. *Jede Wiederholung setzt Energien frei, die sich als Gedankenblitze äußern. Es entwickelt sich Kreativität.*
6. *Das Fingerspitzengefühl entwickelt sich. Das Unterbewußtsein arbeitet immer präziser. Das Anpassungsvermögen wächst.*
7. *Der Mensch entwickelt eine hohe Beherrschung seiner Fähigkeiten. Sicherheit und Überzeugungskraft wachsen.*

Durch die Wiederholung verdichten sich Vorgänge, Überlegungen und Handlungen. Es entwickelt sich im Unterbewußtsein das schöpferische Neudenken. Viele glauben, daß mangelnde Kreativität eine Charakterveranlagung sei. Sie resultiert meist aus Verzettelung und Oberflächlichkeit.

Was auf sportlichem und künstlerischem Gebiet möglich ist, ist auch auf den beruflichen Sektor zu übertragen.

Das Wissen muß sich zu Antrieben im Unterbewußtsein verdichten, erst dadurch werden wir unbewußt positiv gesteuert. Genauso ist es auch mit dem Üben. Es ist nicht nur wichtig, die Programmierungs- und Meditationstechniken zu kennen, sie müssen auch regelmäßig praktiziert werden.

Jede Wiederholung bringt Vertiefung!

Nur wer ständig wiederholt, löscht negative Prägungen im Unterbewußtsein aus.

Nur wer ständig wiederholt, lernt Probleme zu lösen. Er wird automatisch und leicht seine großen Ziele erreichen und über sich selbst hinauswachsen. Das Lesen einer Speisekarte genügt auch nicht, um satt zu werden. Aus diesem Grunde sollten Sie ständig und regelmäßig positive Wachstumsreize setzen. Erst dann können Sie ganz und gar dem Gesetz der Natur vertrauen, das für Sie arbeitet.

Es war ein großer Fehler vieler westlicher Wissenschaftler, den Verstand überzubewerten, die Folge war, daß das Unterbewußtsein »unterbewertet« wurde. Viele Erziehungswissenschaftler glauben noch heute, daß der Mensch durch Drill, durch Automationstraining und durch Wiederholung gehemmt und engstirnig wird. Genau das Gegenteil ist richtig.

Erst durch die automatische Beherrschung der Grundvorgänge wird Energie frei, um über sich hinauszuwachsen.

Durch ständige Wiederholung werden Widerstände abgebaut, wird vorher Unvorstellbares vorstellbar. Unmögliches wird möglich, und Unglaubliches wird selbstverständlich.

Zu einer ständigen Wiederholung sollte auch das Lesen der »Grundgesetze zur Lebensentfaltung: Die Denkgesetze« Seite 22 werden.

Über den positiven Umgang mit Menschen

Versuchen Sie es mit Begeisterung und Enthusiasmus

Wie belastbar sind Sie?

Viele erfolgreiche Unternehmer arbeiten hart am Tag, doch wenn sie abends nach Hause kommen, kann eine Fliege an der Wand sie schon aus der Fassung bringen.

Wie belastbar sind wir?

Wie teilen wir unsere Kräfte ein?

Um in dem permanenten Spannungsfeld zu leben, ist es wichtig, in uns einen festen Kern zu besitzen, der uns hilft, mit der Belastung unseres Alltags und den Schwierigkeiten des Lebens fertig zu werden. Ein Seminar, ein Vortrag kann die Fertigkeit wieder herstellen, doch auch nach einem noch so erfolgreichen Seminar sieht die Welt nicht anders aus als sie ist. Was sich verändern kann, ist die Einstellung oder die Strategie, wie wir mit dem Leben fertig werden. Doch ein noch so gutes Seminar kann nicht das Glück auf Erden vermitteln.

Wir haben immer wieder neu zu kämpfen, uns immer wieder mit Schwierigkeiten auseinanderzusetzen. Und kaum haben wir ein Problem gelöst, wartet das nächste schon an der Ecke auf uns. Darum sollte unser Ziel sein, gerade in belastenden Situationen uns selbst, unser eigenes Ich, unsere eigene Persönlichkeit nicht zu verleugnen, sondern zu festigen. Es ist nicht unsere Aufgabe, Probleme anderer zu lösen, sondern unsere eigenen zu erkennen und zu lösen. Ich frage oft Teilnehmer in unseren Seminaren: »Was haben Sie für Probleme?«, und sie sagen: »Ich habe überhaupt keine Probleme«. Dann frage ich mich, was macht der Mann eigentlich den ganzen Tag?

Die Problemlösung beginnt damit, daß man sich zunächst einmal zu seinen Problemen bekennt. Ein Mensch, der seine Probleme leugnet, wird niemals die Kraft, die Fähigkeit, die Stärke und die Intelligenz entwickeln, um seine Probleme lösen zu können.

Hier fängt es an mit der Selbsterkenntnis: Wo stehe ich und welche Probleme habe ich zu lösen?

Wir haben viele Untersuchungen von depressiven Personen. Wir wissen, daß das Heer der Depressiven nicht geringer wird. Und aus diesen Untersuchungen wollte man herausfinden, ob Depressive wirklich ein schwereres Schicksal hatten als glückliche Menschen. Ob sie wirklich nun einen Grund hatten, depressiv, traurig und pessimistisch zu sein. Diese Untersuchungen haben ergeben, daß Depressive keineswegs unter härteren Schicksalsschlägen zu leiden hatten, sondern daß sie nur negativ auf das Schicksal reagierten. Es zeigte sich im Gegenteil daß glückliche Menschen oft mit viel größeren Problemen und Schicksalsschlägen fertig wurden und sogar daran gewachsen sind. Ein Mensch kann an seiner Aufgabe wachsen, und darum sollte man auch jungen Menschen Freude an der Arbeit vermitteln, denn die Arbeit gibt uns erst die Chance zur Selbstverwirklichung.

Konrad Lorenz hat in München zwei Fischreiherkolonien gebaut. Die eine Fischreiherkolonie lebt im Wohlstand, die andere Kolonie muß jeden Tag um ihre Existenz, um ihr Futter kämpfen. In der Fischreiherkolonie, die im Wohlstand lebt, werden die Eier aus dem Nest weggeworfen, da herrschen Streit, Zank und Ehebruch, aber in der Gruppe, die jeden Morgen hinausfliegen muß, die die Welt und den nächsten Tag wieder erobern muß, treten alle diese Delikte nicht auf.

Wir stellen uns oft die Frage: Ist der Mensch nicht schon an der Grenze seiner Belastbarkeit? Robert Jungk, der bekannte Futurologe, meint, herausgefordert durch die Probleme unserer Zeit, beginnt der Mensch erst jetzt, sich voll zu entfalten. Wir sind also keineswegs am Ende der Entwicklung, sondern gemessen an den vielfältigen Möglichkeiten steht der Mensch erst am Anfang. Aber nutzt er die Möglichkeiten?

Wenn wir uns die Weltraumforschung ansehen, die Eroberung des Mondes, wieviel Kreativität und wieviel Planung war darin notwendig?

Ich gehöre vielleicht zu den wenigen, die glauben, daß gerade unsere moderne Industriegesellschaft dem Menschen eine Chance zur

Entfaltung seiner persönlichen Selbstverwirklichung gibt, und daß es keine Selbstverwirklichung im luftleeren Raum gibt.

Der Mensch wird erst etwas durch die Sache,
die er zu seiner Sache macht.

Nehmen Sie Albert Schweitzer – sein Lambarene: Wer ist Albert Schweitzer? Nehmen Sie Louis Armstrong – seine Trompete: Wer ist Louis Armstrong? Nehmen Sie Robert Koch – seinen Tuberkelbazillus: Wer ist Robert Koch?

Probleme und Aufgaben erst geben uns die Chance, zur Emanzipation zu gelangen.

Stellen Sie sich einmal vor, wir lebten in einer Welt ohne Probleme, wofür brauchten wir dann überhaupt noch Menschen? Es wäre die beste Möglichkeit, sich wegzurationalisieren. Im Grunde leben wir im Augenblick, wenn wir die gesamte Geschichte des Universums betrachten, in einer atemberaubenden Sekunde. Wir erleben in der Geschichte des Universums den vierten großen Sprung. Der erste Sprung war die Schöpfung oder der Urknall. Der zweite große Sprung in der Geschichte der Evolution war das Leben im Wasser und der dritte große Sprung wurde das Leben auf der Erde als die Lurche – die Fische – das Wasser verließen. Und wir haben jetzt den vierten großen Sprung: zum erstenmal das Leben des Menschen im All, im Kosmos. Wir stehen am Anfang einer vollkommen neuen Epoche, der wir uns zu stellen haben.

Ein Mensch, der arbeitet in dem Bewußtsein, daß das, was er tut, sinnlos ist, muß sich wertlos vorkommen. Aber ein Mensch, der in dem Bewußtsein tätig ist: Das, was ich tue, ist notwendig, ist sinnvoll, ist wertvoll, der kommt ohne jeden Psychologen zum Selbstwertgefühl und bekommt die Kraft, auch mit Schwierigkeiten fertig zu werden.

Dagegen ist Faulheit der sicherste Weg zur Unfähigkeit. Wenn Sie eine Kuh nicht jeden Tag ganz ausmelken, dann gibt sie jeden Tag etwas weniger Milch. Wenn der Mensch seine Kräfte und Fähigkeiten, die er besitzt, nicht jeden Tag wieder aktiviert, dann wird er jeden Tag etwas unfähiger, mit der Umwelt fertig zu werden und sich in dieser Welt zu behaupten.

Richtige Mitarbeiterführung heißt, Mitarbeiter und sich selbst erfolgreich zu machen.

Die wichtigste Voraussetzung für eine Führungskraft ist die Fähigkeit, andere Menschen zu beeinflussen. Die Fähigkeit, zu lenken, zu leiten, zu führen und zu motivieren. Ein Auto kann man nur dann richtig fahren, eine Maschine nur dann richtig beherrschen – im positiven Sinne –, wenn man sich auskennt. In der Regel kennen wir uns mit unseren Maschinen oft gründlicher aus als mit unseren Mitarbeitern. Menschenführung setzt darum Menschenkenntnis voraus. Es setzt die Fähigkeit und das Bewußtsein voraus: »Ich will führen.« Durch das Dritte Reich ist das Bewußtsein, Menschen zu führen, sehr negativ eingesetzt worden. Viele junge Menschen, wenn sie das Wort »führen« hören, denken deshalb gleich an Manipulation. Wirkliche Menschenführung, erfolgreiche Mitarbeiterführung sollte heute heißen: Seine Mitarbeiter erfolgreicher zu machen, nicht seine Mitarbeiter zu dominieren oder noch schlimmer, seine Mitarbeiter auszunutzen. Ein Mitarbeiter, der sehr erfolgreich ist, fühlt sich bestätigt, blüht auf, weil er Erfolgserlebnisse hat. Aber ein Mitarbeiter, der nicht erfolgreich ist, fühlt sich ausgenutzt, der demotiviert sich selbst und wird vielleicht zu einem Nörgler oder Querulanten.

Wer motiviert den Motivator?

Nur eine Flamme, die brennt, kann auch andere entzünden. Dazu gehören immer drei Dinge: Der Motivator, das Motiv und die Mitarbeiter, also die zu Motivierenden. Aber ohne großes Ziel gibt es keine Motivation. Um Menschen zu begeistern, müssen sie erst einmal selbst ein Mensch sein, der an sich und seine Ziele glaubt. Erst dann können Sie diesen Glauben auch in anderen erzeugen. Sie können große Schwierigkeiten und Probleme haben; solange Sie an sich, an Ihre Unternehmungen und an Ihre Zukunft glauben, kann Ihnen im Grunde nichts passieren.

Über die Macht der Begeisterung:

1. *Begeisterung gibt Glauben und Überzeugung zu erkennen.*
2. *Begeisterung regt die Menschen zum Handeln an.*
3. *Begeisterung hilft Ihnen, Ihre Ziele zu erreichen.*
4. *Begeisterung verwandelt das Negative.*
5. *Begeisterung macht Sie anziehend.*
6. *Hören Sie mit Begeisterung zu.*
7. *Begeisterung nimmt einem Befehl die Härte.*
8. *Begeisterung ist der Schlüssel, der Ihnen Tür und Tor öffnet.*
9. *Begeisterung heißt, Menschen beeinflussen ohne zu dominieren.*
10. *Begeisterung zeigt, daß Sie Farbe bekennen.*
11. *Begeisterungsfähigkeit ist der Laserstrahl, der positive Argumente zum Leuchten bringt.*
12. *Durch Begeisterung können Sie die Gedanken und Gefühle anderer in die Richtung lenken, die Ihnen angenehm ist.*
13. *Begeisterung erweckt Begeisterung und Zuversicht.*
14. *Begeisterung zieht die Menschen an.*
15. *Begeisterung läßt keine Langeweile aufkommen.*
16. *Begeisterung ist ein Mittel, andere soweit zu bringen, daß sie Ihnen helfen wollen.*
17. *Ein begeisterter Mensch zieht keine Vergleiche.*
18. *Begeisterung verleiht Ihnen Glanz.*
19. *Begeisterung ist ein Zeichen, daß Sie kein Schattendasein führen.*
20. *Wer Menschen begeistern kann, kann auf Zwang verzichten.*

Motivieren heißt begeistern!

Immer geht es um den Menschen. Beim Aufbau eines Unternehmens, bei Erweiterung oder Konkurs – immer sind Menschen, Mitarbeiter, am Auf- und Abbau unseres Tuns beteiligt. Mitarbeiter-Motivation heißt eine der Hauptaufgaben jeder Führungspersönlichkeit.

Motivieren also heißt begeistern. Motivation ist die Kunst, das Leistungsniveau der Mitarbeiter anzukurbeln. Wir alle müssen täglich erkennen, daß viele Mitarbeiter unter dem Niveau ihres Könnens und ihrer Leistungsfähigkeit bleiben.

Jahrtausendelang interessierte sich der Mensch hauptsächlich für seine Umwelt. Es ist erstaunlich, daß man erst seit Anfang dieses Jahrhunderts begann, sich mit sich selbst zu beschäftigen. Sigmund Freud kümmerte sich zuerst wissenschaftlich um die menschliche Innenwelt. Er hatte zahlreiche Nachfolger. Uns kommt es aber darauf an, ein praktikables System zu entwickeln, das im täglichen Leben anzuwenden ist.

Wie überall in jeder Gemeinschaft, so gibt es auch in einem Betrieb positive und negative Strömungen, also anziehende und abstoßende Kräfte. Für diejenigen, die an der Front stehen, gilt es, das Positive, das Aufbauende zu aktivieren.

Alles, was der Mensch tut, wird von seinem Gehirn gesteuert. Hier beginnt bereits das erste Problem. Wenn Sie einen neuen Fotoapparat bekommen, dann studieren Sie die technischen Einzelheiten genau, um das Gerät optimal bedienen zu können. Wer aber weiß schon, wie er sein Gehirn einzustellen hat, damit es Höchstleistungen vollbringen kann?

Wir wissen heute, daß der Mensch ein perfekt arbeitendes kybernetisches System ist, in dem aber fast alle Vorgänge unbewußt ablaufen. So auch die Vorgänge der Leistungssteigerung oder Leistungsminderung. Wenn wir uns zum Beispiel einen Grippevirus einfangen, aktiviert der Körper im gleichen Moment Abwehrkräfte, die uns gar nicht bewußt werden. So ein kybernetisches System funktioniert aber nicht nur im organischen Bereich, sondern auch im zwischenmenschlichen. So reagieren Ihr Partner, Ihr Mitarbeiter oder Ihre Kinder auf ganz bestimmte Ereignisse völlig unbewußt. Es ist wichtig zu erkennen, daß das menschliche Verhalten, von dem ja die Leistungsfähigkeit abhängt, nicht das Produkt einer bewußten Willenseinstellung ist, sondern die Reaktion unbewußter Vorgänge. Unser Gehirn nimmt ununterbrochen Signale und Informationen auf und reagiert automatisch, also unbewußt. Und das tagaus, tagein, ja sogar nachts im Schlaf.

Das muß man wissen, wenn man versuchen will, seine Mitarbeiter noch wirkungsvoller als bisher bewußt zu steuern.

Das Wort »unbewußt« kam bis jetzt häufig vor. Das Unbewußte oder das Unterbewußte wird in Lexika wenig aufklärend definiert. Was ist eigentlich unser Unterbewußtsein, von dem wir so stark abhängen? Was spielt sich wirklich im Innern des Menschen ab? Der große deutsche Psychologe Oscar Schellbach hat einen genialen Vergleich gefunden. Er bezeichnete das Unterbewußtsein als eine Werkstatt. Zu einer Werkstatt gehören nicht nur Maschinen, sondern auch Mitarbeiter.

Jetzt kommt es darauf an, diesen wunderbaren Betrieb in unserem eigenen Kopf und in dem unserer Mitarbeiter zu steuern. Vielleicht haben Sie schon einmal ein elektrisches Klavier gesehen? In so einem Instrument befindet sich im Inneren eine Walze mit vielen hundert kleinen Nägelchen, die beim Spielen ablaufen und als Impulsgeber bestimmte Töne und Saiten zum Klingen bringen. So ungefähr können Sie sich auch die Arbeitsweise in unserem Unterbewußtsein vorstellen. Unendlich viele Schablonen oder Walzen laufen in uns ab. Unser Verhalten – und das unserer Mitarbeiter – wird also gesteuert durch die in uns laufenden Programme.

Sicherlich haben auch Sie sich schon oft gefragt, wie es kommt, daß ein Mitarbeiter immer die gleichen Fehler macht und wie man ihn dazu bringen kann, diesen Fehler in Zukunft nicht mehr zu begehen. Fehler werden fast nie willentlich gemacht, sondern es laufen einfach falsche Programme in den Gehirnen ab.

Wenn wir also erkennen, daß der Mensch gesteuert wird von den Schablonen seines Unterbewußtseins, dann hat es keinen Zweck, mit einem Mitarbeiter, der etwas falsch gemacht hat, zu schimpfen.

Denn durch das Hinweisen auf seine Fehler verändert man nicht seine Verhaltensmuster. Im Gegenteil. Zu starke Kritik kann dazu führen, daß das Verhalten noch verstärkt wird.

> *11. Denkgesetz:*
> *Beachtung bringt Verstärkung.*
> *Nichtbeachtung bringt Befreiung (s. S. 25)*

Das gilt selbstverständlich auch für negative Antriebe (Fehler) und negative Beachtung (Kritik und Geschimpfe). Ein Verhalten, das stark beachtet wird – und Tadel ist eine scharfe »Beachtung« – wird also *verstärkt*. Wenn Sie also wirklich bei Ihren Mitarbeitern etwas verändern wollen, dann besteht die einzige tiefenpsychologische Möglichkeit darin, sein Programm zu verändern.

Mitarbeiter führen, motivieren und beeinflussen müßte darum im streng wissenschaftlichen Sinne die Fähigkeit beinhalten, einen Menschen umzuprogrammieren. Gelingt es Ihnen nämlich, sein Fehlprogramm zu korrigieren, dann *will* er in Zukunft nicht mehr etwas richtig machen, sondern er *muß* es aufgrund seines neuen Reizreaktionssystems.

Kritik also ist das schlechteste Mittel, um einen Menschen neu- oder umzuprogrammieren. Kritik treibt die Kritisierten immer in die Defensive. Es muß Ihnen bei positiver Menschenführung gelingen, den Mitarbeiter von innen heraus zu veranlassen, sich richtig zu verhalten.

Sicherlich haben Sie sich auch schon einmal gefragt, warum die Menschen so unterschiedlich sind. Warum ist der eine glücklich und der andere unglücklich, warum ist einer erfolgreich und ein anderer ein Versager? Die Gehirne aller Menschen sind vom Aufbau her gleich. Der Unterschied liegt allein im Inhalt, eben darin, was ein Mensch vom ersten Tag seines Lebens bis heute in sich an Informationen aufgenommen hat.

Der »Kleine Prinz« von Saint-Exupéry, eins der schönsten Bücher über die Kunst, Menschen zu führen, sagt in einer Szene, in der er den König eines anderen Sterns begrüßt: »Bist du hier der König?« »Jawohl, ich bin hier der König.« »Wenn du König bist, dann kannst du doch befehlen . . .!« »Ja, als König kann ich befehlen.« »Wenn du befehlen kannst, lieber König, dann müssen doch alle deinem Befehl gehorchen?« »Ja, das stimmt. Alle unterliegen meinem Befehl.« »Ja«, sagte der kleine Prinz, »ich sehe für mein Leben gern Sonnenaufgänge. Befiel doch jetzt der Sonne einmal aufzugehen.« Daraufhin sagte der König: »Das befehle ich der Sonne erst wieder morgen früh um 5.17 Uhr.«

Jeder Mensch braucht Zukunft

Die Grundlagen des bewußten positiven Denkens

Ein New Yorker will einem Gast aus China eine Sehenswürdigkeit am Rande der Stadt zeigen. Sie fahren mit dem Zug, steigen aus und schicken sich an, die letzten fünfhundert Meter zu Fuß zu gehen. Da kommt ein Bus und der Amerikaner ruft: »Kommen Sie rasch, steigen Sie ein, wir gewinnen drei Minuten.« Der Asiate rührt sich nicht, sondern fragt ruhig: »Und was tun wir mit den gewonnenen drei Minuten?«

Diese Frage ist unsere große Lebensfrage.

Was machen wir aus unserer Zeit? Was machen wir aus unserem Leben?

Zeit ist Leben!

Es gibt Menschen, die leben, als seien sie unsterblich, als hätten sie zuviel Zeit, während andere immer in Eile und Hektik sind und nie Zeit haben. Wir alle sind auf dem Wege. Auf dem Weg, der aus der Vergangenheit über die Gegenwart in die Zukunft führt.

Um unseren eigenen Standort zu bestimmen, ist es am besten, sich von höherer Warte einen Überblick zu verschaffen, bevor wir uns detaillierter unserem eigenen Schicksal zuwenden.

Der Beginn

Ich möchte versuchen, in kurzen Worten die Gedanken Teilhard de Chardins darzustellen:

Die Evolution des Kosmos, die sich im langsamen Aufstieg vom Mineral zur Pflanze, von da zum Tier und vom Tier zum Menschen vollzog, fand keinen Grund, auf diesem Wege je innezuhalten.

Die Menschheit ist in diesem Lebensentwicklungsprozeß noch sehr jung; sie existiert erst seit 300 000 Jahren, während das Leben vor mehr als drei Millionen Jahren auf der Erde begann. Die Erde war zu dieser Zeit bereits 3 Milliarden Jahre alt. Die Menschheit befindet sich also erst in einem embryonalen Zustand.

Die Bewegung des Lebens hat nie stillgestanden, sondern sich permanent weiterentwickelt, obwohl alle Lebewesen zu ihrer Zeit jeweils voll lebensfähig waren. Die Evolution des Menschen bewegt sich im Wachsen des Geistes und des Bewußtseins.

Im Universum arbeiten zwei gegensätzliche Strömungen. Das ist die *Entropie* (das sind physikalisch gesehen: abgeschlossene, konstante Systeme, die sich nicht mehr verändern) und die *Ektropie* (das sind die offenen, nach außen gekehrten Systeme, die nie abgeschlossen oder konstant sind, sondern sich immer weiter entwickeln). Die Entropie-Strömung, welche die materiellen Energien lenkt, hat die Tendenz, allmählich alles gleich zu machen, alles dem wahrscheinlich zu erwartenden Ende, der Stagnation zuzuführen. Die Physiker nennen diese Strömungen: »Das Zunehmen der Entropie.«

Die andere Strömung die Ektropie läßt – wie zur Kompensation – den Geist im Universum immer konzentrierter, immer stärker wachsen.

Im Laufe der Jahrtausende sind die Lebewesen differenzierter geworden, ebenso ihr Organismus. Das zunächst nur scheinbar vorhandene Bewußtsein steigerte sich fortwährend, voraussehbar zu unwahrscheinlichen Fähigkeiten. Und damit zu immer größeren Freiheiten. Denn geistige Freiheit ist Evolution.

Vom Einzeller bis zum Menschen nahm das energieleitende und steuernde Nervensystem an Umfang und Empfindsamkeit zu, wie die schöpferischen Möglichkeiten und unerwarteten Fähigkeiten. In einer langsamen kosmischen Bewegung entwickelte sich das Bewußtsein konstant. Ein mögliches Ziel ist, daß ein Ganzes entsteht, in dem alle Einzelelemente ihre immer fester werdende Zusammengehörigkeit und ihre Abhängigkeit empfinden. Wir bemerken doch heute sehr stark das Ringen um die Geburt einer neuen Menschheit, die einer Bestimmung entgegengeht und zwar sehr bewußt und sehr vergeistigt. Zum ersten Mal in der Geschichte des Kosmos ist der Mensch sich als Objekt der Mutation selbst bewußt. Was mit ihm geschieht und welche Anforderung an ihn gestellt ist, um seine Zukunft zu tragen.

Der Mensch ist an dem Tage geboren, da er von der Stufe des Tieres emporgehoben wurde, und er wußte, daß er »weiß«. Heute ist das zunehmende Bewußtsein stark genug, daß der Mensch weiß, daß er handeln kann. Er weiß, daß er handeln muß. Er weiß, daß alles, was er tun wird, von ungeheurer Bedeutung sein wird. Aber er weiß noch nicht, was er tun – und wie er handeln soll! Er ist genötigt, der Erfinder seiner eigenen Evolution zu sein.

Sie erkennen an diesem Evolutionsstand deutlich, daß der Mensch noch nicht im geringsten an seine Grenzen stößt. Professor Lange-Prollius hat es treffend mit einem Buchtitel formuliert: »Die Schöpfung geht weiter.« Ektropie und Entropie ringen auch in jedem Menschen weiter. Schon vor fünfzig Jahren sagte Oskar Schellbach:

»Nicht zur Zerstörung der Schöpfung, zur weiteren Vervollkommnung sind wir geboren. Mühe sich daher jeder durch planmäßige Ausnutzung von Zeit und Kraft, um das hohe Werk zu vollenden.«

Der erste und entscheidende Schritt ist die Aktivierung unseres Bewußtseins. Wir müssen erwachen. Wir müssen aufwachen aus dem Unbewußten, müssen wirklich Mensch werden, um Mensch zu sein.

Wir müssen zum Bewußtsein unseres Selbst gelangen, zum Bewußtsein unserer Lebensaufgabe. Erst dann können wir unser Leben in den Dimensionen von Raum und Zeit begreifen und gestalten.

Jeder Mensch braucht Zukunft. Gäbe es keine Zukunft, wäre es das Ende der Evolution.

Das gesamte Universum würde in einem erneuten Urknall in sich zusammenfallen. Die Angst vor der Zukunft ist im Grunde die Angst vor der neuen Rolle des Menschen. Es ist die Angst vor der Verantwortung für diese Zukunft. Wir können der Angst aber nicht entfliehen, indem wir unser Bewußtsein ausschalten, um wieder auf der Stufe des Unbewußten zu leben.

Leben heißt, »sich seinen Aufgaben bewußt zu stellen«. Es ist die Aufgabe des Menschen, die Kräfte der Ektropie – der Entfaltung in seinem Leben – Ausdruck zu verschaffen. Der Sinn unseres Daseins liegt im Handeln. Nichts tun löst nicht nur Unruhe aus, sondern bewirkt auch ein schlechtes Gewissen. Wirklich leben nur die Schaffenden.

Unser persönliches Leben bietet uns jeden Tag die Chance, an unserer Aufgabe zu arbeiten, um dadurch unserem Dasein Wert und Sinn zu geben. Aus diesem Grunde sollte das *»1. Denkgesetz (s. S. 24)*, immer vor unserem geistigen Auge stehen.

Nur der Mensch hat die Kraft bewußt zu denken, zu planen und zu gestalten. Nur er kann sich selbst und damit sein Schicksal und seine Zukunft gezielt beeinflussen.

Da der Mensch Angst vor der Zukunft hat, träumt er seit Ur-Zeiten von der Gabe des Vorhersehens. Es mag Menschen geben, die einen Blick hinter den Schleier der Zukunft werfen dürfen. Wie ausgebildet diese Fähigkeit auch sein mag, sie nimmt keinem Menschen die Angst und die Verantwortung für die Zukunft.

Um unserer Aufgabe gerecht zu werden, müssen wir auf der Stufe unserer Evolution lernen, mit unseren Gehirnfähigkeiten richtig umzugehen. Oder um es anders auszudrücken, unser Ich muß lernen, das Gehirn bewußt zu steuern.

Unser Gehirn kann nachdenken, und es kann im Kreis denken. Wir sollten uns in der Kunst des »Vorausdenkens« trainieren.

Unsere moderne Massengesellschaft hat die schöpferischen Fähigkeiten, die in jedem Menschen ruhen, bei den meisten verkümmern lassen. Deshalb müssen wir unsere wichtigsten Fähigkeiten wieder entdecken und weiter entwickeln. Jeder sollte erkennen, daß die individuelle Ausformung seines Lebens dem »Ur-Gesetz des Lebens – der Evolution« entspricht. Nur Menschen mit dieser Voraussetzung und Erkenntnis bejahen die Zukunft mit ihren Gefahren und Chancen und erkennen in ihr die Herausforderung und Entwicklung.

Manche psychologischen Richtungen haben einen ausschließlichen Blick für das Vergangene und vergessen darüber die Bedeutung der Zukunft. Je bewußter wir jedoch in der Gegenwart leben, desto besser sind wir für den weiteren Lebensweg gewappnet, und desto weniger brauchen wir schwarze Vergangenheitsbilder zu bewältigen.

Angst ist der schlechteste Ratgeber auf dem Weg in die Zukunft.

Angst blockiert sogar den Weg in die Zukunft; denn ein Mensch, der seinen Weg in die Zukunft nicht vorbereitet, der unsicher ist, was auf ihn zukommt, muß sich zwangsläufig ängstigen. Die Befürchtung ist sein ständiger Begleiter, und das Beklagen ist sein Wanderstab. Ein Mensch, der nicht weiß, was er will, hat weder einen Kompaß, noch ein Steuerrad. Vielleicht erkennen sie jetzt, wie wichtig für jeden einzelnen die Beantwortung der drei Fragen ist.
Wer bin ich?
Was bin ich?
Und was will ich?
Wir haben für vieles Zeit, doch der Beantwortung dieser drei Elementar-Fragen weichen wir immer wieder aus. Dabei entsteht unsere Zukunft in unserem Gehirn. Erst das Beschäftigen, das Denken, der Glaube an die Zukunft schafft die Voraussetzung für sie.

Wir sind stolz auf unsere Freiheit. Wirkliche Freiheit beginnt aber erst mit der Möglichkeit der Entscheidung. Für was aber soll sich der Mensch entscheiden, wenn er sich nicht ständig mit seiner Zukunft beschäftigt. Viele, zu viele verzichten auf diese Freiheit der Zukunfts- und damit Lebenswahl. Sie lassen ihre Zukunft von anderen bestimmen und gestalten und klagen dann das böse Schicksal an, wenn es nicht mit ihren Wünschen übereintrifft. Auf dem Weg in die Zukunft sollten wir uns von der Hoffnung und der Zuversicht begleiten lassen. Nur wer an die Zukunft glaubt, hat auch die Kraft für die Gegenwart. Nur der Glaube gibt uns die Kraft, mit den täglichen Schwierigkeiten fertig zu werden und über uns selbst hinaus zu wachsen.

Verliert der Mensch den Glauben an sich und seine Aufgabe, schwinden die für das Leben notwendigen Antriebskräfte.

Ein Mensch, der seine Aufgabe kennt und daran arbeitet, für den ist die persönliche Zukunft nicht unberechenbar. Ganz im Gegenteil, er trägt seine Zukunft in sich. Er kennt den Satz der Möwe Jonathan »Man muß schon da sein, bevor man angekommen ist.«

Wer die Kunst des Vorausdenkens beherrscht, spart Zeit und Geld und gewinnt noch mehr Freiheit. Nicht der wird eine Persönlichkeit, der eine Persönlichkeit sein will, sondern derjenige, der an seiner Aufgabe arbeitet. Um sein Ziel zu erreichen, muß er alle Fähigkeiten aktivieren, die den Menschen erst zu einer Persönlichkeit formen. Sie kennen zwar alle diese Gedanken, doch erst die Praxis macht den Meister. Ohne Leistung ist das menschliche Leben nicht denkbar. Erst aus der Leistung erwächst das Selbstwertgefühl.
Wir sollten nicht bei jeder Gelegenheit von der Selbstverwirklichung sprechen und sie einklagen – Selbstverwirklichung ist die natürlichste Sache der Welt.

Das tägliche Suggestiv-Training ist der schnellste und sicherste Weg, unser Gehirn in der Form zu trainieren, daß es ganz automatisch unsere Zukunft und unsere Aufgabe in den Mittelpunkt unseres Denkens stellt. Die Konzeption des Menschen ist ein Zukunfts-Baumeister. Er kennt seine Aufgaben und seine Verwirklichungspläne sehr genau. Er kennt die Menschen und Materialien, die ihm bei dieser Aufgabe helfen können. Unser Motto lautet darum:

»Wir arbeiten für die Zukunft, weil wir in ihr leben werden.«

Wer nicht für die Zukunft lebt, wird sich eines Tages in einer Welt befinden, in der es ihm nicht mehr gefällt. Schneller als je zuvor verwandelt und entwickelt sich unsere Welt. Wir werden im eigenen Lande und zur eigenen Zeit Fremde sein, wenn wir nicht selbst mitgestalten.

Die christliche Lehre kennt drei Haupttugenden für den zukunftsoffenen Menschen.

Glaube, Hoffnung und Liebe. Über Glaube und Hoffnung haben wir nachgedacht und erkennen jetzt, daß ohne Liebe alles nichts ist. Die Liebe ist die treibende Kraft. Am besten definiert man »Liebe« als die große schöpferische Energie.

Neun Schritte zum Lebenserfolg

1. Die Grundsätze meines Lebens
2. Woran ich glaube
3. Erfahrungen und Konsequenzen meiner Vergangenheit
4. Kann ich meinem Schicksal dankbar sein; und warum?
5. Warum bin ich bedeutsam?
6. Meine Wünsche (erfüllbare, unerfüllbare)
7. Meine wichtigsten Ziele:
   In den nächsten fünf Jahren
   In den nächsten zehn Jahren
8. Meine Fähigkeiten, die mir bei der Verwirklichung helfen können.
9. Mein nächstes Ziel

Die Gesetze der Suggestion

Wer die Geschichte des Menschen kennt, weiß, daß es oft viele hundert Jahre gedauert hat, bis sich neue Erkenntnisse durchsetzen konnten. Wir erkennen daran, daß es nicht nur auf die Richtigkeit einer Idee ankommt, sondern auf die vorherrschende Meinung und die Festigkeit der Vorurteile. Wenn wir diese Erkenntnis auf unser Leben übertragen, bedeutet das, qualifiziert, begabt oder genial zu sein genügt allein nicht, um sich zu behaupten oder sich durchzusetzen. Gerade der Qualifizierte, der Begabte steht täglich vor der Frage, was er tun oder lassen muß, um zum Erfolg zu kommen?

Wenn wir unsere Yin-Yang Figur betrachten, erkennen wir auf der einen Seite die Kräfte der Beharrung und auf der anderen Seite die Kräfte des Wachstums. Wenn wir die Kräfte der Wachstumsenergie nicht ganz gezielt für uns nutzen, wird der Erfolg unseres Lebens ausbleiben. Viele Menschen sind enttäuscht und verbittert, weil es für sie unbegreiflich ist, daß sich andere mit geringerer Qualifikation durchsetzen und größeren Erfolg in ihrem Leben haben als sie selbst.

Erfolgreiche Menschen haben Suggestivkraft

Bei einem Blick ins Geschichtsbuch können wir feststellen, daß alle Menschen, die »Geschichte gemacht haben«, Persönlichkeiten mit einer starken Suggestivkraft waren. Menschen dagegen, die ihre Ziele und Ideen nicht durchzusetzen in der Lage waren, fehlte die Überzeugungskraft und die Fähigkeit der Motivation für ihre Pläne und Ideen.

Viele Menschen versagen nur deshalb im Lebenskampf, weil es ihnen an Suggestivkraft fehlt. Diese Menschen sind rege und fleißig, doch der gewünschte Erfolg bleibt ihnen versagt.

Sich durchzusetzen, sich zu behaupten, ist daher das Grundproblem aller wertvollen Menschen. Was nutzen einem Menschen seine wertvollsten Gefühle, wenn er den Partner nicht für sich gewinnen kann. Was nutzt einer Mutter alle Liebe, wenn sie das Kind nicht führen, nicht erziehen kann. Was nutzt einem Lehrer alles Wissen, wenn er nicht imstande ist, die Kinder zu interessieren. Was nutzen einem Verkäufer die besten Waren, wenn er nicht in der Lage ist, seine Kunden zu überzeugen. Was nützt einem Chef das ganze Unternehmen, wenn er die Menschen, für die er verantwortlich ist, nicht sicher führen kann. Was nutzen einem Bundeskanzler die besten Konzepte für eine sichere Zukunft, wenn er die Menschen nicht von deren Richtigkeit überzeugen kann. Sie werden erkennen, daß das Studium der Gesetze der Suggestion und der Beeinflussung nicht nur das Fesselndste, sondern auch zugleich das Nützlichste ist, was Sie sich vorstellen können.

Was passiert bei der Fremd-Suggestion?

Bevor wir uns tiefer mit den Gesetzen der Suggestion beschäftigen, wollen wir eine Begriffsdefinition vornehmen: Im Lexikon steht unter Suggestion: Beeinflussung eines Menschen durch einen anderen mit dem Ziel, bestimmte Entscheidungen oder Urteile hervorzurufen. Voraussetzung sind Vertrauen und ein Gemeinschaftserlebnis. Durch Suggestion lassen sich viele physische und körperliche Vorgänge eingreifend beeinflussen. Die Suggestion ist zweifellos die älteste Form seelischer Krankenbehandlung. Mit den Methoden der Suggestion arbeitet die Werbung, wenn sie Kaufentschlüsse hervorrufen will. Als Massensuggestion bezeichnet man die politische Propaganda.

Was passiert bei der Auto-Suggestion?

Autosuggestion ist Selbstbeeinflussung mit dem Ziel, seinen Willen und seine Kräfte zu stärken. »Alles liegt in mir, sowohl der Heilige als auch der Verbrecher«, zeigt Goethe die ungeheure Spannbreite der Suggestion auf. Die Suggestion ist der direkte Weg zu tieferen Schichten der menschlichen Persönlichkeit. Sie kann das Positive, wie auch das Negative hervorrufen. Wenn im Menschen alles angelegt ist, dann ist die Kenntnis und die Methode der Befreiung der positiven Anlagen für uns alle von größter Wichtigkeit. Es gibt im Grunde nur zwei Probleme: mit *uns* und mit *anderen* richtig umzugehen.

Ein König muß aussehen wie ein König.

Dieser Satz klingt so selbstverständlich, daß wir zu schnell darüber hinweggehen. Wenn wir im Alltag siegen wollen, müssen wir dieses Gesetz in aller Konsequenz erkennen und anwenden. Ein König muß aussehen wie ein König. Vielleicht erkennen Sie die Bedeutung dieses Gedankens erst, wenn ich ihn umformuliere. Ein Bettler muß aussehen wie ein Bettler. Wenn ein Bettler nicht aussieht wie ein Bettler, wird er vergeblich betteln. Ein Juwelier muß aussehen wie ein Juwelier, ein Gärtner muß aussehen wie ein Gärtner und ein erfolgreicher Vertreter muß aussehen wie ein erfolgreicher Vertreter. Und ein Löwe muß aussehen wie ein Löwe, sonst könnte man ihn nicht erkennen und vor ihm Angst haben. Ein König muß aber nicht nur aussehen wie ein König, sondern er muß sich auch verhalten wie ein König.

Je länger Sie selbst über dieses erste Gesetz der Suggestion nachdenken, um so mehr werden Sie seine magische Bedeutung erkennen. »Wie Du kommst gegangen, so wirst Du auch empfangen.« Kritische Leser werden hier jetzt vielleicht befürchten, diese Methode führe zur totalen Anpassung. Wir sollten diesen Gedanken nicht gleich verwerfen, uns aber zunächst einmal die Frage stellen, was uns wichtiger ist: Meine Eitelkeit, meine Trotzreaktion oder meine Ziele? Sollten Sie zu den Menschen gehören, die Ihre Ziele, also ihre Lebensaufgabe lieben, dann werden Sie sich auch so verhalten, um sie zu erreichen.

Erfolgreich sein heißt Probleme lösen.

Ein Arzt, der erfolgreich sein will, hat sich an den Problemen und Krankheiten des Patienten zu orientieren. Ein Vertreter, der seine Waren verkaufen möchte, muß die Interessen der Kunden kennen und berücksichtigen. Eine Frau, die als Ehefrau Erfolg haben möchte, muß sich an den Wünschen des Partners orientieren. Nicht wir sind der Mittelpunkt, um den sich die Welt dreht, sondern wir drehen uns mit. Verstößt man gegen dieses Gesetz, kommt der Mißerfolg mit aller Konsequenz.

Ein erfolgreicher Mensch muß Kraft, Zuversicht und Charisma ausstrahlen.

Es ist die Ausstrahlung, die jemanden anziehend und sympathisch macht. Deshalb ist sie für das persönliche Weiterkommen, für die Kontakte, die man benötigt, äußerst wichtig. Kraft und Zuversicht, die man ausstrahlt, wirken auf die tieferen Schichten der menschlichen Seele, in der Zuneigung oder Abneigung entstehen. Anziehende und abstoßende Kräfte bestimmen das Verhalten jedes Menschen und in jeder Situation. Faszination ist die stärkste Form der Anziehungskraft, und sie ist abhängig von der Vitalkraft des Menschen. Läßt seine Vitalität nach, so erlischt auch seine Ausstrahlung.

Sicher sind auch Sie schon Menschen begegnet mit einer faszinierenden Ausstrahlung. Unser Papst ist die bekannteste, lebende Persönlichkeit, die all die Dinge besitzt, die wir zusammenfassen in dem Begriff des Charismas. Als Charisma bezeichnet man die Fähigkeit, die Aufmerksamkeit auf sich zu lenken und festzuhalten und damit Erfolg zu haben. Das Wort Charisma wird von der griechischen Göttin Charis = Anmut abgeleitet. Charisma – die außerordentliche Gabe, die einem zuteil wird – war bei den Griechen eine Gnade der Götter. Charis verkörperte das, was wir als Nächstenliebe bezeichnen.

Heute verwendet man das Wort Charisma hauptsächlich dann, wenn man von Menschen spricht, die es verstehen, andere zu beeindrucken. Es ist ein sehr bestimmter Charme, der in einigen steckt und den sie unmittelbar auf ihre Umgebung übertragen können. Menschen mit Charisma erzeugen überall, wo sie auftreten, eine optimistische Stimmung.

Wenn Sie in einem Glockenstuhl eine Glocke anschlagen und sie damit zum Schwingen bringen, schwingen die anderen Glocken im gleichen Ton mit.

Ich kann nur das in anderen wach rufen, was tief in meinem eigenen Inneren schwingt. Das Gesetz der Resonanz sagt, »von mir allein hängt alles ab, nicht von den anderen.« Der Schlüssel zur Umwelt liegt in mir.

Es ist ein wunderbarer Augenblick im Leben eines Menschen, wenn er wirklich tief im Innersten begreift, daß sich nichts ändert, außer er ändert sich selbst. Sie werden sehr bald bemerken, um so ruhiger, gelassener und konzentrierter ein Mensch ist, um so mehr kann seine Seele, sein Inneres schwingen und strahlen. Bei einem verkrampften oder gehemmten Menschen dringt nichts von innen nach außen, es findet keine positive Übertragung statt. Vielleicht erkennen Sie darin die große Bedeutung unseres »Alpha-Trainings«. Ruhe und Entspannung haben nichts mit Schlaf zu tun, sondern mit Befreiung. Unser Inneres beginnt zu leben, unser Unterbewußtsein kommt in Ordnung, und es entsteht Harmonie und Liebe zu sich selbst und zu anderen. Liebe und Harmonie, die alles überstrahlt.

Durch Übung und durch Wiederholung erreichen wir den Alphazustand immer leichter. Erst nur im Training – in der Entspannungsübung –, aber das ist nur die Vorstufe. Später beherrschen wir es in allen wichtigen Lebenssituationen, vor einem wichtigen Gespräch, vor einer Rede, in Streß-Situationen, zu jeder Zeit strahlen Sie eine heitere Gelassenheit aus. Sie können weich, überzeugend und voller Charme lächeln. Bei einem gestreßten Menschen dagegen sind die Gesichtsmuskeln verkrampft, und die Stimme klingt kalt und hoch, da er auch innerlich kalt ist und seine Verärgerung nicht unterdrücken kann. Wie will solch ein Mensch andere erwärmen und auftauen? Je dunkler eine Stimme klingt, um so mehr kommt sie auch aus der Tiefe, dem Inneren des Menschen. Sie kann daher auch um so tiefer in andere Menschen eindringen. Die hohe Stimme kommt aus dem Kopf, aus dem Intellekt oder aus der Angst und erreicht deshalb auch nur den Intellekt beim anderen.

Sie erkennen vielleicht jetzt die tieferen Gründe, warum ich mit Ihnen immer wieder das psychogene Atemtraining praktiziere. Besonders die Vokale »O« und »U« bringen tiefere Schichten im Menschen zum Schwingen. Indische Yogis üben daher ihr ganzes Leben das Mantra »Om« oder »Om-mani-padmehum«, um so mit den Schwingungen des Universums in Harmonie mitzuschwingen.

Je reiner der Ton, desto reiner das Echo.

Wollen wir uns kontinuierlich entfalten, benötigen wir eine günstige Umwelt. Wir können nicht durch Abwarten von einmaligen Gelegenheiten zu Erfolg gelangen, sondern wir müssen selbst günstige Bedingungen schaffen. Man kann die Menschen seiner Umwelt in drei Gruppen aufteilen.

1. Die Gegner, die es immer geben wird.
2. Die Neutralen.
3. Die überzeugten Freunde.

Die ersten zwei Gruppen sollten wir sofort wieder vergessen, sie gar nicht weiter beachten. Wichtig allein ist die dritte Gruppe, die der überzeugten Freunde. Bei ihnen liegt der Anfang. Nicht nur eine Glocke, sondern mehrere Glocken beginnen im gleichen Ton zu schwingen. Es gibt kaum eine gute Idee, die man in dieser Form nicht verbreiten kann. Wenn Sie das Gesetz der Resonanz anwenden, sollten Sie jedoch auch bedenken, daß Sie als Sender stets über sehr viel mehr Kraft und Energie verfügen müssen, um immer wieder mit unermüdlicher Geduld Ihre Ideen und Konzepte zum Klingen und Weiterschwingen zu bringen.

Wenn Karajan ein Konzert dirigiert, stimmt er zunächst das gesamte Orchester ein. Erst wenn die Reinheit des Grundakkords stimmt, dann beginnt er mit dem Stück. Auch wir sollten uns immer wieder einstimmen, um eine reine harmonische Grundausstrahlung zu bekommen und zu erhalten. Wer seine eigene positive Ausstrahlung verliert, verliert die Kraft der suggestiven Beeinflussung.

Nur wer die Bedeutung der Suggestion im täglichen Leben erkannt hat, wird ihr die notwendige Aufmerksamkeit schenken, um Unglück in Glück, Krankheit in Gesundheit und Zufall in eine Chance zu verwandeln.

Die ersten drei Gesetze der Suggestion lauten:

1. Ein König muß aussehen wie ein König.
2. Wenn Sie in einem Glockenstuhl eine Glocke anschlagen und sie damit zum Schwingen bringen, schwingen die anderen Glocken im gleichen Ton mit.
3. Je reiner der Ton, desto reiner das Echo.

Vor einigen Wochen schilderte mir ein Besucher seine beruflichen Probleme. Seine Aufgabe besteht darin, Menschen zu beraten. »Ich gebe«, so sagte er, »die besten Ratschläge, doch meine Ratschläge werden mehr oder weniger in den Wind geschlagen. Was soll ich tun?«

»Steigern Sie ihre Suggestivkraft« riet ich ihm. An seinem erstaunten Ausdruck konnte ich bemerken, daß er alles außer dieser Antwort erwartet hatte; denn über seine Suggestivkraft hatte er noch nie nachgedacht.

Der Name ist Suggestion.

Haben Sie sich schon einen Namen gemacht? Wieviel Vertrauen, wieviel Können, wieviel Prestige strahlt Ihr Name auf andere aus? Ein Mensch, der sich noch keinen Namen gemacht hat, mag ein guter und wertvoller Mensch sein, aber in den Augen seiner Mitmenschen ist er ein Nichts und daher wirkungslos. Sowohl zu seinem eigenen Nachteil als auch oft genug zum Nachteil seiner Mitmenschen. Die Welt vertraut dem Namen. Welch eine positive Suggestion geht zum Beispiel von dem Autonamen »Mercedes« aus. Dieser Name strahlt Vertrauen und Qualität aus und gibt tausenden von Mitarbeitern dieser Firma Wohlstand und soziale Sicherheit. Denken Sie an die Wirkung des Namens Hermann Josef Abs. Die Suggestivwirkung dieses Namens hat die magische Kraft, tausende von Türen zu öffnen.

Sie treffen auf einer Party fremde Menschen. Man stellt sich Ihnen vor. Die meisten genannten Namen können Sie unmöglich verstehen. Je leiser – und undeutlicher – ein Mensch seinen Namen sagt, um so größer ist sein Minderwertigkeitskomplex. Menschen, die ihren Namen nicht mögen, mögen sich selbst nicht. Da jeder Mensch im Mittelpunkt seiner Welt, seiner Erlebnisse und seines Handelns steht, ist sein Name der wichtigste Besitz. Wir mögen im Leben viel verlieren oder gewinnen – unser Name bleibt uns. Sicher besitzen Sie den Mut, Ihren Namen immer klar und verständlich auszusprechen, und sicher können anders ganz leicht Ihre klare Unterschrift entziffern, denn Sie wollen sich ja nicht verstecken. Ganz im Gegenteil, Sie wollen ja Ihre Stärken zeigen.

Neunzig Prozent unserer Mitmenschen versündigen sich täglich gegen dieses Gesetz der Suggestion am Telefon. Sicher sind Sie auch hier ein besonderer Mensch, der seinen eigenen Namen klar, deutlich und verständlich aussprechen kann.

Erfolgreich sind wir im Leben immer dann, wenn wir uns selbst und die anderen richtig behandeln. Das wichtigste Wort ist der Name. Auf kein Wort reagiert der Mensch so sensibel, wie auf seinen Namen. Diese Erkenntnis ist darum auch so wichtig für den Umgang mit Menschen. Denn was für uns gilt, gilt immer auch für unsere Mitmenschen. Die Basis unseres Erfolges ist Sympathie, Harmonie und Vertrauen. Die Fähigkeit, eine sympathische, harmonische und vertrauensvolle Atmosphäre zu schaffen, beginnt mit der Anrede des Partners.

Außerordentlich wichtig ist daher Ihr Namensgedächtnis. Beachten Sie einmal über längere Zeit, wie Sie mit Ihren Mitmenschen sprechen. Benutzen Sie das Sie, das Du, das Wir oder den Namen. Es ist eine Todsünde der Überzeugungskunst, wenn man den Namen eines Menschen, dem man schon einmal begegnet ist, vergessen hat. Für jeden ist es schmerzlich zu merken, wenn der eigene Name entfallen ist. Man begreift dann sofort unbewußt, daß das Interesse an der eigenen Person nicht allzu groß sein kann. Ein gutes Namensgedächtnis ist wichtig, man kann es durch Konzentrationsübungen trainieren. Durch das korrekte Aussprechen des Namens erreichen wir jeden Menschen in seinem innersten Kern. Darum benutzen Sie die Namen Ihrer Mitmenschen mit Achtung. Ein guter Name ist das beste und krisenfesteste Kapital.

Der isolierte Mensch gelangt niemals zum Erfolg.

Wenn Sie zwei Menschen miteinander vergleichen, so ist in der Regel der Kontaktfähigere auch der Erfolgreichere. Daran erkennen Sie deutlich, daß die fachliche Qualifikation nur die eine Seite eines erfüllten Lebens ist. Zuviele Menschen plagen sich dagegen ein Leben lang in einer Hölle von Minderwertigkeitskomplexen.

Wenn ein Mensch Zahnweh verspürt, geht er zum Zahnarzt. Wenn ein Mensch von Minderwertigkeitskomplexen geplagt wird, zieht er sich entweder in sich selbst zurück oder flieht in die Arroganz und Überheblichkeit. Beides hat, wie wir im täglichen Umgang mit Menschen beobachten können, Kontaktschwäche oder Kontaktstörungen als Ursache. Fast jeder Mensch wird zugeben, daß auch er schon in einigen Situationen schüchtern reagiert hat. In der Regel leidet der Schüchterne unter den körperlichen Symptomen seiner Angst z.B. Erröten oder Erblassen, starkes Herzklopfen, Schweißausbrüche, trockener Mund, Stottern, Durchfall, Harndrang oder Magenbeschwerden. Obwohl andere diese Symptome kaum wahrnehmen, fürchtet sich der Schüchterne sehr davor. Eine falsche Eitelkeit verstärkt seine Komplexe noch mehr; denn er konzentriert sich nicht auf seine Mitmenschen, sondern stets und immer wieder auf sich selbst.

Die mangelnde Fähigkeit, Beziehungen zu anderen aufzunehmen oder sich in Situationen zu behaupten, deutet darauf hin, daß der Schüchterne starke Selbstzweifel und geringe Selbstachtung hat. Er neigt zu Mißtrauen und Pessimismus, zu einer Unterschätzung der eigenen Person und Überschätzung anderer. Er hat große Schwierigkeiten, andere Menschen anzusprechen und sich um Kontakte zu bemühen. Das Anknüpfen von neuen Beziehungen ist für viele Menschen beschwerlich. Der Schüchterne entzieht sich dieser Schwierigkeit am liebsten ganz und gar. Aus der Angst heraus, abgewiesen zu werden, bleibt er lieber allein. Auch fürchtet er, sich lächerlich zu machen, wenn er sein Anliegen vorbringt. Die Angst, aus sich herauszugehen, ist so groß, daß er regelrecht Hindernisse errichtet oder ein so abweisendes oder verschlossenes Gesicht macht, daß es keiner wagt, ihn anzusprechen. So versteckt er sich, obwohl er nichts sehnlicher wünscht, als Mitmenschlichkeit.

C.G. Jung, der Human-Psychologe, spricht in diesem Zusammenhang von der introvertierten Persönlichkeit. Alfred Adler – der Individual-Psychologe – spricht davon, daß Schüchternheit und Zaghaftigkeit immer zusammengehören. Der Schüchterne ist für ihn ein Mensch, der am meisten durch seine zögernde und zaudernde Haltung auffällt. Er möchte sich am liebsten von allem distanzieren und die Verantwortung für alle Aufgaben abwälzen. Der Minderwertigkeitskomplex ist oftmals ein Vorwand, um ganz bestimmte Anforderungen nicht auszuführen. Wir sollten erkennen, wer schon als Kind Schüchternheit entwickelt, lernt die Welt nicht kennen. Er mischt sich nicht ein. Macht diese oder jene Erfahrung nicht und Enttäuschungen bleiben ihm trotzdem nicht erspart.

Wie kontaktfähig sind Sie? Wenn Sie mit dem Zug fahren, suchen Sie dann ein Abteil, in dem Sie alleine sitzen können? Gehen Sie in einem Restaurant an einen unbesetzten Tisch oder an einen Tisch mit Sitzen an der Wand? Das ist nicht das Verhalten einer positiven, kontaktfähigen Persönlichkeit. Aber zum Glück gibt es noch die Ausnahme-Menschen. Ganz gleich, wo sie auftreten, wirken sie anregend, sie begeistern sofort und ohne es zu wollen, stehen sie im Mittelpunkt.

Stärken auch Sie Ihre Kontaktfähigkeit. Überlegen Sie, wem Sie in den nächsten zwei Monaten eine Freude bereiten möchten? Sicher werden Ihnen viele Möglichkeiten und Menschen einfallen. Da die meisten Menschen jedoch keine Gedankenleser sind, sollten Sie aus sich herausgehen und deutlich machen, daß es sich immer wieder lohnt, den Kontakt mit ihnen zu halten. Machen Sie es anderen leicht, indem Sie ihnen entgegengehen. Seien Sie eine rühmliche Ausnahme, im Kontaktemachen, Kontakteaufbauen und Kontaktehalten. Menschen sind das Wichtigste auf dieser Welt.

Kontakt-Tips

Der erste Schritt ist meistens der schwierigste. Sie sollten ihn deshalb dem anderen abnehmen, wenn Sie einen neuen Kontakt schließen wollen. Gehen Sie dem anderen entgegen. Warten Sie nicht ab, bis er es tut. Sie gewinnen zugleich mehr Selbstbewußtsein – und das hilft sowohl Ihnen selbst, wie Ihrem neuen Partner. Üben Sie sich deshalb als Schrittmacher:

Nehmen Sie sich ab heute vor, jeden Monat zehn Menschen kennenzulernen. Nutzen Sie dafür jede Gelegenheit, im Bus, im Betrieb, in Ihrer Nachbarschaft. Bereiten Sie sich einmal gründlich darauf vor und lernen Sie aus jedem neuen Kontakt, wie Sie es noch besser machen können. Lesen Sie zuerst gründlich diese Kontakt-Tips:

Ernsthaft gute Freunde suchen.
Offen Interesse zeigen.
Anderen entgegenkommen.
Lächeln, bevor Sie sprechen.
Andere nach Interessen fragen.
Interessen der anderen erwidern.
Sich selbst zuerst vorstellen.
Den anderen Fragen stellen.
Selbst wenig reden.
Jede Frage beantworten.
Hemmungen anderer überwinden.
Herzlichkeit zeigen.
Ruhig und gelassen sein.
Tolerant und optimistisch sein.

Aufrichtig und offen sein.
Melodiös, verständlich sprechen.
Andere interessiert ansehen.
Verständnis zeigen.
Gut zuhören.
Behalten, was Sie erfahren.
Sicher und entspannt auftreten.
Besonders selbstkritisch sein.
Vorschläge machen.
Sich in die Lage anderer versetzen.
Ansichten äußerst rücksichtsvoll vertreten.

Je größer die Konzentrationskraft, desto faszinierender ist Ihre Anziehungskraft. Sie müssen Ihre Mitmenschen faszinieren Sie müssen Ihre Aufmerksamkeit erzielen und erhalten.

Sie werden schon oft selbst bemerkt haben, daß auch hier das Gesetz der Entsprechung gilt. Je konzentrierter Sie sind, um so aufmerksamer hört man Ihnen auch zu. Je nervöser Sie sind, um so schneller entgleitet Ihnen der Gesprächspartner.

Sie kennen Veranstaltungen, wo ein Redner sprechen wollte, und die Zuhörer sprachen weiter. Aber sicher haben Sie ebenso oft erlebt, daß man bei bestimmten Rednern buchstäblich eine Stecknadel fallen hören kann, und alle wie gebannt zuhören. Das Geheimnis ist die absolute Konzentration.

Aufmerksamkeit erhalten Sie nicht durch schnelleres und lauteres Sprechen oder durch mehr Informationen. Im Gegenteil: dadurch entlassen Sie eher noch mehr Zuhörer aus Ihrem Bann. Das langsame Sprechen – das Sprechen mit wirkungsvollen Pausen – zieht die Aufmerksamkeit wieder auf Sie. Wirkungsvoll argumentieren, ob im Zwiegespräch oder in kleinen Gruppen, können Sie jedoch nur, wenn Sie vollkommen ruhig und vollkommen konzentriert sind. Prestigeverlust – wie mangelnde Aufmerksamkeit – erfährt man selten durch falsche Entscheidungen, aber stets durch Unruhe, durch Hektik und Nervosität.

»Hektik macht verdächtig«.

Haben Sie doch einmal den Mut und zeichnen Sie eines Ihrer Gespräche oder ein Telefonat mit dem Cassettenrecorder auf. Nicht um andere, sondern um sich selbst zu kontrollieren. Vielleicht weckt eine solche positive Kontrolle in Ihnen den Wunsch, sich zu verbessern.

Je ruhiger eine Person ist, desto mehr richtet sie ihre Energie auf das, was sie sagt. Denken ist ein bioelektrischer Prozeß.

Mit dieser wissenschaftlich abgesicherten Erkenntnis verstehen wir heute leichter als früher den Satz: »Gedanken sind Kräfte.«

Durch die Kraft der Konzentration können wir unsere Gedanken besehen. Wir können sie mit Kraft aufladen, und erst dadurch können sie ihre volle Wirkung erzielen.

Durch den bewußten Einsatz unserer Augen steigert sich die Suggestivkraft unserer Worte um 25 %.

Unsere Augen sind Fenster nach innen und nach außen. So, wie der Körper des ganzen Menschen Ruhe oder Unruhe ausstrahlen kann, so geschieht diese Ausstrahlung besonders intensiv durch unsere Augen. Unruhige Augen weisen auf einen unruhigen Sinn. Je unruhiger ein Mensch in seinem Inneren, um so unruhiger ist auch sein Blick. Der Blick verdeutlicht, daß er nichts festhalten kann.

Ebenso ist es mit dem Blick. Er hält nichts fest, er fixiert nichts Bestimmtes. Wenn unruhige Augen auf einen unruhigen Sinn deuten, so deutet ein ruhiger Blick auf ruhige und feste Gedanken, die sich dem Gegenüber sofort mitteilen.

Ich möchte Sie deshalb zu einem vierwöchigen Augen- und Konzentrationstraining einladen. Was sollten Sie tun?

1. Sie malen einen Kreis um einen Punkt und fixieren diesen Punkt so lange, bis Ihre Augen tränen oder die Lider zucken wollen. Jetzt schließen Sie bewußt die Augen zwanzig Sekunden, damit sich die Augenmuskeln bei geschlossenen Augen entspannen und kräftigen können. Besonders wichtig bei dieser Übung ist, daß Sie den Punkt mit einem freundlichen, liebevollen Blick fixieren.

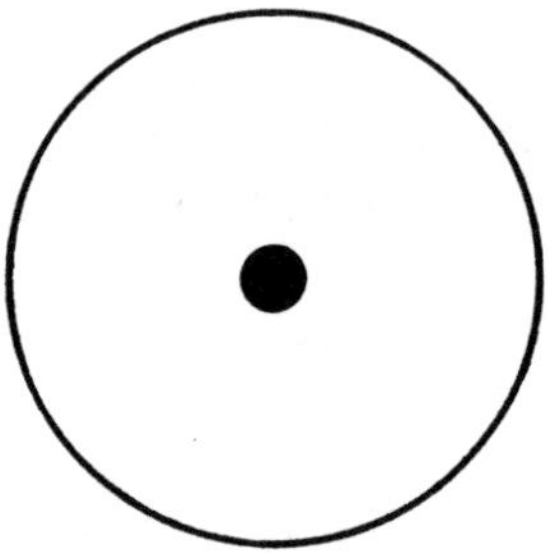

Je größer die Konzentrationskraft,
desto faszinierender ihre Anziehungskraft

Diese Übung setzen Sie so lange fort, bis Sie mindestens drei Minuten – ohne zu blinzeln – den Punkt freundlich fixieren können. Wenden Sie diesen erlernten Blick – der keineswegs provozierend oder aggressiv wirken darf – nicht sofort bei Ihren Bekannten an. Üben Sie erst in der Natur, in der Familie, bis Sie selbst mit der Blickintensität und dem Blickausdruck zufrieden sind.
Wenn Sie in ein Gesicht schauen, sollten Sie sich zuerst bewußtmachen, wohin Sie Ihren Blick konzentrieren wollen. Am besten ist der Punkt zwischen den Augenbrauen, der Punkt, an dem man das dritte Auge vermutet.
Dazu wieder eine Übung.

2. Malen Sie sich einen Punkt auf Ihre Stirn zwischen den Augenbrauen und setzen Sie sich dann in aller Ruhe vor einen Spiegel.

Nun fixieren Sie wieder mit einem freundlichen, liebevollen Blick den Punkt auf Ihrer Stirn. Wieder so lange, bis Ihre Augenlider zucken wollen. Dann schließen Sie bewußt die Augen mit folgenden Gedanken:

Meine Augen schließen sich und meine Augen entspannen. Mein Blick wird immer ruhiger, immer weicher, immer freundlicher und zugleich immer konzentrierter. Mein kraftvoller Blick ist stets voll Vertrauen und Liebe. Niemals ist mein Blick aggressiv, unfreundlich oder ablehnend.

3. Um Ihren Blick und Ihre Konzentrationskraft vollends in den Griff zu bekommen, trainieren Sie nun weitere vierzehn Tage folgendes:
   Immer, wenn Sie ein großes Foto oder ein Portrait sehen, blicken Sie der abgebildeten Person auf den trainierten, fixierten Punkt zwischen den Augen. Durch Ihr ständiges Training wird Ihr Blick immer natürlicher, er wirkt nicht gewollt und nicht zwingend, sondern Ihre natürliche, vertrauenerweckende Ausstrahlung wächst. Es darf weder etwas hartes, noch etwas bedrohliches von Ihren Augen ausgehen. Sie sind weder Dompteur, noch wollen Sie jemanden vergewaltigen. Weder mit Gedanken oder Worten oder Blicken. Sie achten und glauben an das Gute im Menschen und sollten es deshalb zum Ausdruck bringen.
   Erst nach dem Training aller drei Übungen sollten Sie zum Führen oder Motivieren die so gewonnene Fähigkeit einsetzen. Bedenken Sie: durch den Einsatz Ihrer Augen wächst Ihre Suggestivkraft um 25 %.

Wer spricht, ist aktiv und ist immer der seelisch Stärkere. Wer zuhört, ist passiv und aufnahmefähig. Die Schlußfolgerung daraus ist: Wenn Sie sprechen, blicken Sie die angesprochene Person an, um Ihren Worten mehr Ausdruckskraft zu verleihen. Wenn Ihr Partner spricht, ist er der Stärkere. Jetzt sollten Sie es auf keinen Fall zu einem Zweikampf der Augen kommen lassen. Das erzeugt Aggressionen, die wir auf jeden Fall vermeiden wollen. Wenn der Partner spricht, senken wir den Blick um ca. zehn Zentimeter und konzentrieren uns auf seinen Mund. Wir hängen an seinen Lippen und suggerieren ihm unbewußt: Ich höre zwar genau zu, aber beeinflussen lasse ich mich nicht.

Das verstärkt Ihre persönliche Autorität. Augen prägen ein Gesicht. Achten Sie auf die Augen – auf den Ausdruck – auf den Farbwechsel – auf den Blick – auf den Ausdruck: bei anderen und bei sich selbst.

Mit den Augen werden Suggestionen ebenso vermittelt wie mit Worten. Doch Menschen schließen sich nur dann für Suggestionen auf, wenn sie aus dem innigsten Gefühl einer allgemeinen Menschenliebe gegeben werden. Ein Mensch, der spürt, daß man an ihn glaubt, öffnet sich. Ein Mensch aber, der spürt, daß man ihn innerlich ablehnt, verschließt sich. Die Suggestion sollte kein Mittel zur Manipulation sein, sondern ein Weg zur Entfaltung und der Befreiung. Wenn wir davon ausgehen, daß alles im Menschen angelegt ist, sowohl der Verbrecher, als auch der Heilige, kann uns die Suggestion am besten helfen, Hemmungen und Komplexe zu überwinden. Aber nicht nur das; mit der Suggestion aktivieren Sie Ihre Kraft-, Gesundheits- und Begabungsreserven und gestalten dadurch Ihr Leben leichter und freier. Viel zuwenig setzen wir die wunderbaren Möglichkeiten der Suggestion ein, um unsere Intelligenz oder den Willen zu aktivieren und zu festigen.

Der berühmte russische Komponist Serge Rachmaninow (1873 – 1943) wurde 1899 nach England eingeladen. Im Zustand schwerer Depression – Depression ist eine Gemütskrankheit, die von Traurigkeit bis zu Selbstmordabsichten reicht – trat er seine Reise an. Er hatte versprochen, für die Philharmonie in London ein Klavierkonzert zu schreiben. Aber statt zu komponieren, starrte er stundenlang melancholisch auf sein Klavier. Keine Idee stieg in ihm auf, nichts – als Traurigkeit – klang in ihm. Er verfiel fortschreitender Lethargie, die seine Freunde beunruhigte. Durch Zufall erfuhr er von einem Londoner Hypnosearzt. Im Frühjahr 1900 besuchte ihn Rachmaninow und ließ sich entspannen und hypnotisieren. Der Arzt suggerierte ihm:

»Sie werden mit dem Komponieren Ihres Konzertes beginnen!

Die Arbeit wird Ihnen sehr leicht fallen!
Das Werk wird exzellent werden!
Gehen Sie nach Hause und beginnen Sie mit der Arbeit.«

Rachmaninow empfing eine neue Programmierung und neue Gedanken und schrieb sein unsterbliches Klavierkonzert Nr. 2 in c-Moll, das in die Musikgeschichte eingegangen ist.

Zu seinem Vorteil läßt sich jeder gerne beeinflussen.

Genauso, wie sich jeder gerne zu seinem Vorteil beeinflussen läßt, wehrt er sich, wenn es zu seinem Nachteil ist. Deshalb sollten wir uns bei schwierigen, festgefahrenen Gesprächspunkten immer fragen, ob wir die Vorteile für unsere Partner noch deutlich sehen und berücksichtigen. Jeder Mensch hat ein Gespür, hat einen Instinkt, der ihn warnt, wenn sich etwas zu seinem Nachteil anbahnt. Und das ist gut so. Er sperrt das Tor zu seinem Unterbewußtsein fest zu. Denken wir darum bei einem Gespräch, bei Verhandlungen, auch in Verkaufsgesprächen immer und zuerst an die Wünsche und Ziele des anderen. Sie werden feststellen, daß sich so gemeinsame Ziele mühelos und reibungslos erreichen lassen. Viele Verkäufer scheitern deshalb, weil sie bei Verkaufsgesprächen vorrangig an ihre Provision denken – als an den Vorteil für den Kunden.

Steigern Sie Ihre Suggestivkraft!

Tips und Anregungen, die Sie sofort in die Praxis umsetzen können

Wenn Sie Ihr Leben erfolgreich meistern wollen, müssen Sie andere Menschen für sich gewinnen und erfolgreich beeinflussen können. Selbst kleine Erfolge sind ohne die Unterstützung Ihrer Umwelt nicht möglich. Das sollte Ihnen jederzeit bewußt sein. Menschen können Ihnen die Chance zur Entfaltung geben oder sie verhindern. Deshalb sollten Sie Ihr Verhältnis zu allen Menschen so positiv wie möglich gestalten. Sie können ein Genie sein oder die besten Ideen, Pläne und Absichten haben – ohne Mitmenschen geschieht nichts – oder viel schlimmer – das Gegenteil.

Die Einstellung »die andern soll der Teufel holen, sie taugen ohnehin alle nichts«, paßt nicht in das Konzept eines erfolgreichen und glücklichen Lebens.

* * *

Überprüfen Sie doch einmal Ihre Einstellung zu anderen Menschen. Was, glauben Sie, ist für den Erfolg wichtig?

Daß die anderen Sie lieben, oder daß Sie die anderen lieben? Sie spüren sicher instinktiv die richtige Antwort, auch wenn Ihre Einstellung bisher eine andere war.

Je positiver Ihre Einstellung zu anderen Menschen ist, um so stärker ist auch das Echo, welches Sie damit erzeugen. Gute Gedanken erwecken auch beim anderen gute Gedanken. Schlechte Gedanken senden negative Wellen und rufen wiederum schlechte Gedanken hervor. Der Gedanke an das Starke ruft das Starke. Furcht macht Furcht.

Gedanken sind Kräfte. Was Du denkst, das bist Du. Was Du über andere denkst, kommt wie ein Echo zurück.

* * *

Je ruhiger ein Mensch ist, desto mehr kann er seine Energie auf das richten, was er sagt.

* * *

Alphatraining – der Zustand des ruhigen Gedankenflusses in der Entspannung – ist der Weg zu mehr Ruhe.

* * *

Die Suggestion ist der direkte Weg zur Seele des Menschen. Die Autosuggestion, mit der man sich selbst beeinflußt. Die Fremdsuggestion, mit der man auf andere positiv hinwirkt.

* * *

Um überzeugen zu können, müssen wir die Energie-Prozesse kennen, die zwischen Menschen und ihren Gedanken ablaufen.

* * *

1. Das Gehirn des Senders denkt und empfindet eine Idee.
2. Durch Sprache, Ton, Gestik und Mimik überträgt der Sender seine Überzeugung ins Gehirn des Empfängers.
3. Der Empfänger muß bereit sein, Ideen und Vorstellungen aufzunehmen.
4. Nach einer Inkubationszeit ist der Empfänger zur Reaktion bereit. Er ist bereit, die Überzeugung zu realisieren oder abzulehnen.

* * *

Diese vier Stufen laufen in der Regel unbewußt in Menschen ab. Vermeiden Sie deshalb, wenn Sie jemanden überzeugen wollen, am besten Anfangs-Diskussion. Jede Diskussion bewirkt sofort eine Kontrasuggestion und zerstört die Realisationsbereitschaft.

* * *

Mit Beweisen können Sie nichts beweisen; denn für jeden Beweis gibt es den passenden Gegenbeweis.

* * *

Diskussionen spielen sich immer in der linken Gehirnhälfte ab und bringen die Menschen stets von Alpha in Beta. Diskussionen führen leicht in Richtung Streit und Auseinandersetzung und Kräftemessen statt in die Richtung: gemeinsames Zielen und Handeln.

Fragen Sie statt zu diskutieren. Jede Frage suggeriert eine beobachtbare Reaktion.

Vergessen Sie nie die negative Wirkung der Kontrasuggestion. Sie ist eine Suggestion, die genau das Gegenteil dessen bewirkt, was Sie bewirken wollen. Beispiele von Kontrasuggestionen:

»Seien Sie ja vorsichtig, damit die Vase nicht zu Boden fällt.« –

»Hoffentlich verlierst Du Deine Stimme nicht wieder durch die Erkältung, wie damals.« –

»Sei nicht so aggressiv.«

Wer von der Sünde spricht, hält sie am Leben.

* * *

Um Ansatzpunkte für Suggestionen zu finden, muß man die Interessen und Wünsche der Menschen kennen.

* * *

Dank ist eine positive Suggestion.

* * *

Durch Dank machen Sie Ihre Mitmenschen zu Wiederholungstätern.

* * *

Etwas, worüber man nicht redet, ist gar nicht geschehen. Nur das Wort gibt den Dingen Realität.

* * *

Der Mensch hat die Kraft, Ideen stark und mächtig zu machen, und er hat die Macht, die Zukunft mitzugestalten. Um andere von dieser Zukunft, von Plänen zu überzeugen, braucht man mitreißende Begeisterung.

* * *

Beeinflussen heißt, hineinfließen lassen. Hineinfließen lassen kann man aber nur, wenn der andere geöffnet ist. Beeinflussen ist daher die Kunst, den anderen zu öffnen. Das Geheimnis des Öffnens liegt im Schweigen, in den Pausen, liegt in Alpha.

* * *

Auch Ihre Worte können Balsam oder Gift sein. Die Zunge hat zwar keine Knochen, aber sie kann Knochen brechen.

* * *

Sie müssen bildhaft, plastisch und anschaulich sprechen. Das erfordert Einfallsreichtum und einen großen Wortschatz. Sachlichkeit und Fachwissen genügen nicht. Die Menschen möchten nicht nur etwas hören, Sie wollen etwas erleben.

* * *

Suggerieren ist etwas anderes als zu bitten, zu befehlen oder zu überreden. Die Suggestion wendet sich nie an den Willen, sondern immer an das Gefühl. Alle Entscheidungen des Menschen werden hauptsächlich von seinen Gefühlen gesteuert.

* * *

Die geistige Atmosphäre eines Menschen wird durch die Gedanken bestimmt, die aus seinem Herzen kommen.

Jede tiefwirksame Suggestion geht vom Herzen aus und wendet sich an das Herz. Nie von Ratio zu Ratio.

* * *

Die drei wichtigsten Gesetze der Suggestion:
1. Das Unterbewußtsein hat die Tendenz, jeden Gedanken zu realisieren.
2. Die ständige Wiederholung einer Idee wird zum Glauben, dann zur Überzeugung.
3. Glaube führt zur Tat. Konzentration führt zum Erfolg. Wiederholung zur Meisterschaft.

* * *

Die Suggestion besitzt die Kraft, den Zweifel auszuschalten und verstärkt dadurch den Glauben. Wer Glauben hat, hat alles. Wem er fehlt, dem fehlt alles. Wer Wunder will, verstärke seinen Glauben. Wer Wunder bewirken will, muß selbst an Wunder glauben.

Suggestiv-Rezepte

1. Programmierung für Anfänger der Redekunst

Ich weiß, daß ich sehr gut sprechen kann.

Ich muß nur immer ruhig und langsam sprechen.

Vor dem Reden werde ich erst überlegen, was ich sagen will.

Leicht und fließend verbinde ich alle Wörter eines Satzes so miteinander, als ob der ganze Satz ein einziges Wort wäre.

Ich bleibe ganz ruhig und selbstsicher und denke nur an meine Aufgabe. Nur an meine Aufgabe. Nur die Aufgabe ist wichtig.

2. Programm für schon fortgeschrittene Rhetoriker

Ich bin fest entschlossen, ein guter Redner zu werden.

Ich sehe mein schönes, großes Ziel ganz deutlich vor mir und bin bereit, es durch konsequente Planarbeit zu erreichen.

Ich werde nicht wankelmütig sein, denn ich kenne die großen Vorteile, die sich aus meiner zielbewußten Entwicklung ergeben.

Deshalb bin ich fest entschlossen, ein guter Redner zu werden.

3. Wirkungsvolle Programmierung

Auch ich habe große Ziele!

Alles, was vor uns entstehen soll, findet seine Ursache in unserem Denken. Ein Gedanke, eine Idee, deren Verwirklichung wir ausdauernd verfolgen, *muß* schließlich sichtbar in Erscheinung treten.

Auch ich habe große Ziele!

Alle Kräfte, die ich zur Verwirklichung meiner Wünsche benötige, schlummern in mir. Durch die Macht der Gedanken werden die Kräfte zu treuen Helfern bei meinem Werk.

Warum sollte ich nicht mehr erreichen, als andere mir zutrauen?

Ich wachse mit allen Aufgaben, die ich mir selber stelle. Ich werde meine Ziele erreichen – ganz bestimmt!

Ich fühle, wie meine Kräfte und Fähigkeiten wachsen.

Ich glaube an mich und meine Ziele, so wie alle an sich glaubten, die Großes vollbrachten.

Ich werde mein Ziel erreichen – ganz bestimmt!

4. Programmierung zur Auswahl

Ein erfolgreicher Redner spricht ein gutes Deutsch! Ich werde ein einflußreicher Redner, darum muß ich ein sehr gutes Deutsch sprechen. Das macht mir viel Freude, und ich werde täglich üben und Fortschritte machen.

Für einen guten, eindrucksvollen Redner ist es selbstverständlich, daß er die Endsilben klar und deutlich ausspricht. Durch das bewußte Artikulieren der Wortendungen, wird meine Aussprache täglich besser, klangvoller und schöner.

Durch meine klare Aussprache habe ich die Möglichkeit, meine guten Ideen und wertvollen Gedanken erfolgreich und wirkungsvoll auszudrücken. So werde ich mich täglich etwas verbessern, indem ich treffsicheres Deutsch mit klarer Ausdrucksweise der Endsilben spreche. Dadurch stärkt sich auch mein Selbstbewußtsein und größte Erfolge werden mir möglich.

5. Programmierung Redekunst ist Geisteskunst!

Ich kann sprechen – also lerne ich auch wirkungsvoll reden.

Selbstvertrauen ist das Wichtigste.

Wenn ich keine Angst habe, dann ist das Haupthindernis weg,

das mich am Reden hindert. Wer im Gespräch gute Gedanken entwickeln kann, der kann das auch vor einer großen Zuhörerschaft.

Ich muß ganz klar sehen und erfassen, Vor- und Nachteile genau abwägen und durch Arbeit an mir selbst Nachteile unwirksam machen. Das ist leichter, als es scheint.

Meine klare, kräftige Stimme, meine deutliche Aussprache, mein gefälliges Auftreten und gewinnendes Lächeln, meine ruhigen und sicheren Augen, meine harmonischen Gesten, mein witziger Anfang, mein klares geistiges Konzept, meine genau treffenden Worte und zündenden Formulierungen ergeben zusammen mit einem überraschenden Redeschluß eine Wechselwirkung zwischen mir als Redner und meiner Zuhörerschaft, die all mein Wissen, Charme, Mut und Schlagfertigkeit voll entfalten.

Mein Publikum wird von Darbietung und Inhalt meiner Reden begeistert sein.

Reden können ist Hochgenuß!

6. Programmierung

Ich werde ein gern gehörter und überzeugender Redner. Mein Auftreten ist frei und sicher – und weckt bei meinen Zuhörern eine sympathische Stimmung.

Meine Stimme wird immer einflußreicher. Mein Schwung und meine Begeisterung reißt alle Zuhörer mit. Der Macht und dem Einfluß meiner Stimme kann sich keiner entziehen.

Ich bin ein Meister in der Kunst der Menschenbehandlung. Es gelingt mir immer besser, die Zuhörer zu fesseln und von der Richtigkeit meiner Ideen zu überzeugen.

Enthusiasmus (Begeisterungsfähigkeit)

Wenn du begeisterungsfähig bist,
kannst du alles schaffen.

Begeisterung ist die Hefe,
die deine Hoffnungen himmelwärts treibt.

Begeisterung ist das Blitzen in deinen Augen, der Schwung deines Schrittes, der Griff deiner Hand, die unwiderstehliche Willenskraft und Energie zur Ausführung deiner Ideen.

Begeisterte sind Kämpfer. Sie haben Seelenkräfte. Sie besitzen Standfestigkeit.

Begeisterung ist die Grundlage allen Fortschritts. Mit ihr gelingen Leistungen, ohne sie höchstens Ausreden.

Henry Ford

Der Körper spricht die Sprache der Seele

Signale erkennen und deuten.

Wer sich mit der Körpersprache – die sehr ehrlich ist – beschäftigt weiß, welche gesteigerte Aufmerksamkeit eine solche Beobachtung erfordert. Sie setzt immer eine vollkommene innere Bereitschaft voraus – und die Fähigkeit, sich selbst loslassen zu können. Wer selbst von Hektik beherrscht ist, kann nicht erfolgreich beobachten. Eigene Gemütsbewegungen verwirren und blockieren uns die Einsichten, die uns die Sinne vermitteln. Im Zorn sieht man rot, wer verliebt ist, sieht rosa, wer enttäuscht ist, sieht schwarz. Ist man wütend, trübt sich der Blick, ein Zerrspiegel entstellt die Welt, ebenso bei einem Trauernden, wo der Außenspiegel »blind« geworden ist. Und wenn wir gereizt, verärgert oder gar verzweifelt sind, verändert sich wieder unser Blick. Ein gestörtes Nervensystem läßt nur noch verstümmelte Botschaften durchkommen – vom Unterbewußtsein ins Wachbewußtsein. Der ideale Beobachter benötigt innere Ruhe und Ausgeglichenheit, er benötigt Gehirnwellen, im Alpha-Rhythmus. Erst dann kann das 11. Gesetz der Lebensentfaltung »Beachtung bringt Verstärkung« wirksam werden.

Sicher hatten auch Sie schon oft den Wunsch, die Gedanken ihrer Mitmenschen lesen zu können, in ihr Inneres zu schauen. Dieser Blick ist leichter als Sie glauben. Sie brauchen sie nur zu beobachten. Wer wirklich sieht, kann mehr erkennen! Es gilt das kosmische Gesetz: Wie oben – so unten = wie innen so außen.

Wer Augen hat zu sehen und Ohren zu hören, überzeugt sich, daß die Sterblichen kein Geheimnis verbergen können.

Da der Erfolg unseres Lebens von der Kunst, mit Menschen umzugehen, abhängt, ist es wichtig zu wissen, was im Partner, im Mitarbeiter, im Kunden vorgeht! Denn nur, wenn wir den Menschen so begreifen, wie er wirklich ist, können wir ihm auch gerecht werden.

Wir studieren den Menschen nicht, um ihn zu manipulieren, sondern um positiv mit ihm leben zu können.

Aus der Biographie von Sigmund Freud wissen wir, daß er der Körpersprache seiner Patienten große Bedeutung beimaß. Seine wissenschaftlichen Studien kombiniert mit seiner Beobachtungsgabe, lassen seine Krankengeschichte zu einer packenden Lektüre werden.

Auch die klinischen Berichte Freuds enthalten ähnlich facettenreiche Beschreibungen, in denen er die geringfügigsten Besonderheiten in der Körpersprache seiner Patienten vermerkt, wenn er schreibt: »Wer Augen hat zu sehen und Ohren zu hören, überzeugt sich, daß die Sterblichen kein Geheimnis verbergen können. Wessen Lippen schweigen, der schwätzt mit den Fingerspitzen. Aus allen Poren dringt ihm der Verrat. Darum ist die Aufgabe, das Verborgenste bewußt zu machen, sehr wohl lösbar.«

Körper und Seele sind eine Einheit, solange wir leben. Der Körper beeinflußt den seelischen Menschen, und die Seele beeinflußt äußerst intensiv unseren Körper.

Stellen Sie sich einmal das Bild der Marionette vor, deren Körperbewegungen einzig von den Fäden – der Seele »außerhalb« – gesteuert werden. Zittern die Fäden – zittert der Körper, – gibt es Knoten in den Fäden – gerät der Körper in Unordnung. Ursachen, die im körperlichen Bereich spürbar werden, entstehen also grundsätzlich in der Zentrale. Sobald unsere Gedanken freundlich sind, wird auch unser Mienenspiel freundlich oder umgekehrt.

Die Sprache der gespaltenen Zunge und der unruhigen Füße.

Die Zunge kann lügen, der Körper nicht und schon Karl May läßt Winnetou sagen: »Er spricht mit gespaltener Zunge.« Die Sprache des Körpers ist die universelle Sprache der Menschheit. In jedem Kulturkreis ist ein lachendes Gesicht ein Zeichen von Glück und Freude. Ein weinendes Gesicht ein Zeichen für Schmerz oder Trauer. Dazu ein Gedicht von Mirza Schaffy:

In jedes Menschen Gesichte,
steht seine Geschichte –
Sein Hassen und Lieben
gar deutlich geschrieben.
Sein innerstes Wesen,
es tritt hier ans Licht,
doch nicht jeder kanns lesen,
verstehen jeder nicht.

Wie intensiv beobachten Sie Ihre Umwelt? Der persönlichkeitsstarke Mensch ist weit mehr auf die Reaktionen seiner Umwelt bedacht. Er spürt und fühlt, was im Innersten des anderen Menschen vorgeht, um sich selbst entsprechend zu verhalten. Denn wenn ich merke, daß mein Gegenüber nervös ist, werde ich versuchen, ihn zu beruhigen. Ist er nicht bei der Sache, bringe ich jetzt nicht unbedingt meine stärksten Anliegen vor, sondern warte auf eine bessere Gelegenheit.

Daß der Körper die innere Situation des Menschen widerspiegelt, erkannte ich bereits vor vielen Jahren in unseren Rhetorik-Seminaren. Die Füße der Teilnehmer – während sie am Pult sprachen – zeigten sehr deutlich, was in ihnen vorging.

Viele Menschen bemühen sich, ihre Gesichtszüge – und ihre Worte zu beherrschen, aber die Füße brechen aus! Die Füße sind unsere Wurzeln, sie sind unser Unterbewußtsein. Wollen wir davonlaufen?

Ist uns der Boden zu heiß? – Wechseln wir von einem Standpunkt zum anderen? – Oder sind wir standfest? Sind wir verankert? – Sind wir belastbar? – Oder weichen wir schon bei Kleinigkeiten aus? Geht es in unserem Leben voran oder sind wir auf dem Rückzug?

Beobachten Sie bei Ihren Mitmenschen einmal recht aufmerksam die Füße und deren Bewegungsmuster. Aber nicht nur bei anderen, denken Sie bei Ihren Beobachtungen immer wieder an die alte Erkenntnis: Menschenkenntnis führt zur Selbsterkenntnis, und Selbsterkenntnis führt zur Menschenkenntnis.

Vielleicht verstehen mich jetzt viele Leser besser, warum ich in den Rhetorik-Seminaren nicht nur auf eine gute Argumentation achte, sondern auf den Standpunkt. Ein Mensch, der einen Standpunkt hat, sollte auch mit seinen Füßen zeigen, daß er in sich ruht und standfest ist. So wie es Martin Luther vor dem Reichstag in Worms deutlich machte, als er ausrief: »Hier stehe ich, ich kann nicht anders.«

Der Körper verkörpert unser Inneres.

Ein Meister auf dem Gebiet der Körpersprache ist Samy Molcho. Er kommt von der Bühne, genauer von der Pantomime. Von hier bezieht er sein erstaunliches Wissen und Können und sein persönliches Einfühlungsvermögen. Es ist faszinierend zu beobachten, was sein geschultes Auge alles sieht.

Am meisten lernen Sie über das faszinierende Gebiet der Körpersprache, der Mimik und der Gestik, wenn Sie sich vorstellen, Sie seien ein Schauspieler und müßten z.B. die Rolle eines Bettlers spielen. Versuchen Sie doch einmal – so gut es geht – in diese Rolle hineinzuschlüpfen. Oder vielleicht spielen Sie einmal zum Spaß die Rolle des vom Schicksal verstoßenen Menschen. Sie werden sofort erkennen, jede Rolle hat ihren eigenen spezifischen Ausdruck. Das Verhalten des Mutigen ist ganz anders als das Verhalten des Ängstlichen. Das Verhalten des Rechthabers ist anders als der Ausdruck des Toleranten. Der Verachtete bewegt sich anders als der Geliebte.

Nutzen Sie bei Ihren Theaterbesuchen Ihre Beobachtungsgabe, um zu erkennen, ob Rolleninhalt und Rollenform identisch sind.

Wie verhält sich der temperamentvolle Eroberer, der Diener, der Lügner, der Unterwürfige? Wie reagiert der Verliebte? Wie bewegt sich der König? Ist er ein König? Ein Caesar, ein Napoleon? Es wird für Sie bestimmt ein noch viel interessanterer Theaterabend als bisher. Und vielleicht gelingt es Ihnen, sich selbst und Ihr Leben und Denken etwas besser zu begreifen. Wir stehen alle auf der Bühne und spielen unsere Rolle – und wir werden von unseren Mitspielern und unserem Publikum nur akzeptiert, wenn wir sie überzeugend spielen.

Begreifen – erfassen – festhalten – sich lösen – sich offenbaren – sich verbergen – sich verstecken: wir beobachten die Hände

Haben Sie die Zeichnungen Albrecht Dürers voll bewundernder Aufmerksamkeit studiert? Mit welch offenem Blick muß er die Hände verschiedener Menschen beobachtet und studiert haben, um sie so ausdrucksvoll wiedergeben zu können.

Was der Mund verschweigt, verraten die Hände. Wie erschrocken sind wir bei einem schlaffen Händedruck. Und Menschen, die negativ sind, wissen meist nicht einmal, daß schon beim Händedruck eine negative Strömung von ihnen ausgeht. So, wie die Stimme eines Menschen unterschiedlich ist, sind auch die Bewegungen seiner Hände. Auch sie können weich, fest, hart, entschlossen oder einfühlend sein. Nehmen Sie jede Gelegenheit wahr, die Hände eines Pianisten oder Dirigenten, oder auch einer fernöstlichen Tempeltänzerin zu studieren, um zu wissen, welche Ausdruckskraft und Vielfalt darin liegen kann.

Schauen Sie in Gesichter – um »erkennen« zu können.

Kein Mensch kann auf Dauer verhindern, daß sein Gesichtsausdruck sein Gefühlsleben widerspiegelt. Wie kalt oder wie leuchtend können die Augen sein? Wie weich oder wie verbissen können sich Mund oder Lippen eines Menschen zeigen!

Die Ausstrahlung, die Sie von anderen spüren, nimmt auch der andere von Ihnen wahr. Wir können die Seele eines Menschen nicht sehen, aber der Körper spricht die Sprache der Seele. Über diesen Körper sind wir erlebbar, erfaßbar, begreifbar. Ergreifen wir also mutig die Chance, uns selbst und andere zu erfahren.

Wissen Sie, welche Rolle Sie auf dieser Erde bewußt oder unbewußt spielen? Sind Sie ein guter Darsteller oder ein großartiger Versteller? Oder sind Sie ein Unterdrücker? Ein Mensch, der seine eigene wahre Persönlichkeit ständig unterdrückt und damit natürlich auch seine Lebensentfaltung.

Vielleicht erkennen Sie jetzt, warum ich Ihnen immer wieder die Spiegelmagie ans Herz lege. Denn Spiegel sind nicht aufgestellt zur

Steigerung der Eitelkeit, sie sind die wertvollsten Instrumente der Selbsterkenntnis. Sie lernen nicht nur sich selbst zu erkennen, sondern sich auch zu ertragen. Automatisch wächst damit der Wunsch und die Fähigkeit, sich zu verbessern. Sich weiter und höher zu entwickeln. Unser Körper zeigt uns unseren Weg. Sie beginnen sich selbst zu entdecken. Denn der Spiegel ruft Ihnen immer wieder zu, nimm Deine Maske ab. Sei der, der Du wirklich bist.

Unser Körper ist der Spiegel unserer Seele – der Träger unseres Lebens.

Daher ist einleuchtend, daß man auch den inneren Menschen vom Körper her formen und bilden kann. Also das Wirken von Außen und Innen. Natürlich erfolgt eine so positive Formung nicht von einem zum anderen Augenblick. Darum sind unsere Spiegelexerzitien auch ständige Übungen auf dem Wege zur Weiter- und Höherentwicklung. Denn alles was lebt, entwickelt sich ständig weiter. Wollen wir also eine positive Entwicklung bewußt beeinflussen, so müssen wir unaufhaltsam weiter an uns arbeiten. Diese wertvolle Arbeit an uns selbst, beeinflußt uns bis in unsere tiefsten Schichten.

Vor dem Spiegel erfährt der Übende seine Fähigkeiten, die äußeren wie die inneren. Er beginnt zu spüren und zu fühlen, er erlebt sich selbst in seinem Ausdruck. Er spürt, wie stark die Flamme seines Lebens in ihm brennt. Der Übende wird sensibel für Spannung und Verspannung. Für Gelöstheit und Freiheit. Das Gefühl für Freiheit und Entspannung kommt von selbst. Der Körper beginnt sich auf natürliche Weise zu regenerieren.

Bewußtsein und Unterbewußtsein werden so auf das positivste trainiert. Darum verschieben Sie Ihre guten Vorsätze nicht, sondern beginnen Sie sofort zu üben. Das Training mit der Autosuggestion am Morgen und der Spiegelmagie am Abend. Denn nur durch Übung werden Sie zum Meister Ihres Lebens.

Spiegel Magie

Setzen Sie sich vor den größten Spiegel, den Sie im Hause haben, auf einen Stuhl. Sie sollten sich darin ganz sehen können – oder mindestens bis zum Nabel. Sorgen Sie nun für Ungestörtheit – und nun spiegeln Sie sich!

Wann waren Sie das letzte Mal so richtig glücklich? Rundherum – himmelhochjauchzend – weltumarmend selig?

Wo?
Mit wem?
Warum?

Senden Sie die Sonde Ihres Geistes in Ihre Erinnerungen und beantworten Sie sich selbst obige Fragen. *Bitte schriftlich!*

Können Sie spontan mehrere Glückstage aufzählen?
Oder fällt es Ihnen schwer, eine schöne Erinnerung zu finden?
Ist diese Erinnerung etwa älter als 4 Wochen?
Ja? Dann wird es höchste Zeit für den Spiegel!

»Wenn der Mensch sich im Spiegel betrachtet, gibt er ihm Gedanken ein, die ihn prüfen – und ihn reinigen sollen. Denn der Spiegel ist nicht dazu aufgestellt, daß der Mensch seine äußere Erscheinung betrachte, sondern sein inneres Sein.«

Schon in hellenistischer Zeit sprach man vom Zauberspiegel Alexander des Großen, in welchem man alles sehen konnte, das,

was war – was ist und was sein wird.

Das ist die Faszination von Spiegeln. Beobachten Sie, wie ein Mensch reagiert, wenn er an einem großen Spiegel – oder einer Schaufensterscheibe vorbeigeht?

Männer korrigieren ihre Krawatte oder ziehen den Bauch ein, Frauen nesteln am Haar, prüfen den Rocksaum, oder begutachten ihr Make-up. Beide Geschlechter aber straffen die Haltung und gehen – jedenfalls für einige Augenblicke – beschwingter weiter.

Der Spiegel ist ein Kritiker, der von jedermann akzeptiert wird.

Ich will – Ich kann – Ich werde

**Überall im Universum wirkt die Schöpfungsenergie.
Eine Kraft, die alles drängt, sich ständig weiter
und höher zu »entwickeln«.
Dieser Wille zur »Entfaltung« ist das Wesentliche der Welt.**

Der Lauf der Sterne, das Leben aller Wesen und alle Erscheinungen sind der sichtbare Spiegel dieses schöpferischen Urwillens. »Überall, wo wir diesem Willen begegnen, wird auch das Leben sein«, erkannte Schopenhauer. Alles Leben ist tätiger Wille.

Jeder Willensimpuls ist die Äußerung dieser Lebenskraft, die in uns allen wirksam ist. Bewußt kann aber diese Willenskraft nur dann wirken, wenn der Mensch weiß, was er will. Darum weiß jeder positiv-denkende Mensch »Mein Wille ist meine unversiegbare Kraftquelle, und jeder bewußte Willensimpuls ist ein ›Es werde‹ für das, was ich will!«

Von dieser Grundüberzeugung sollten Sie felsenfest überzeugt sein! Es stehen also jedem Menschen mehr Energien zur Verfügung, als er nutzen kann. Und darum ist für uns die Beantwortung der Frage: »Für welche Zwecke will ich diese Energie nutzen?« so wichtig.

Kein Mensch ist je zu alt und zu schwach, um Großes und Wunderbares zu vollbringen. Die einzige Voraussetzung ist, die vorhandenen Kräfte zu konzentrieren und bewußt zu lenken.

Wir leben in einer interessanten Welt, die uns unendlich viele Möglichkeiten bietet. Aber gerade aus dieser Vielfältigkeit entsteht die Oberflächlichkeit und die Zerstreuung. Am liebsten wäre der Mensch ein Gott – allwissend und zugleich allgegenwärtig. Leider aber sind nur wenige Menschen zu der Einsicht fähig, daß sich in der Begrenzung der Meister zeigt, der wirklich Großes will.

Der Unterschied zwischen Wissen und Weisheit.

Wir wissen heute viel von vielen Dingen, wirkliches Verstehen beginnt jedoch erst dann, wenn man die inneren Zusammenhänge versteht: »Zu wissen, was die Welt im Innersten zusammenhält«, wie im Faust zu lesen. Wer seine Lebenszeit im Sinne der Schöpfung »mitschöpferisch« nutzen will, muß wirken, muß etwas bewirken. Man sollte also das Leben und die Mitmenschen nicht nur beobachten, sondern aktiv an der Höher- und Weiterentwicklung der Welt mitarbeiten.

Darum sollte jeder bewußt-lebende und denkende Mensch sagen »Ich will«. Denn es leben nur die Schaffenden. Sollten Sie diese Erkenntnis bejahen können, ist es sinnvoll, über folgende Fragen zu meditieren:

»Wo kann ich meine Energien am wirksamsten einsetzen?«
»Wo liegen meine Schwächen?«
»Was liegt mir überhaupt nicht?«
»Was tue ich nur mit dem größten Widerwillen?«

Sie sollten sich aber auch in dieser Meditation die folgenden Fragen vorlegen:

»Was geht bei mir von selbst?«
»Was kann ich besonders gut?«
»Was kann ich am besten?«
»Auf welchen Gebieten liegen meine größten Erfolge?«

Sie erkennen das Ziel: dem eigenen Leben einen Sinn zu geben, im Einklang mit unseren Begabungen und Talenten.

In unseren Seminaren erzähle ich immer wieder die Geschichte vom Schwan auf dem Schloßteich. Wenn wir uns einmal in dieses Bild hinein vertiefen, erkennen wir Ruhe, Harmonie und majestätisches Verhalten. Wir sind fasziniert von dem erhabenen Gleiten durch das Wasser. – Aber sobald der Schwan sein Element – das

Wasser – verläßt, wirkt er jedoch linkisch und unbeholfen. Kommt er zurück ins Wasser, stellt sich die Schönheit und Harmonie sofort wieder ein.

Darum sollten Sie sich immer wieder die Frage stellen: »Bin ich der linkische Schwan auf der Wiese, oder bewege ich mich in meinem Element?«

Nach diesem Absatz sollten Sie das Lesen unterbrechen, damit diese Erkenntnis die tieferen Schichten Ihres Unterbewußtseins aktiviert. Schließen Sie doch einmal die Augen und beruhigen Sie Ihren Atem. Nun zählen Sie langsam rückwärts – von 5 – 0 – und lassen Ihr ganzes Leben gedanklich Revue passieren.

Fragen Sie sich bei den vorbeiziehenden Gedanken-Bildern.

»Wann und wo war ich der Schwan in meinem Element?« Erfolg ist für uns eine Verpflichtung! Erfolgreich sind wir nicht, wenn es uns gelingt, andere auszunützen, sondern nur dann, wenn unser Erfolg auch anderen Nutzen bringt.

Wer also auf die Entfaltung seiner Fähigkeiten verzichtet, versündigt sich gegen die Gemeinschaft und wird früher oder später trotz seines großen Ehrgeizes scheitern.

»Wann und wo ist es mir schon in der Vergangenheit gelungen, anderen Nutzen zu bieten – und wie groß war dieser Nutzen?«

Wer sein Leben in dem Bewußtsein führt, nicht nur ein guter Mensch zu sein, sondern auch für wertvolle Ziele zu arbeiten, erhält als Dank ein starkes, gefestigtes Selbstbewußtsein und wird damit unabhängig von oberflächlichen Komplimenten und Bestätigungen durch andere.

Darum sollten Sie nicht nur darüber nachdenken, sondern sich verbindlich festlegen, auf welchem Gebiete und auf welche Weise Sie anderen nutzen wollen. Auch hier – wie überall im Kosmos – liegt das Verderben in der Vielseitigkeit.

Lernen Sie sich zu beschränken und zu konzentrieren. Kommen Sie in sich selbst zur Einheit. Nur damit können Sie Ihren Plan verwirklichen und werden auch für andere zu einer kompetenten Persönlichkeit.

Jedes Talent entfaltet sich nur durch Betätigung. Je mehr Sie Ihre Talente betätigen, um so mehr blüht Ihre gesamte Persönlichkeit auf.

Es gibt keinen untalentierten Menschen. Aber es gibt viele Menschen, die zu bequem sind, ihre Talente zu entfalten.

In unseren Seminaren zeige ich öfter einen Film-Ausschnitt aus der André Heller-Show »Begnadete Körper«, um deutlich zu machen, zu welchen Spitzenleistungen Menschen – aus Freude – fähig sind.

Die Voraussetzungen für Spitzenleistungen:

1. Der Wunsch, überhaupt etwas Besonderes leisten zu wollen.
2. Die Talent-Analyse und das Erkennen von Begabungs-Reserven.
3. Die Entscheidung, was man verstärken will. Die Konzentration auf ein Ziel.
4. Trainieren – üben – wiederholen; denn jedes Talent entfaltet sich nur durch Betätigung.
5. Die vollkommene Präsentation Ihres Könnens.

Stellen Sie sich also – auf dem Wege zur Spitzenleistung – die Frage: »Welche der fünf Punkte erfülle ich bereits, an welchen muß ich noch arbeiten?«

Viele Menschen haben nicht nur Angst vor dem Erfolg, sondern glauben sogar, Sie hätten kein Recht auf Erfolg und Entfaltung.

Sie haben sogar ein schlechtes Gewissen, wenn es ihnen gut geht und vieles gelingt. Es gibt sogar Menschen, die sich durch Mißerfolge selbst bestrafen. Das Gleiche betrifft den Ehrgeiz. Natürlich gibt es eine rücksichtslose Möglichkeit der Selbstverwirklichung. Aber das ist weder der ideale noch der positive, noch der erfolgreiche Weg. Es ist der Weg des Egozentrikers.

Ich will – Ich kann – Ich werde

Wenn ein Arzt den Ehrgeiz entfaltet: »Ich möchte ein sehr guter Arzt werden«, wird jeder Patient davon profitieren!

Wenn eine Mutter den Ehrgeiz entwickelt: »Ich möchte eine sehr gute Erzieherin und Mutter sein«, so wird jedes Kind von diesem Ehrgeiz profitieren.

Wenn eine Sekretärin den Wunsch hat, eine ausgezeichnete Sekretärin sein, wird jeder im Betrieb und jeder Kunde davon profitieren.

Wenn ein Lehrer den Ehrgeiz entwickelt, ein sehr guter Lehrer zu sein, werden mehrere Generationen von Kindern davon profitieren können.

Lassen wir also bei unserem Streben das gute Gewissen zu. Lernen wir, unsere Erfolge zu genießen; denn Erfolg ist ein Naturgesetz.

Raus aus dem begrenzten Denken

Zehn Schritte vor, zehn zurück, zehn Schritte vor, zehn zurück ... Mehr als zehn Schritte erlaubte die Größe des Käfigs dem Bären nicht. Doch eines Tages erhielt er ein neues Zuhause, das so weit wie nur irgend möglich seiner natürlichen Heimat angepaßt war: da gab es Bäume, Bäche – ein weitläufiges Gelände. Man schläferte den Bären ein, um ihn aus seinem engen Käfig in sein neues Gehege zu verfrachten. Wieder aufgewacht, räkelte sich der Bär und begann, seine Umgebung zu erkunden. Vorsichtig setzte er einen Schritt vor den anderen ... acht, neun, zehn. Dann kehrte er um und machte ... acht, neun, zehn Schritte. Am Leben des Bären hatte sich nichts geändert – seine »Welt« bestand nach wie vor aus zehn Schritten vor und zehn Schritten zurück. Er erwartete nicht mehr »Spielraum«.

Auch wir erwarten oft zu wenig und finden uns mit zu eng gesteckten Grenzen ab, weil wir unsere wirklichen Möglichkeiten nicht kennen.

Frei von Sorgen –
Frei von Krankheiten –
Frei von Armut –
Frei von Minderwertigkeits-Komplexen

Sie erkennen, daß die Arbeit an sich selbst die Kräfte zur Selbstbefreiung aktiviert. Wer wirklich frei von seinen Ängsten werden will, braucht ein erstrebenswertes Ziel.

Jeder Mensch sollte sich als Millionär seines inneren Vermögens fühlen. Nicht der Intelligenz-Quotient ist für das Leben entscheidend, sondern die Überzeugung »auf mich selbst kommt es an«.

Wir leben in einer Zeit der rasanten technischen Entwicklung und der Wissensexplosion. Diese Entwicklung führt bei vielen Menschen zur Hektik und Verunsicherung.

Wenn es uns nicht gelingt, uns trotz des schnellen Wachstums und der Leistungsanforderungen zu sammeln und auf das Wesentliche zu konzentrieren, ganz gleich was es ist, gehen wir unter. Aufmerksamkeit auf einen Punkt ist die Voraussetzung aller Erfolge.

»Ich jage niemals zwei Hasen auf einmal« *– Bismarck –*

Nicht alles, was interessant ist, ist auch sinnvoll und wertvoll. Darum versuchen Sie ganz genau herauszufinden, was Sie wirklich wollen und was Ihre Lebensaufgabe ist. Haben Sie den Mut, sich festzulegen. Erst durch einen solchen Entschluß, erfahren Sie die Möglichkeiten Ihres Geistes, Ihres Unterbewußtseins, Ihrer Mitmenschen und Ihrer Zeit.

Erst wenn *ich* weiß, was ich will, kann ich Schwierigkeiten, Nöte und Gefahren überwinden, die notwendige Zeichen auf dem Wege sind.

Wenn das Wort, »Ich werde«, Ihr Leben bestimmt, dann sind Sie auf dem Wege zu Ihren Zielen.

Ziehen wir die notwendigen Konsequenzen mit Freude:

1. *Ich weiß, was ich will!*
   Ich weiß um die Kräfte im Menschen.
2. *Ich weiß, daß ich es kann!*
   Ich kenne meine Intelligenz- und Begabungs-Reserven.
3. *Ich werde meinem Leben Sinn und Inhalt geben.*
   Ich werde meine Zeit nutzen und Freunde finden, die mich auf meinem Wege unterstützen

Große Ziele wecken große Kräfte und aktivieren den inneren und den äußeren Menschen. Welch eine Sympathie geht doch von einem Menschen aus, von dem man sagt, »Er weiß, was er will!« Darum sollte auch Ihr Motto lauten:

Ich will
Ich kann
Ich werde

Ihre Stimme – die hörbare Visitenkarte

Die Gefahr bei vielen Verkaufsschulungen und Rhetorikkursen ist, daß man versucht, Retusche und Schminke überzulegen. Worte sind Schall und Rauch – wenn dahinter nicht eine echte Persönlichkeit steht. Eine wirkliche Persönlichkeit kann auf Dialektik verzichten. Sie braucht keine Tricks, denn diese bleiben an der Oberfläche, dringen gar nicht bis zum Kern der Persönlichkeit vor. Dauernde Höchstleistungen – keine Einzelerfolge – sind immer nur als Gesamtleistung der Gesamtpersönlichkeit möglich.

Die Kunst, Menschen zu überzeugen und für sich zu gewinnen, hängt weitestgehend von Ihrer Stimme ab. Bitte, erstellen Sie wieder schriftlich eine umfangreiche Liste zum Thema:

Wie kann man sprechen?

Man kann z.B. laut oder leise, zornig oder liebenswürdig, beruhigend oder nevenaufreibend reden. Bitte, sammeln Sie wieder viele Beispiele. Sie werden erstaunt sein, wie umfangreich die Liste wird. Suggestive Sprache und freundlicher Augenkontakt sind die wirksamsten Mittel der Überzeugungskunst. Ihre Stimme ist so persönlich und unverwechselbar wie Ihr Fingerabdruck oder Ihre Nase. Aus Tonfall und Stimmlage kann ein Zuhörer viel erfahren. Ansagerinnen, Telefonseelsorger, Sänger, Redner, Verkäufer verdanken einen großen Teil ihres Erfolges dem sympathischen Eindruck, den ihre Stimme hinterläßt. Es bedarf keiner Diskussion, um festzustellen, daß man statt einer schrillen, hohen, kreischenden Stimme lieber eine angenehm dunkle, warme, volltönende hört. Je dunkler eine Stimme ist, desto anziehender und vertrauenerweckender ist sie. Das gilt auch für die Damen.

Ein Kassettenrecorder – und jetzt kommen wir zur Praxis – zeigt Ihnen unbestechlich, *wie* sie sprechen. Er beweist Ihnen, ob Sie Endsilben verschlucken, zu schnell und zu hoch sprechen, zu scharf betonen oder zu monoton leiern. Im stillen Kämmerlein machen Sie einmal folgende Sprechproben: Lesen Sie Zeitungsartikel mit vielen Fremdwörtern, Gedichte, Erzählungen, Witze, Reklamesprüche, einen Geschäftsbrief, einen Privatbrief. Sie werden über die vielen Mängel Ihrer Aussprache und die Tonlage Ihrer Stimme staunen.

Der schwierigste Test kommt aber noch:
Stellen Sie Ihr Tonbandgerät an, wenn Sie mit Ihrem Chef sprechen, mit Ihren Geschäftsfreunden, Kollegen, Mitarbeitern, Eltern, Kindern, Vereinskameraden, Ihrem Partner und Ihrer Schwiegermutter. Diese Kassetten hören Sie sich an, wenn Sie Zeit haben, ganz allein und entspannt sind. Sie werden bemerken, wie Ihre Stimme auf Ihre Mitmenschen wirkt. Vielleicht wird Ihnen jetzt klar, wieviel Aggression, Schärfe, Unfreundlichkeit oder aber Mangel an Konsequenz und Überzeugungsvermögen Ihre Worte enthalten.

Kontrollieren Sie auch Ihre Telefonstimme: Neben Ihren Apparat installieren Sie den Recorder und schalten ihn auf »Aufnahme«, sobald das Telefon klingelt. Sie hören später nur das, was Ihre Telefonpartner von Ihnen zu hören bekommen haben. Sie hören endlich einmal, wie oft Sie andere unterbrechen, wieviel Unsinn Sie vielleicht sagen, wieviel »ähm«, »jaja«, »soso« und viele andere Modewörter Sie benutzen. Hoffentlich bekommen Sie einen Schreck! Denn nur dann setzt endlich Ihre Selbstkritik ein, und Sie entschließen sich, an Ihrer Stimme zu arbeiten. Unser Entfaltungsprogramm, das sich über mehrere Wochen hinzieht, verhilft Ihnen zu einer kultivierten Sprache und suggestiver Stimmkraft. Fangen Sie heute an!

Unsere Sprache zeigt Kultur.

Je hastiger Sie atmen, um so mehr versprechen Sie sich. Richtiges Atmen, Entspannungs- und Suggestionstechnik sind eine wirkungsvolle Hilfe.

Üben Sie auch mit einer der nachfolgenden Programmierungen (Suggestionen).

Wählen Sie aber bitte nur eine aus und üben Sie diese mindestens einen Monat lang. Diese Programmierung muß *täglich* viermal hintereinander so laut, so deutlich, so artikuliert und so überzeugend wie nur irgend möglich gesprochen werden.

Sie stellen sich mitten in einen Raum, den Sie mit Ihrer Stimme auszufüllen versuchen. Beim ersten Mal zeichnen Sie diese gesprochenen Worte auf eine Kassette auf, die Sie dann, nach 28 Tagen täglichen Trainings, mit einer neuen Kassettenaufnahme vergleichen! Der Unterschied wird Sie überzeugen! *Nur die Praxis zählt!* Niemand kann im voraus sagen, wo die Grenzen seiner Kräfte, Fähigkeiten und Möglichkeiten liegen. Nur Vorurteile sind Grenzen, aber diese sind unüberwindliche Mauern.

Das Rezitieren der Programmierung verbessert Ihre Sprechtechnik gewaltig.

Ein positiver Tag beginnt

Gleich morgens können Sie beweisen, daß Sie eine außergewöhnliche Persönlichkeit sind. Was kann Ihre Umgebung dafür, wenn Sie nicht richtig ausgeschlafen und übler Laune sind? Wie man in den Wald hineinruft . . . An Ihnen ganz allein liegt es, wie sich Ihre Mitmenschen Ihnen gegenüber verhalten. Dieses Schildchen schreiben sie ab und hängen es im Bad an den Spiegel!

> Heute ist ein schöner Tag!!
>
> *Ich freue mich, daß ich lebe!!*

Lesen Sie das beim Rasieren und Waschen mindestens dreimal laut. Das fällt nur im Anfang schwer. Innerhalb von 3 Wochen ist Ihr Unterbewußtsein darauf umgestellt, umgewöhnt und Aufstehen und Frühstück werden für sie zu einem festlichen Ritual. Egal, was der Tag noch bringen mag.

> *Anfang gut* – weiter gut!
>
> *Gute Laune ist Trainingssache!*

Kein Erfolg ist möglich, ohne die Hilfe unserer Mitmenschen. Dazu aber brauchen wir Achtung, Vertrauen und Zuneigung. Jeder Mitarbeiter muß Sie gern haben und als liebenswürdigen und sympathischen Menschen schätzen. Bedanken Sie sich mal bei Ihrer Frau für die reibungslose Morgenhilfe lachend und mit einem Kuß. Als Frau bedenken Sie: So, wie Sie Mann und Kinder entlassen – so beginnt und verläuft der Tag. Morgendliche Hektik und Übellaunigkeit verdeckt Ihre liebevolle Fürsorge. Sie wird nicht erkannt und daher nicht anerkannt. *Sie* haben die Stimmung in Ihrem Heim in der

Hand. Also gerade morgens alles an Liebenswürdigkeit und ansteckender Fröhlichkeit aufbieten! Aufstehen und Frühstück sollen Kraft und gute Laune bieten. Die Gestaltung des frühen Morgens ist die Überschrift für den Tag.

Wenn wir die Menschen so behandeln, wie sie sind, machen wir sie hart, disharmonisch, starr. Änderungen von schlechten Angewohnheiten, Unordentlichkeit, Unpünktlichkeit, Schlampigkeit, erreichen wir *niemals*, wenn wir darüber schimpfen und zetern.

Bewußtsein ist Schöpfung!

Jedes Verhalten, das beachtet wird (und sei es negativ beachtet, also beschimpft), wird verstärkt. Die Dinge, die Sie benörgeln, *müssen* also schlimmer werden. Behandeln wir unsere Mitmenschen also so, wie sie eigentlich sein sollten!

Was bewirkt diese Haltung? Erstaunen, Freude, Insichgehen, Besserung. Warum? Sie haben das *Gefühl* Ihres Partners angesprochen. Wir umgehen den Intellekt und vermeiden damit Widerstände, Diskussionen, Aggressionen, Ärger weitestgehend. Wir haben also unsere eigene Einstellung genau entgegengesetzt anzubringen.

Negatives möglichst wenig beachten!

Unsere gesamte Aufmerksamkeit nur auf das Positive lenken, grundsätzlich nur das Positive sehen und immer wieder das Gute, das Richtige in den Vordergrund stellen und beachten und seien es nur Kleinigkeiten und Geringfügigkeiten, damit anfangen und auch dann liebenswürdig und nett bleiben, wenn sich keine Spontanerfolge einstellen. Ausdauer siegt.

Wer lächelt, ist immer der Stärkere! (Japanisches Sprichwort)

Also immer ganz bewußt und gezielt das Gefühl und die Aufmerksamkeit auf die guten Eigenschaften unserer Familie, Mitarbeiter, Kollegen, Schüler, Vorgesetzten lenken. Nie schimpfen! Schimpfen ist Beweis eigener Schwäche.

24 Stunden gute Laune

Tips zur Stimmungspflege

Niemand von uns würde es wagen, morgens ungewaschen und ungekämmt an seinem Arbeitsplatz zu erscheinen. Den äußeren Menschen bringen wir in Ordnung. Dafür sorgt schon die Eitelkeit. Aber wie chaotisch sieht der innere Mensch bei den meisten von uns aus! Muffig, wortfaul und mißgelaunt sind wir oft schon während der Anfahrt. Von einer inneren Seelenhygiene kann also gar nicht die Rede sein.

Stimmungspflege ist aber mindestens so wichtig wie Körperpflege. Stimmungspflege ist Gesundheitspflege, denn unsere Stimmung kommt aus dem Gefühlsbereich. Sie ist die Auswirkung unterbewußter Gedanken. Unzufriedenheit, Ärger, Unterwertigkeitsgefühle und Neid verdrängen wir meist und wollen sie nicht wahrhaben. Unterbewußt aber wühlen solche Gefühle, unterminieren unser Wohlbefinden und drücken sich aus in Nörgelsucht, Besserwisserei und chronischer schlechter Laune. Solche verhängnisvollen geistigen Giftstoffe wirken sich auch äußerlich aus. Stoffwechselstörungen, schlapper Kreislauf, allergische Haut und scharfe Mundwinkelfalten entstehen dadurch. Stimmungspflege ist also tatsächlich Gesundheitspflege.

Sport und Hobby – eine befriedigende Freizeit also – sind fabelhafte Stimmungsmacher, die auch auf den Arbeitsalltag positiv ausstrahlen. Malen Sie sich ein hübsches, buntes Schild und stellen Sie es an Ihrem Arbeitsplatz auf:

Heute ist ein schöner Tag!

Ich freue mich, daß ich lebe!!

Ärger macht alles ärger! Sich viel und oft ärgern, ist der Beweis für ein geschwächtes Nervenkostüm. Ärger entsteht, wenn die Dinge anders laufen, als wir sie uns vorgestellt haben. Ärger aber hat nur Sinn, wenn er konstruktiv ist, wenn Sie also die ärgerliche Erfahrung umsetzen in ein zukünftiges Bessermachen, Andersmachen, wie z.B. Partner und Mitarbeiter besser informieren, nicht zuviel als selbstverständlich voraussetzen, zeitlich nicht zu knapp kalkulieren, nicht das eigene Arbeitstempo für andere zugrunde legen, viel geduldiger sein. Wenn man sich immer wieder über dieselben Dinge ärgert, hat man immer wieder dieselben Fehler gemacht. Ärger ändert nichts – aber er führt mit Sicherheit zu Magengeschwüren, Bluthochdruck und schlechter Laune. Durchbrechen Sie diesen Kreislauf, machen Sie nicht mit! Üben Sie Gedankendisziplin!

Nie, nie schimpfen!!

Schimpfen macht den Partner bockig und widerspenstig. Schimpfen verletzt und deprimiert und tötet jede Arbeitsfreude. Schimpfen ist eine Art von Körperverletzung!

Wenn Sie chronische Mißstimmung haben – finden Sie die Ursache heraus! Pflegen Sie Ihre Gesundheit besser. Lernen Sie völlig abzuschalten, gestalten und genießen Sie den Feierabend und das Wochenende. Nehmen Sie niemals Ärger mit in Ihr Bett, denn über Nacht hat er so richtig Gelegenheit, in Ihrem Unterbewußtsein zu wühlen. Daraus folgt schlechter Schlaf, Alpträume und miese Laune und weitere Bereitschaft zu noch mehr Ärger am nächsten Tag. Ein Teufelskreis, der immer größer wird.

Ärger muß sich Luft machen!

Buchstäblich. Also atmen Sie 20mal tief durch. Danach noch 20 Kniebeugen am offenen Fenster – das hilft bestimmt. Dann können Sie lächeln, selbst wenn Sie aus der Puste sein sollten.

Ihre Stimmung verrät Ihr Innenleben. Kein Mensch kann sich dauerhaft beherrschen. Chronisch schlechte Laune ist Sabotage an der Gesundheit, sowohl der eigenen als auch der Ihrer Mitarbeiter. Denn Stimmung – jede Art von Stimmung – wirkt ansteckend.

Finden Sie heraus, was Ihre Laune hebt. Verschönern Sie den Alltag, er ist viel länger als der Sonntag, er kostet die meiste Zeit und Zeit ist das, woraus das Leben gemacht ist. Die beste, ehrlichste und dauerhafteste Hochstimmung kommt vom idealen Liebespartner. Solange Sie den (oder die) nicht gefunden haben, bleiben alle anderen Stimmungsmacher nur Augenblickslösungen.

Stimmungsmacher

Freundlichkeit
Körperfrische
gute, praktische Kleidung
Kameradschaftlichkeit
Lächeln
Tee
innere Zufriedenheit

Parfum
Schlagfertigkeit
Lächeln
Rücksichtnahme
Geduld

Lächeln! Lächeln! Lächeln!
Musik
ruhige Selbstsicherheit
schöne, warme Farben
richtige Raumtemperatur
Lächeln

hübsche Arbeitsgegenstände
warme, klare Stimme
Lächeln

Stimmungstöter

Ärger
Schimpfen

Unzuverlässigkeit
Klatsch und Tratsch

Geiz
Neid
Mund- und
Körpergeruch
Schmerzen

Angst
Eifersucht
Schlafmangel
Verzicht auf Frühstück und
Morgengymnastik

Sorgen
Hektik
Arroganz

Rechthaberei
schrille, laute Stimme

Mangel an
Selbstdisziplin

Die Kraft des Wortes

Von einem Menschen fühlen wir uns angezogen, während wir einen anderen instinktiv ablehnen. In der Regel wissen wir nicht warum. Eine Analyse macht uns bewußt:
Wir beurteilen einen Menschen nach seinem Auftreten, seinem Augenkontakt und nicht zuletzt nach seiner Stimme.
Aus dem Volksmund wissen wir, wie wichtig zur Beurteilung eines Menschen seine Stimme ist.
»Ich kann Dich nicht mehr hören«
»Es läuft mir kalt den Rücken herunter«
»Erst der Ton macht die Musik«
Sprichwörter, die uns deutlich machen, daß unsere Umwelt uns nach unserer Stimme und unseren Worten beurteilt.

Wie wichtig zur Beurteilung eines Menschen seine Stimme ist, bemerken wir am deutlichsten am Telefon.

Auch bei der Beobachtung von Haustieren merken wir, daß Tiere unterschiedlich auf Befehle reagieren. Geben zwei Personen den gleichen Befehl, wird der eine befolgt, die Forderung der zweiten Person läßt das Tier gleichgültig.

Sie erkennen daran, daß nicht das Wort allein das Verständliche oder Zwingende unserer Sprache ist. Erst durch die Schwingungen des Tons, beginnt das Wort zu leben, wird die Seele des Wortes geweckt. Daher sprechen wir von der Beseelung des Wortes. Unsere Stimme ist die Leitschiene, auf der unsere Gedanken das Bewußtsein und Unterbewußtsein unserer Mitmenschen erreichen. Deshalb ist die Stimme als Erfolgsfaktor unser Thema.

Der Mensch wirkt durch das Wort

Jeder seelisch gesunde Mensch möchte erfolgreich sein. Er kennt den Satz »Wissen ist Macht« und studiert alles mögliche, ohne zu bedenken, daß Wissen auch totes Kapital sein kann.

Wir sollten uns deshalb die Frage stellen:
Welches Wissen verleiht Macht?

Wenn Sie, lieber Leser, eine Ihrer Fähigkeiten verdreifachen könnten – welche würden Sie wählen? Das ist keine leichte, aber für unser Leben eine äußerst wichtige Frage. Da das ganze Leben ein Prozeß gegenseitiger Beeinflussung ist, sollte in Ihrem Wunsch, die Fähigkeit zu beeinflussen, zu lenken, zu leiten und zu motivieren zum Ausdruck kommen. Das ganze Leben ist ein Prozeß gegenseitiger Beeinflussung – auch Ehefragen und Erziehungsfragen sind Beeinflussungsfragen. Betrachten Sie einmal die Lebens- und Entscheidungsvorgänge unter diesem Aspekt.

»Spreche, damit ich Dich sehe«, dieser Gedanke Sokrates macht deutlich, worauf es ankommt.

Besonders scharf hat Nietzsche diese Vorgänge beobachtet:

»Das Verständliche an der Sprache ist nicht das Wort selber, sondern Ton, Stärke, Modulation und Tempo, mit dem eine Reihe von Worten gesprochen wird. Kurz, die Musik hinter den Worten, die Leidenschaft hinter dieser Musik, die Person hinter dieser Leidenschaft, alles also, was nicht geschrieben werden kann.«

Goethe hat sich ebenfalls sehr intensiv mit der Kraft des gesprochenen Wortes auseinandergesetzt. Immer wieder fasziniert uns seine Passage im Faust.

»Geschrieben steht: Im Anfang war das Wort. Hier stock ich schon, wer hilft mir weiter fort?

Ich kann das Wort so hoch unmöglich schätzen, ich muß es anders übersetzen. Wenn ich vom Geiste recht erleuchtet bin, geschrieben steht:

im Anfang war der Sinn.

Bedenke wohl die erste Zeile, daß deine Feder sich nicht übereile. Ist es der Sinn, der alles wirkt und schafft?

Es sollte steh'n, im Anfang war die Kraft.

Doch auch, indem ich dieses niederschreibe, schon warnt mich was, daß ich dabei nicht bleibe. Mir hilft der Geist, auf einmal seh ich Rat und schreib getrost: Im Anfang war die Tat.«

Ein kleines Experiment wird diese Erkenntnis noch vertiefen. Lassen Sie einmal ein Gedicht von fünf verschiedenen Personen sprechen. Wenn Sie aufmerksam zuhören, werden Sie fünfmal etwas anderes wahrnehmen – und das, obwohl der Text, die Information fünfmal die gleichen waren.

Worte sind Schall und Rauch, wenn hinter den Worten nicht eine Persönlichkeit steht.

Unsere Stimme, unsere Sprache ist der Ausdruck unserer Persönlichkeit. Hier liegt der wahre Grund, warum viele Menschen – trotz guter Argumente – nicht überzeugen können. Warum ist das so?

Sprechen ist ein unbewußt ablaufender Vorgang. Die Stimme des Menschen kommt aus seinem Inneren und offenbart darum auch sein Innerstes.

Deutlich wird diese Erkenntnis am Telefon. Wir sehen den anderen Menschen nicht, wir hören nur seine Stimme und erkennen sofort seine Stimmung. Aus der Klangfarbe der Stimme können Sie die Persönlichkeit eines Menschen noch besser erkennen, als aus seiner Handschrift.

Sollten Sie skeptisch sein, ist das eine gute Ausgangssituation, um ein Gespräch mit einem Blinden zu führen. Sie werden erstaunt sein, was ein Blinder aus den Stimmen seiner Mitmenschen heraushört. Die Stimme, so stellten wir fest, kommt aus dem Inneren des Menschen und offenbart darum sein Innerstes. Wer den Ton, in dem ein Mensch spricht, für etwas Äußerliches hält, irrt sich. Der Ton ist mit der inneren Beschaffenheit des Individuums aufs engste verknüpft.

Eine innere Unordnung gibt sich durch Disharmonie der Stimme zu erkennen. Aus diesem Grund hat der vorsichtige Mensch eine vorsichtige Stimme, der Ängstliche hat die Angst auch in seiner Stimme. Der Aggresive hat eine aggressive Stimme – Der Humorvolle hat eine humorige Stimme – Der Verliebte hat eine verliebte Stimme – Der Mutige hat eine mutige Stimme – Der Kraftvoll-Vitale hat eine kräftige Stimme – Der Ruhige hat eine ruhige Stimme.

Die Stimme bringt es an den Tag.

Jetzt wird Ihnen bewußt, wie wichtig Ihre Stimme als Erfolgsfaktor ist.

Die Psychotherapie hat viele Systeme entwickelt, um die Persönlichkeit der Menschen zu entfalten. Einer der erfolgreichsten Wege ist der Weg über die Stimme.

Ein Mensch, der an seiner Stimme arbeitet, arbeitet am Kern seiner Persönlichkeit. Ein Mensch, der seine Stimme verändert, verändert die Struktur seines Charakters.

Der Weg hat den zusätzlichen Vorteil, daß man seine Fortschritte objektiv kontrollieren kann. Wirkliche Bildung und Persönlichkeit geht von Innen aus. Harmonie wirkt von innen nach außen, und die Harmonisierung der Töne wirkt auf das Innere zurück. Inneres und Äußeres stehen in einer Wechselwirkung. Deshalb kann eine Erziehung des Geistes nicht ohne die Erziehung der Sprache funktionieren.

»Kann denn die Menschen niemand lehren, wie man spricht? Die Sprache macht den Menschen, die Herkunft tut es nicht.«

Und zu seiner Mutter gewandt, sagt Professor Higgins in »Pygmalion« von Bernhard Shaw: »Das ist das atemberaubendste Experiment, was ich jemals durchgeführt habe.«

Einem Menschen seine häßliche Sprache nehmen und ihm eine neue Sprache schenken, heißt: »ihm eine neue Persönlichkeit geben«.

Durch die Möglichkeit des klingenden Wortes entsteht die Magie der Sprache.

Ein erfolgreiches Beispiel für die Entfaltung der Stimme in der Geschichte ist der Grieche Demostenes, der in seiner Jugend stark stotterte. Durch Übungen überwand er seine Schwächen und wurde zu einem der größten Redner des Altertums. Sein Redetraining bestand darin, daß er einen Kieselstein in den Mund nahm und mit lauter Stimme das Meer anschrie. Er nahm den Kieselstein in den Mund und lief hinaus zu den Bergen und rezitierte dabei Gedichte. Sein Erfolg kann uns auch heute noch ermutigen.

Wir können auf den Kieselstein verzichten. Vorerst praktizieren wir auch keine Sprechübungen, sondern »Schwingungsübungen«. Wir erzeugen Schwingungen, die uns befreien und uns kräftigen.

Die nachfolgenden Übungen habe ich seit vielen Jahren in meinem Institut mit vielen tausend Menschen zu ihrem Vorteil praktiziert.

Ich hoffe, daß Sie diese nicht nur lesen, sondern sie üben, um sich selbst zu beweisen, was in Ihnen steckt.

Sie beginnen mit den fünf Vokalen. Aber nicht in der Reihenfolge, wie wir sie in der Schule gelernt haben, sondern in der weit besseren Reihenfolge »i-e-a-o-u«.

Diese Schwingungsübungen wirken nicht nur auf die Stimme positiv, nicht nur auf den Charakter sondern auch auf die Gesundheit und Vitalität des Körpers. Letzteres ist besonders wichtig, denn ein erfolgreicher Mensch sollte auch über eine starke Gesundheit verfügen.

Zur Praxis: Sie atmen ruhig und langsam aus. Dann sehr langsam und ruhig riechend ein. Jetzt erst kommt der dynamische Teil. Kraftvoll, harmonisch schwingend erklingt das iiiiiii. . . . . Den Ton lange halten, bis sie ganz ausgeatmet haben. Dann ganz langsam und ruhig wieder einatmen und schwingend und klingend das eeeee. . . . .usw.

Die Vorteile dieser Übung:

- Sie trainieren den langsamen und ruhigen tiefen Atem.
- Ihre Gedanken kommen zur Ruhe. Sie trainieren Ihre Konzentrationsfähigkeit.
- Ihre Stimme wird frei, Ihre Sprache wird fest und Sie bekommen sie fest in den Griff.

Gleichzeitig harmonisieren Sie die verschiedenen Regelkreise in sich. Mit dem harmonisch schwingenden Vokal »i« beeinflussen Sie das Gehirn. Mit dem Vokal »e« den Hals und die Schilddrüse. Mit dem Vokal »a« den oberen Brustraum. Mit dem Vokal »o« das Herz und mit dem Vokal »u« den Unterleib.

Für den wissenschaftlich denkenden Menschen noch folgende Anmerkungen:
Der Vokal »i«, der höchste unserer Töne – hat eine Schwingungsfrequenz von ca. 4.000 Hertz, und der Vokal »u« hat eine Schwingungsfrequenz von ca. 500 Hertz.

Wir entspannen und entkrampfen also mit den fünf Vokalen systematisch den ganzen Körper von oben nach unten.

Als zweite Übung empfehle ich Ihnen, die Vokale i-e-a-o-u mit einer kleinen Zwischenpause erklingen und erschwingen zu lassen. Also jeden Vokal nach einer kurzen Pause erneut anzusetzen.

i – e – a – o – u –

Beide Übungen sollten Sie mindestens zwanzigmal einzeln üben.

Die zweite Übung trainiert den Tonansatz und erhöht die Resonanzfähigkeit der Stimme, so daß Sie auch in großen Räumen leicht sprechen können und überall verstanden werden.

Die Stimme ist ein Medium, das immer lebendiger und interessanter wird, je mehr wir es trainieren und benutzen. Der Ton, die Schwingungen unserer Stimmbänder, durchdringt uns ganz tief und schafft darum in unserem Innern neue Lebenskraft.

Die Schaffensfreude wächst. Die Klangfarbe verrät, ob ein Mensch Musik in sich hat.

Die Tonbildung hängt eng mit der Spannung und der Konzentration aller inneren und äußeren Kräfte zusammen. Bei einer Begegnung mit einer fremden Person ist es daher sofort möglich, die Persönlichkeit am Klang der Stimme zu erkennen. Jede Verkrampfung, jede Hast, aber auch Güte und innere Ruhe sind genau herauszuhören.

Wieviele Menschen erschrecken, wenn sie zum erstenmal ihrer Stimme auf dem Tonband begegnen. Sie bemerken nicht selten Wesenszüge, die sie nie an sich selbst bemerkt haben.

Die dritte Übung ist besonders wichtig. Jetzt trainieren wir das »Zungen-R«.

Diese Übunge hat zwei Wirkungsbereiche:

- Wir sprechen durch eine deutliche Artikulation des Mundes. Die Stimme kommt aus dem Hals in den Mund und dadurch können wir Stunden sprechen, ohne heiser zu werden und ohne trinken zu müssen.
- Das »Zungen-R« verleiht Ihrer Stimme Kraft, Energie und Durchsetzungsvermögen. Die Suggestivkraft ihrer Stimme wächst.

Die suggestive Kraft der Stimme ist immer der Klangfarbe zuzuordnen. Die Klangfarbe ist der Träger des seelischen Geschehens. Die Klangfarbe ermöglicht die großen Wirkungen auf den Hörer. Wird sie richtig eingesetzt, können Töne heilen, Angst nehmen und entspannen.

Worin besteht nun die Kraft des Wortes?

Sie besteht nicht in der Lautstärke, sondern in der Intensität des Gefühls. Wenn der Atem unruhig ist, so ist auch das Denkzentrum unstet. Und umgekehrt; wird der Atem beruhigt, beruhigt sich auch der Gedankenfluß.

Die Gedanken werden nicht nur ruhiger, sondern auch tiefer. Der durchatmete Körper wird ein schwingendes Instrument für jeden Laut, jeden Ton und jedes Wort.

Wenn Sie unsere Übungen in einem entspannten Zustand ausführen, werden Sie als erstes bemerken, daß sich Ihre Entspannung schnell vertieft.

Der innere und äußere Mensch beginnt harmonisch zu schwingen.

Tiefere Schichten des Bewußtseins öffnen sich. Eine wunderbare innere Kraft wird Sie durchströmen. Sie werden nicht nur während der Übungen ruhig und gelassen, sondern auch Ihre Autorität wächst. Prestigeverlust durch Nervosität gehört der Vergangenheit an.

Streß schwächt die Faszinationskraft des Menschen. Je größer seine Konzentrationskraft, desto faszinierender ist seine Anziehungskraft.

Im Zustand der Ruhe, der Konzentration öffnet sich das Tor zum Unterbewußtsein. Ein oft beobachteter Reflex tritt ein. Je konzentrierter und gelassener Sie sind, um so gelassener werden Ihre Gesprächspartner. Und je aufmerksamer Sie sind, um so stärker können Sie andere positiv beeinflussen. Die anderen schwingen und empfinden wie wir.

»Das Gefühl ist es«, sagt Bernhard Shaw, »das den Menschen zum Denken anregt – und nicht das Denken, das ihn zum Fühlen anregt.«

Das Ziel aller Stimm- und Schwingungsübungen ist die Entfaltung und Befreiung der Persönlichkeit. Darum sollten Sie diese Übungen nur im Zustand großer Ruhe und Konzentration durchführen bzw. um Ruhe und Konzentration erneut zu erlangen. Legen Sie viel Kraft und Energie in Ihre Stimme hinein. Die ideale Klangfarbe sollte dunkel und harmonisch sein.

Vor vielen Jahren fand ich ein Gedicht, das das gesamte esoterische Wissen meiner Übungen zusammenfaßt:

»Viele Künste kann der Teufel, aber singen kann er nicht; denn Gesang gibt ein Bewegen von der Seele zu dem Licht.«

Sicher kennen Sie die alte Volksweisheit: »Wo man singt, da laß dich ruhig nieder, böse Menschen haben keine Lieder.«

Durch viele konzentriert durchgeführte Übungen wird es Ihnen gelingen, Ihr ganzes Innere zum Schwingen zu bringen.

Jetzt beginnt Ihre Persönlichkeit zu strahlen und unbewußt von innen induktiv zu überzeugen.

Unsere Stimme, unsere Sprache, ist der Ausdruck unserer Persönlichkeit. Hier liegt der wahre Grund, warum viele Menschen – trotz guter Argumente – nicht überzeugen können. Warum ist das so?

Stellen Sie sich zwei Klaviere in einem Raum vor. Schlagen sie auf dem einen Klavier den Ton »a« an, schwingt dieser Ton im anderen Klavier mit.

Daran erkennen wir, daß wir in anderen nur das zum Mitklingen und -schwingen bringen können, was in uns selbst schon schwingt. Hier liegt das wahre Geheimnis der Macht des Vorbilds.

> *Nur der Kraftvolle – in sich selbst gefestigte Mensch – hat die Fähigkeit entwickelt, Probleme nicht nur zu erkennen, sondern sie zu lösen.*

Entwickeln Sie durch unser Training Ihre Fähigkeiten und Kräfte. Überwinden Sie Ihre Schwächen und Unsicherheiten. Eine kraftvolle Persönlichkeit besitzt eine kraftvolle begeisternde und mitreißende Stimme.

Da unsere Übungen *aktiv* harmonisch ausgeführt werden, aktivieren Sie automatisch das Extrovertierte, das Schöpferische, das Kreative und das gestalterische Potential des Menschen.

Die gestalterischen Fähigkeiten liegen bei vielen Menschen brach. Beim Autogenen Training oder der Transzendentalen Meditation wird in der Regel das Introvertierte noch verstärkt.

Was wir zur Lösung der großen Menschheitsprobleme benötigen, sind Menschen, die innerlich stark gefestigt sind. Und die auch die Fähigkeit aktiviert haben, aus sich herauszukommen, um die Zukunft bewußt zu gestalten.

Mit unserer letzten Übung gehen wir noch einen Schritt weiter.

Um Ihrer Stimme und Ihrer Persönlichkeit eine kraftvolle Aussprache zu verleihen, lernen wir zuerst den Auszug aus der Rede des Amerikaners McNamara auswendig.

Robert McNamara:
»Gott ist Demokrat; er hat den Intellekt ungefähr gleichmäßig über die ganze Welt verteilt. Aber er erwartet natürlich, daß wir diese Quelle, die der Himmel uns geschenkt hat, in wirksamer Weise ausschöpfen. Das ist das Problem des Managements.
Das Management ist schließlich die schöpferischste aller Künste. Es ist die Kunst der Künste; denn es ist die Kunst, Talente richtig einzusetzen. Worin liegt die eigentliche Rolle des Managements?

Im intelligenten Reagieren auf Veränderungen.
Durch das Management kann man alle Veränderungen im menschlichen Bereich rationell lenken und auf die gesamte Gesellschaft verteilen.
Mangelnde Organisation, mangelndes Management in einer Gesellschaft bedeuten nicht Respekt vor der Freiheit, sondern lediglich, daß man andere Kräfte als die Vernunft die Wirklichkeit formen läßt.
Seien diese Kräfte nun Gefühl, Haß, Aggression, Ignoranz, Passivität – immer sind sie etwas anderes als Vernunft.
Wenn die Kraft, die die menschliche Aktivität bestimmt, nicht die Vernunft ist, bleibt der Mensch unter dem Niveau seiner eigenen Möglichkeiten.«

Dann unterstreichen Sie bitte mit verschiedenen Farben, was Sie laut und was Sie betont sprechen wollen. Zeichnen Sie auch die Pausen ein; denn durch Pausen erzielen Sie eine starke suggestive Wirkung. Nach dieser gedanklichen Vorarbeit stellen Sie sich bitte mitten in einen Raum und tragen Sie diese Redefassung sich selbst – zuerst sehr langsam – vor. Nach einigen Tagen hat sich Inhalt und Form tief im Unterbewußtsein eingeprägt.

Jetzt gehen Sie bitte noch einen Schritt weiter und stellen sich vor einen großen Spiegel, in dem Sie sich ganz sehen können, und jetzt beginnt das Training von neuem.

Vor dem Spiegel zu üben ist wirkungsvoller als mit der Videoanlage. Innerhalb kürzester Zeit – zwei Tage bis drei Wochen – verändern sich Ihr Blick, Ihr Gesichtsausdruck, Ihre Haltung, Ihre Gestik und die suggestive Kraft Ihrer Stimme.

Nicht Wissen, nur Übung macht den Meister.

Folgende Vorteile haben Sie durch diese letzte Übung:

- Sie aktivieren Ihre Nerven und Willenskraft.
- Sie verbessern Ihre Konzentrationsfähigkeit und aktivieren das Gedächtnis.
- Sie verbessern Ihre Aussprache.
- Sie entwickeln die Suggestivkräfte im Menschen.

Lassen Sie mich diesen Bericht über die Kraft des Wortes mit drei Zitaten abschließen:

1. Auch deine Zunge kann Balsam oder Gift sein.
2. Was dein Wort zu bedeuten hat, erfährst du durch den Widerhall, den es erweckt. (Maria von Ebner-Eschenbach)
3. Die Zunge hat keine Knochen, kann aber Knochen brechen. (Bulgarisches Sprichwort)

Ist Aggression ein Zeichen von Selbstbewußtsein?

Wir alle möchten Sieger sein in unserem Leben und tendieren daher zu der Ansicht, wer siegen will, muß kämpfen.

Das Leben ist für viele Menschen ein Kampf; denn nur so kann man nach ihrer Ansicht siegen. Wir wollen die Richtigkeit dieser Aussage heute einmal genauer untersuchen und uns fragen: kämpfen – gegen wen? Und was geschieht z.B. mit dem Besiegten? Wie reagiert er? Vielleicht können wir versuchen, das gesamte Thema von einer höheren Warte aus zu betrachten.

Leben heißt sich entfalten und wachsen. Ist dieser Prozeß ein Kampf? Kämpft die Natur mit dem Frühling und dem Winter?

Wir alle möchten uns behaupten, möchten uns durchsetzen und möchten den Lebenskampf gewinnen. So betrachtet, müßte das ganze Leben ein einziger Kampfplatz sein. Kämpfen klingt so frisch, doch führt der Kampf allein zu nichts.

Die Geschichte hat uns gelehrt, Kriege lösen keine Probleme, es entstehen neue dadurch.

Es gibt Menschen, die fühlen sich erst richtig wohl, wenn sie kämpfen können, und erleben ihr aggressives Verhalten als Stärke. Es ist richtig, Aggression setzt Energie voraus, aber verwendet der Aggressive die Energie zum Kämpfen oder um ein Ziel zu erreichen?

Viele von Ihnen kennen unseren Grundgedanken: »Die Welt ist nicht vollkommen, und der Mensch ist nicht vollkommen.«

Aus diesen zwei Minuspunkten entsteht die Problematik unserer Existenz. Die wichtigste Frage ist, gelingt es dem Aggressiven mit aller seiner entwickelten Energie, die Aufgaben bzw. Probleme schneller und besser zu lösen?

In einem Lexikon fand ich unter dem Stichwort *Aggression* die Definition: »Das psychologische Phänomen Aggression ist ein gereiztes, herausforderndes Verhalten eines Menschen mit der Tendenz, den anderen zu schädigen. Es entsteht oft durch dauernde Enttäuschung und Frustration, also durch Belastungen im Alltagsleben. Im täglichen Leben, im Straßenverkehr, bei der Kindererziehung, im

Erwerbsleben führt aggressives Verhalten zu großen Belastungen der Partner und häufig zum unsachlich ausgetragenen Konflikt.«

Die Aggression begegnet uns täglich in vielen Schattierungen. Sie zeigt sich z.B. als Ehrgeiz, als Eitelkeit, als Eifersucht, als Neid, als Geiz, als Haß, Überheblichkeit, Arroganz, Zorn oder als Recht des Stärkeren.

Je nach ihrer Lebenssituation setzen viele Menschen die verschiedenen Strategien an, um sich durchzusetzen.

Gewinnt der Aggressive seinen Kampf nicht – trotz seiner vielen eingesetzten Energien –, richtet sich diese Aggression gegen ihn selbst. Und wir diagnostizieren bei ihm: Magenkrämpfe, Darmerkrankungen, Gallenleiden und nicht zuletzt Herzerkrankungen, die typischen Magenerkrankungen. Viele Wissenschaftler und Forscher haben die verschiedensten Aspekte der Aggression untersucht. Sigmund Freud, Konrad Lorenz und auch Erich Fromm haben eine große Abhandlung über die menschliche Destruktivität geschrieben. Über die Auswirkungen der Aggression sind sich fast alle Forscher einig; der große Streitpunkt bleibt aber der Ursprung dieser negativen Gefühlswallungen.

Beim Menschen müssen wir völlig verschiedene Arten von Aggressionen unterscheiden. Die erste – die er mit allen Tieren gemein hat, die gutartige Aggression, dient dem Überleben des Individuums. Die andere Art, die bösartige Aggression, das heißt, die Destruktivität und Grausamkeit, ist nicht erblich bedingt, sie ist nicht erlernt. In der Vergangenheit konnten wir oft beobachten, daß die Theorie von der angeborenen Aggressivität leicht zur Ideologie werden kann. Wenn wir einmal einen aggressiven Menschen gründlich analysieren, erkennen wir oft in seinem Charakter Ansätze der Angst, Furcht, Unsicherheit, Pessimismus sowie Minderwertigkeitskomplexe. Diese Schattenseiten seines Wesens übersteigert der aggressive Mensch, weil er glaubt, dadurch andere einschüchtern zu können, um seine Ziele zu erreichen. Er investiert viel Energie und schießt damit oft über das Ziel hinaus. Insgeheim lebt er immer in der Angst, nicht geliebt zu werden; er will jedem durch seine Aktionen beweisen, wer er ist und was er ist. Er muß, so glaubt er, sich immer rechtfertigen, sich stets beweisen. Und es kämpft der Aggressive in den verschiedensten Lebenssituationen und selbst dort, wo es völlig sinnlos ist und ihm persönlich schadet.

In der Regel setzt er sich über alles hinweg. Er versucht sich durchzusetzen ohne Rücksicht auf Verluste, oder er trifft auf einen anderen Aggressiven, und der Krieg beginnt, die Fetzen fliegen. So kommt es auch in der Ehe oft zu einem lebenslangen Kampf, bei dem jeder Partner den anderen für die Kränkungen zu strafen versucht, die sich im Lauf der Zeit anhäufen.

Es ist gut zu wissen, daß hinter der Aggression die verschiedensten Formen von Kontaktschwäche stehen. Darum entwickelt sich der Aggressive nicht zum Mitmenschen, sondern zum Gegenmenschen. Er ist nicht darauf vorbereitet, die Aufgaben des Lebens befriedigend und konstruktiv zu lösen. Er errichtet Trennwände zwischen Ich und Du oder zwischen Ich und Wir. Kämpferische Charakterzüge aller Art sind Reaktionen auf die Lebensangst, die aus einer disharmonischen Grundorientierung wächst. Wer wirklich etwas kann oder weiß, hat es nicht nötig, fortwährend Beifall zu erhaschen. Würde man die Gehirnströme eines aggressiven Menschen messen, würden wir feststellen, daß er dauernd im Betazustand mit einem entsprechend hohen Adrenalinspiegel ist.

Da wir die Menschen so akzeptieren müssen, wie sie sind, stellt sich die Frage, wie man mit einem aggressiven Menschen umgeht, wie behandelt man ihn, damit er nicht dauernd mit uns Kriege führt.

Über folgende Fragen sollten Sie einmal länger als eine Minute nachdenken. Können auch Aggressionen durch schlechtes Verhalten provoziert werden? Da wir immer wieder auf aggressive Menschen stoßen, wäre es am besten, sich ein gutes Verhaltensmuster zu schaffen, auf das man sich verlassen kann. Überlegen Sie bitte einmal, welche Methode Sie bisher entwickelt und angewandt haben, um Aggressionen zu entschärfen und in Harmonie zu verwandeln?

Zunächst einmal besteht für uns nicht der geringste Grund, uns einschüchtern zu lassen oder uns selbst in den Betazustand zu begeben. Gerade im Angesicht eines Aggressiven heißt es, ruhig, gelassen und mutig zu bleiben. Folgendes Verhalten wird sich immer wieder bewähren:

1. Behalten Sie Ihre heitere Gelassenheit
2. Hören Sie sichtbar zu
3. Stimmen Sie bedingt zu
4. Fragen Sie
5. Finden Sie Gemeinsamkeiten

Zu 1. Behalten Sie Ihre heitere Gelassenheit. Da Sie in Alpha bleiben, lassen Sie sich auch nicht von negativen Stimmungen anstecken. Es entsteht ein weicher Puffer.

Zu 2. Hören Sie sichtbar zu. Ihr Augenkontakt ist wichtig. Schauen Sie aber nicht zu sehr in die Augen, sondern konzentrieren Sie sich stärker auf den Mund des Gesprächspartners.

Zu 3. Stimmen Sie bedingt zu. Die bedingte Zustimmung ist kein absolutes Rechtgeben, sondern ist eher ein Verständnis für die Gründe des anderen.

Zu 4. Fragen Sie. Wer fragt, führt das Gespräch. Fragen ist ein Zeichen innerer Stärke und Interesse. Je mehr Sie fragen und den Partner sprechen lassen, um so eher verpuffen seine Aggressionen.

Zu 5. Finden Sie Gemeinsamkeiten. Ist die Atmosphäre wieder entspannt, findet man in der Regel genügend Punkte, die man gemeinsam erreichen will und kann.

Erfolgreich sind wir nur, wenn wir gelernt haben, positiv zu reagieren.

Kann man aber auf Angriffe positiv reagieren? Die meisten Aggressionen und Widerstände werden ja nur dadurch stark, daß wir gegen sie anrennen! Warum also kämpfen, wenn es auch anders geht?

Wir kämpfen nicht, wir bringen Nutzen. Und wer anderen Nutzen bringt, kann sich ohne Aggressionen durchsetzen.

Wir haben bisher über andere gesprochen, doch wie sieht es mit unserem Verhalten aus? Für Sigmund Freud bedeutet Selbsterkenntnis, daß der Mensch sich dessen bewußt wird, was unbewußt ist:

Wir wissen, daß der Charakter eines Menschen auch davon abhängt, was ihn frustriert und mit welcher Intensität er auf Frustration reagiert. Wie setzen wir uns durch? Sind wir selbstbewußt genug, um eigene Schwächen zu erkennen, haben wir den Wunsch vielleicht, daraus Stärke zu machen? Im Grunde wissen wir es doch genau, wenn wir aggressiv handeln, zwingen wir die anderen in der Regel, genau so aggressiv zu reagieren. Wir sollten lernen, üben und trainieren, uns weich durchzusetzen. Natürlich leben wir zwischen Yin und Yang und zwischen Krieg und Frieden in dieser Welt. Darum ist es täglich erneut wichtig, seine eigene Mitte zu finden. Erich Fromm formulierte dies so treffend: »Es gibt nur einen Weg zur Einheit, der gelingen kann, ohne den Menschen zu verkrüppeln. Dieser Versuch wurde im ersten Jahrtausend vor Christus in allen hochentwickelten Gesellschaften unternommen, in China, in Indien, in Ägypten, in Palästina und Griechenland. Die großen Religionen, die dem Boden dieser Kulturen entsprungen sind, lehrten, daß der Mensch die Einheit nicht durch das tragische Bemühen erringen kann, seine innere Zerspaltenheit durch die Ausschaltung der Vernunft aufzuheben, sondern allein dadurch, daß er seine Vernunft und seine Liebe voll entwickelt.«

Beim NEIN fängt erst die Verhandlung an

Betrachten Sie das NEIN eines Verhandlungspartners nie als endgültige Stellungnahme. Häufig ist ein NEIN nur ein Ersatz für das Wort »Warum?«
Einwände bei jeder Art von Verhandlung sind selbstverständlich. Einwände sind Fragen oder Forderungen. Einwände sind Wissenslücken des anderen. Ob Sie Ihrem Kunden eine neue Maschine verkaufen wollen, einem bisher Fremden eine Lebensversicherung, Ihrer Frau den Kauf eines neuen Wagens – der Gesprächspartner wehrt sich erst einmal. Ohne Einwände und Widerstände bräuchte es überhaupt keine Verhandlungen zu geben. Einwände sind Mittel Ihres Partners, um Verhandlungserfolge zu erzielen; deshalb müssen sie durch Fragen analysiert werden. Durch gute Verhandlungs-Vorbereitung und geschickte Verhandlungs-Führung machen Sie aus Einwänden Zustimmung. Agieren ist bei Verhandlungen besser als reagieren.

1. Jeder Mensch, jeder Verhandlungspartner hat jemanden über sich, dem er Ihren Vorschlag weiterverkaufen muß. *Liefern Sie Ihrem Partner* dazu Argumente, Beispiele, Checklists, *Überzeugungshilfen* und gute Begriffe.
2. *Wählen Sie nie den Weg des geringsten Widerstandes.* Versprechen Sie nichts Unmögliches oder was Sie/Ihre Firma nicht einhalten können. Wahrheit und Klarheit überzeugen, kein Bauernfang.
3. *Nennen Sie Ihre eigenen Bedingungen* fest, überzeugend und klar begreifbar.
4. Lernen Sie es, *unerfüllbare Forderungen abzulehnen,* ohne zu verletzen, ohne hochmütig zu erscheinen, ohne zu kränken. Verweisen Sie dabei auf eine dritte Partei, auf Ihre Firma, Ihren Vorgesetzten, Ihre anderen Kunden etc. Nennen Sie Ihre Verpflichtungen dieser Partei gegenüber. Begründen Sie, weshalb Sie den Forderungen des Verhandlungspartners nicht nachkommen können.

5. *Glauben Sie nicht jeden Ablehnungsgrund,* der Ihnen genannt wird. Manche Gründe hören sich nur gut an, sie lassen sich leicht äußern und klingen plausibel. Fragen Sie nach dem wirklichen Grund: »Gibt es außerdem noch einen anderen Grund . . .?«
6. *Nennen Sie nicht sofort die negativen Punkte.* Erwähnen Sie erst die positiven Seiten dazu. Erst danach stellen Sie die negativen Faktoren und Nachteile gegenüber.
7. Erkennen Sie überlegt, was die *wirklichen Gründe* für sein Zögern sind.
8. *Bereiten Sie sich* auf die Schwierigkeiten, die Ihr Verhandlungs-Partner im Zusammenhang mit Ihrem Vorschlag sieht, *gründlich vor.*
9. Nehmen Sie Einwände *gelöst entgegen.*
10. Hören Sie sorgfältig zu, *ohne den anderen zu unterbrechen.* Wiederholen Sie seinen Einwand.
11. *Stimmen Sie ihm zu,* daß es richtig ist, auf diesen Punkt zu kommen.
12. *Stellen Sie eine Gegenfrage,* um genau herauszufinden, was Ihr Partner im einzelnen gemeint hat. Dadurch gewinnen Sie außerdem Zeit für die überlegte Antwort.
13. Gehen Sie *nicht* in die direkte Konfrontation durch die *»Ja-aber-Methode«.*
    Das ist eine Kampfansage, das direkte Parieren eines Schlages.
14. Die Judomethode der Argumentation hingegen ist die *»Ja-und-Methode«*!
    Sie lenkt die negative Kraft des Einwandes in die Richtung, die für Ihre Argumentation wichtig ist.
15. *Ja, und . . .*
    a) das ist für Sie ein wichtiger Punkt
    b) das sollte wirklich gelöst werden
    c) das ist notwendig
    d) das ist der Nutzen, den Sie anstreben
    e) diese Schwierigkeit wollen Sie vermeiden
    f) dieses Problem wollen Sie gelöst haben
    g) diese Voraussetzung sollte geschaffen werden.

16. *Fragen Sie Ihren Gesprächspartner nach Beantwortung aller Ja-Punkte direkt, ob er mit Ihrem Vorschlag einverstanden ist,* und ob Sie sich jetzt darauf einigen können.
17. *Haben Sie keine Furcht, große Erfolge zu erringen.* Geben Sie sich nicht mit Kleinkram, kleineren Lösungen oder Teilerfolgen zufrieden.
18. Wenn Sie in einer Verhandlung Angebote unterbreiten, deren Bedingungen jeweils abhängig sind von einer bestimmten Gegenleistung, dann schreiben Sie diese Angebote klar und verständlich auf.
    Präsentieren Sie Ihre Bedingungen nicht nur mündlich!
    Es muß für jeden Verhandlungspartner sofort abzulesen sein, welche Gegenleistung die Leistung A verlangt und welche Gegenleistung die Leistung B.
19. Verlassen Sie sich bei Verhandlungen nicht auf Ihr Gedächtnis, *machen Sie sich Notizen.*
20. *Einigen Sie sich über die Ergebnisse* und legen Sie diese sofort schriftlich fest.
21. Notieren Sie sich jede Zusage, die Sie machen und jedes Versprechen, das Sie abgeben. *Erfüllen Sie jede Zusage prompt.*
22. *Behandeln Sie heikle Punkte am Schluß,* wenn auf allen anderen Gebieten bereits Übereinstimmung erzielt worden ist und keiner die Verhandlung mehr scheitern lassen möchte.
23. Fragen Sie Ihren Verhandlungs-Partner zum Schluß direkt:
    a) welche Punkte sind noch offen?
    b) was stört Sie noch?
    c) was befürchten Sie noch?
    d) sind Sie unter folgenden Voraussetzungen einverstanden?
    Bitten Sie direkt um die Zustimmung.
24. *Nennen Sie* die für ihn *wichtigen Vorteile* noch einmal.
25. *Wiederholen Sie die positiven Bemerkungen,* die er selbst gemacht hat.
26. *Setzen Sie gezielt Ihre Reserven ein.* Bieten Sie ein Zugeständnis an, das ihn außerordentlich positiv stimmt und zur Entscheidung bringt.

Das ist die Kunst der Verhandlungen und des Friedensschlusses.

Das Nein zerstört –
Das Nein ist der Ausschalter
Das Ja ist der Einschalter
Das Ja baut auf

Das Nein

So haben wir das früher nie gemacht.
Das geht nicht.
Meine Finanzlage erlaubt mir das nicht.
Das haben wir alles schon x-mal versucht.
Dazu bin ich heute noch nicht in der Lage.
Alles graue Theorie.
Darüber sollten wir ein andermal reden.
Man weiß doch, daß sich das nicht machen läßt.
Warten wir erst einmal die Entwicklung, Messe, Bestätigung etc. ab.
Bei mir geht das einfach nicht.
Alles Quatsch!
Klingt ja ganz gut, aber ich glaube nicht, daß es wirkt.
Das wächst mir über den Kopf.
Später!
Leider zu spät.
Das bringt doch nichts.
Meine Mitarbeiter werden nicht mitmachen.
Warum etwas Neues – der Umsatz steigt doch.
Technisch undurchführbar.
Damit sollte sich ein Ausschuß beschäftigen.
Mein Betrieb ist für so etwas viel zu klein.

Wie wird man zur Persönlichkeit?

Menschenkenntnis führt zur Selbsterkenntnis. Selbsterkenntnis führt zur Menschlichkeit.

Wer möchte nicht von anderen anerkannt, bewundert und gefragt werden? Wer möchte nicht gern bei anderen beliebt sein? Wer möchte nicht, daß man ihn spontan als zuständige Kompetenz anerkennt?

Jeder Mensch möchte ein solche Persönlichkeit sein, für die der andere Achtung und Zuneigung empfindet?

Warum gelingt es aber so wenigen?

Eine einflußreiche Persönlichkeit wird man nicht über den Willen und auch nicht über noch so großen Macht- oder Geldeinfluß. Der Weg zur Persönlichkeit führt nur über die Bewußtseinserweiterung und den kontrollierten Umgang mit sich und anderen.

Einflußreiche Personen haben deshalb Einfluß, weil andere ihnen vertrauen. Niemand vertraut jedoch einem Menschen, der ihm Schaden zufügt, ihn ausnutzt oder schlecht über ihn redet. Also sucht eine einflußreiche Persönlichkeit immer nach positiven Eigenschaften in anderen Menschen und bestätigt diese.

»Eigenschaften und Fähigkeiten die wir an anderen bemerken, davon tragen wir den Stempel in uns selbst. Indem wir andere rühmen, loben wir uns selbst«, erkannte Goethe.

Das 15. Denkgesetz ist der Kernsatz zur Entfaltung der Persönlichkeit: »Beachtung bringt Verstärkung – Nichtbeachtung bringt Befreiung«. Indem ich meine eigenen Fähigkeiten und Stärken beachte und ausbaue, entfalte ich mich zu meiner Bestimmung und persönlichen Größe. Indem ich die Fähigkeiten und Stärken anderer beachte und bestärke, verhelfe ich anderen zur Persönlichkeit oder zur Befreiung ihrer Persönlichkeit.

Keiner wird groß, der andere verachtet.

Wir leben in einer Welt der Beweise, der Verordnungen und des Rechtbehaltens. Zu keiner Zeit gab es so viel Rechtsstreitigkeiten und überlastete Anwälte und Gerichte wie jetzt. Dabei ist es den wenigsten klar, daß ein Beweis – und sei er noch so klein – so etwas wie eine Vergewaltigung ist. Der Partner soll gezwungen werden, dem Beweis-Akrobaten – ob in der Firma – in der Familie – in der Politik oder am Biertisch – vorbehaltlos zuzustimmen. Tut er das nicht, wird er beschimpft, für dumm gehalten und verachtet.

Von den meisten Beweisen kann der Partner die Unsinnigkeit mangels Kompetenz oder mangels Wissen nicht widerlegen oder ist zu höflich, um ein neues, schweres Geschütz aufzufahren.

Kurz und gut: Durch Beweise und Anordnungen können wir unsere Partner vorzüglich vor den Kopf stoßen und gegen uns einnehmen, statt sie zu öffnen und gemeinsam den richtigen Weg zu finden.

Die Steigerungsform für den falschen Umgang mit Menschen ist die Verachtung durch

- Gestik: zum Beispiel dem Mitarbeiter keinen Sitzplatz anbieten,
- Worte: Scharfe Anweisungen oder Zynismus, ohne Namensanrede mit jemanden sprechen und vergessen, »Bitte« und »Danke« zu sagen,
- Inhalte: »Wie oft habe ich Ihnen schon gesagt . . .«

Die Stufen der positiven Beeinflussung

Jedes Gespräch, jeder Kontakt mit anderen Menschen muß ein Ziel haben, um es wirkungsvoll zu führen.

- Das Gespräch mit dem Mitarbeiter hat das Ziel, ihn für eine neue, zusätzliche Aufgabe zu interessieren, statt sie anzuordnen.
- Das Gespräch mit dem Vorgesetzten hat das Ziel, ihn zu überzeugen, daß die Absatz-Stagnation durch eine durchdachte Strategie zu verändern wäre, statt resignierend mit den Schultern zu zucken.
- Das Gespräch mit der Tochter hat das Ziel, den Widerstand gegen den Lehrer zu lösen, statt ihr Bockigkeit auch gegen die Eltern vorzuwerfen.

- Das kurze Gespräch mit dem Nachbarn hat das Ziel, ihm das persönliche Wohlwollen zu bestätigen.
- Das Gespräch mit dem Lebenspartner hat das Ziel, ihn über den eigenen Berufs- und Aufgabenkreis zu informieren und zu interessieren, statt ihm klarzumachen, daß er davon ohnehin keine Ahnung hat.

Als deutlich lesbare Tafel – wie ein sogenannter »Neger« bei Filmaufnahmen – sollte bei jedem Gespräch imaginär vor Ihnen stehen. »Was will ich mit diesem Gespräch erreichen?«

Wenn Sie das nicht tun, schwätzen Sie viel, verrennen sich sogar in eine Nebenrichtung, aber sagen wenig.

Persönlichkeiten führen jedes Gespräch, jedes Telefonat, jede Rede kontrolliert nach den fünf Stufen der Beeinflussung:

1. Den Gesprächspartner aufschließen durch Sympathievermittlung.
2. Den Gesprächspartner interessieren durch Vorteile und Angebote.
3. Den Gesprächspartner überzeugen durch Argumente und Begründungen.
4. Den Gesprächspartner beeinflussen durch Motivation.
5. Den Gesprächspartner gewinnen durch Glaubwürdigkeit.

Auch an diesem Stufen-Aufbau erkennen Sie das 15. Denkgesetz: »Beachtung bringt Verstärkung«. Beachten Sie diese fünf Stufen künftig bei jedem Gespräch, und Sie werden selbst mehr Beachtung, mehr Informationen, bessere Resultate, mehr Anerkennung und damit mehr Erfolg finden. Und damit sind Sie auf dem Wege zu einer einflußreichen Persönlichkeit schon die wichtigsten Stufen gegangen.

Persönlichkeiten überzeugen durch:

- Charisma statt durch Härte,
- durch Interesse statt durch Ablehnung,
- durch Liebe statt durch Dominanz.

Die Kunst der Selbstbeeinflussung

»Nichts ändert sich, außer wir ändern uns.« Indem wir uns ändern, ändert sich unsere Umwelt. Natürlich mit einer gewissen Zeitverzögerung. Der Anfang in diesem vernetzten Prozeß liegt jedoch immer bei uns.

Glücklicherweise gibt es noch viele glückliche und erfolgreiche Menschen. Aber weder die Glücklichen noch die Unglücklichen stellen sich die Frage, warum sie das eine oder andere sind. Zu leichtfertig glauben die meisten an den Zufall und die Fortune. Und so warten oder resignieren sie, statt den Zufall auszuschalten.

Doch bevor Sie an die praktische Verwirklichung gehen, sollten Sie die Maschine, die uns alle lenkt und leitet, genau kennen und begreifen. Nicht der Wille, sondern die Erkenntnis macht uns frei.

Unser Leben ist ein Prozeß gegenseitiger Beeinflussung. Dieser Prozeß beginnt im Augenblick der Zeugung.

Augen, Haarfarbe, Körpergröße, Mentalität und vieles andere erben wir von unseren Eltern. Wenn ein Baby dann nach neun Monaten Entwicklung glücklich, wie wir sagen, das Licht der Welt erblickt, hat es von der Natur alles mitbekommen, um zu überleben. Es muß natürlich weiter wachsen, lernen und sich entfalten. Das Wort »entfalten« ist dabei besonders wichtig. Nehmen wir es wörtlich, so heißt Entfaltung: etwas entfalten, was vorher eingefaltet war. Das ganze Leben sollte von Stufe zu Stufe ein Entfaltungsprozeß sein.

Was bekommt so ein Baby für seinen Lebensweg mit: den ganzen Körper, sein Gehirn, sein Nervensystem, seine Sinnesorgane, sein Urwissen und vor allem – ein leeres Gedächtnis. Wir alle bekamen bei unserer Geburt einen fast leeren Speicher mit, der sich zu unserem Gedächtnis, zu unserem ureigenen Privatarchiv entwickelte.

Das Gehirn des heranwachsenden Kleinkindes wird zu einem Empfänger vorgefaßter Meinungen. Es kann nicht anders, als alle Informationen weiterzuleiten, zu speichern und zu verrechnen, die

die Sinne reizen. Natürlich völlig unbewußt – ohne jedes persönliche Zutun, ohne die Chance der Wahl. Denn das Kleinkind kann noch nicht entscheiden, was richtig und was falsch, was positiv oder negativ, was aufbauend oder zerstörerisch ist. Es will nicht, sondern es muß alle Informationen der Umwelt aufnehmen und speichern. Gerade in den ersten Lebensjahren werden die Gleise gelegt, auf denen der Lebenszug weiter fahren wird, sowohl im Positiven wie im Negativen.

Jeder von uns repräsentiert heute das Gesamtergebnis seiner individuell gespeicherten Informationen. Vom ersten Tag seines Lebens bis zum heutigen.

Der Inhalt unseres Gehirns wurde also erst durch die Erlebnisse nach unserer Geburt programmiert. Diese Erkenntnis ist vor allem für Eltern sehr wichtig, die ein kleines Kind adoptieren möchten. Das Kind hat von seinen Eltern zwar das Gehirn, nicht aber deren Verhaltensmuster mitgeerbt. Was also aus einem adoptierten Kind und seinem Unterbewußtsein wird, verantworten und bestimmen die Erzieher.

Aus vielen Erfahrungen und Eindrücken unseres Lebens bilden sich erst das Unterbewußtsein, unsere Gewohnheiten, der Charakter, Ansichten und Einstellungen. Eine Summe von positiven und negativen Antrieben, von der Geburt bis zur Gegenwart.

Um sich selbst zu begreifen, ist es sehr wichtig zu wissen, von welchen Eindrücken wir geprägt und gebildet wurden: erst von den Eltern, den Verwandten und Bekannten, dann der Kindergarten und die Schule mit den verschiedenen Lehrern. Später alle Freunde und unsere Mitmenschen in der Ausbildung, der Partner und Vorgesetzte wie Kollegen. Und heute die Medien: das Radio, die Zeitschriften, das Fernsehen und alle Menschen, die uns täglich begegnen.

Sie erkennen daran sehr deutlich: Das ganze Leben ist ein Prozeß gegenseitiger Beeinflussung. Denn auch Sie beeinflussen Ihre Umwelt. Wie man diesen gegenseitigen Prozeß zum Besten handhabt, lehrt uns – seit den alten Griechen – die Rhetorik. Sie ist die Kunst der Fremdbeeinflussung. Zu einem aufbauenden Lebensweg gehört jedoch auch die Kunst der Selbstbeeinflussung. Sie ist der königliche Weg der Schicksalslenkung.

Jeder von uns ist ein Teil des Ganzen. Damit ist er für sich – und für seine Aufgabe im Ganzen – verantwortlich. Der Biologe Dr. Frederic Vester bestätigt diese Grunderkennntnis in seinem Buch »Die Welt, ein vernetztes System«. Alles ist mit allem verbunden und in Kontakt. Aus den vorgenannten Erkenntnissen ergeben sich für unseren Lebensweg zwei praktische Möglichkeiten. Die erste: Wir verändern und dominieren unsere Mitmenschen, werden im wahrsten Sinne des Wortes Antreiber und machen uns immer unbeliebter, bis wir uns selbst nicht mehr ausstehen können. Siebzig Prozent der Führungspersönlichkeiten gehen diesen Weg. Erfolge erreichen sie durch blaue Flecken an den Ellenbogen.

Für den philosophisch denkenden Menschen gibt es den zweiten, den indirekten Weg: Er arbeitet an sich, seiner Persönlichkeit und seiner Ausstrahlung. Er lebt und agiert aus der Erkenntnis heraus: »Nichts ändert sich, außer ich ändere mich.« In einem vernetzten System verstehen wir diesen Prozeß mit seinen Erfolgen. Durch unsere positive Wirkung auf die Umwelt und durch die eintretende positive Rückkoppelung werden immer neue positive Wirkungsketten entstehen. Sie warfen einen Stein ins Wasser, der Kreise bildet, die immer größer werden und nach einer gewissen Zeit wieder zum Ursprung zurückkommen.

Bei unserer Geburt hatten wir von den Eltern unsere fünf Sinne geerbt. Sie haben die Aufgabe, alle Informationen der Außenwelt an unsere Innenwelt zu vermitteln. Nur durch diese Informationen der Sinne kann sich in unserem Inneren ein Bild der Außenwelt bilden. Zwei Sinne spielen bei diesem Prozeß eine Hauptrolle. Das Sehen der Augen und das Hören der Ohren. Von beiden Informationswegen ist das Ohr der wichtigste Informationskanal.

Unsere Entscheidungen, unser Denken und Handeln sowie die Gestaltung unseres ganzen Lebensweges ist abhängig von den gespeicherten positiven und negativen Informationen, dabei sind wir abhängig von den Informationen, die wir in der Vergangenheit bewußt oder unbewußt aufgenommen haben. Frei sind wir jedoch in der Wahl der Informationen, die wir heute und in der Zukunft bewußt speichern wollen.

Von Archimedes kennen wir den Gedanken: »Gebt mir einen Punkt, und ich werde die Welt aus ihren Angeln heben.«

Diese Erkenntnis ist der Dreh- und Angelpunkt auf dem Wege in eine größere Freiheit und damit in eine selbstgewählte Zukunft.

Unser Gehirn ist in der Lage, Gedanken zu produzieren. Diese Gedanken stellen ein enormes Kräftepotential dar. Kräfte sind Energien, die etwas bewegen oder verändern können. Je stärker ein Gedanke ist, umso größer ist eine Energie, um die Zukunft zu gestalten.

Auch Angst ist ein Gedanke – Hoffnung ist ein anderer. Es gibt haßerfüllte, kriegerische und zerstörerische Gedanken. Es gibt aufbauende, optimistische und zuversichtliche Gedanken. Umso stärker sie sind, umso größer ist ihre Energieschubkraft.

Das 2. Denkgesetz zeigt uns die Möglichkeiten des Denkens:

»Am Anfang jeder Tat steht die Idee. Nur was gedacht wurde, existiert.« Und das 10. Denkgesetz macht unsere Denk-Freiheit deutlich: »Durch eine gezielte Entscheidung kann die Aufmerksamkeit auf jeden ausgewählten Punkt gelenkt werden. Worte sind hörbare Gedanken. Jeder Mensch, hat die Macht, durch die Kraft seiner Worte unglückliche Zustände zu ändern.« Das 4. Denkgesetz weist uns den Weg zu einer erfolgreichen Praxis: »Das Unterbewußtsein, die Baustelle des Lebens und der Arbeitsraum der Seele, hat die Tendenz, jeden Gedanken zu realisieren. Alles, was werden soll, was entstehen und was sich entfalten will, benötigt einen Anfang.« Daß alles Große aus dem Kleinsten gewachsen ist, wird uns im 5. Denkgesetz deutlich: »Aus dem kleinsten Gedankenfunken kann ein leuchtendes Feuer werden.«

Die bewußte, aktive Autosuggestion ist die konsequente Methode, die Kräfte und Fähigkeiten des Unterbewußtseins zu nutzen und nach unserem Wollen zu lenken. Die aktive Programmierung befreit uns von den negativen Erlebnissen der Vergangenheit. Die »Gedanken-Kassetten« werden neu programmiert.

Da der Glaube Berge versetzen kann, ist es für jeden vorwärtsstrebenden Menschen notwendig, in sich einen unerschütterlichen Glauben auszubauen: Den Glaube an sich, seine Chancen und seine Zukunft. Mit der Programmierung: Ich kann, was ich will.

»Ich bin fest entschlossen, meinem Leben Wert und Sinn zu geben; denn ich weiß, was ich will. Ich habe einen starken Willen und kann mich gut konzentrieren. Mißerfolge können mich nicht verunsichern; denn ich kann, was ich will. Meine Konzentrationskraft vertreibt meine Unruhe. Ich kann mich immer besser auf meine Ziele konzentrieren. Warum sollte ich nicht mehr erreichen, als andere mir zutrauen. Ich muß nur an mich glauben, dann erwachen meine Kräfte und alles wird leicht. Ich bin glücklich, denn ich weiß, ich kann, wenn ich will.«

Durch regelmäßige Wiederholungen entwickelt die Programmierung eine gewaltige Kraft. Wie bei jeder anderen Disziplin gilt auch hier, je mehr man sich damit aktiv beschäftigt, umso größer wird der Erfolg. Je stärker die Hingabe ist, mit der wir regelmäßig üben, umso tiefer sinkt die Programmierung in uns hinein. Sie erzeugt in unserer Tiefe ein starkes Echo. Wir überwinden unsere Unbeweglichkeit und setzen Wachstumsreize. Negative Gewohnheiten werden überwunden. Wir wachsen, entfalten uns, und unsere Persönlichkeit stabilisiert sich. Wir erlangen geistige Freiheit.

Worte sind der Ausdruck des Willens. Sie hinterlassen im Unterbewußtsein tiefe Eindrücke. Deshalb ist die gesprochene Programmierung eine dynamische Übung, mit deren Hilfe wir alles Negative in uns verwandeln können: Unsicherheit in Sicherheit und Nervosität in Konzentration. Wir müssen lernen, unsere ungeheueren Reserven an Willenskraft, Intelligenz und Gesundheit zu mobilisieren. Gerade bei Krankheiten, Beschwerden oder Mißerfolgen ist die aktive Programmierung von großem Nutzen. Sie lenkt die Aufmerksamkeit von der Krankheit auf die Heilung, vom Versagen auf das Gelingen. Der innere Arzt wird aktiviert.

In schwierigen Lebenssituationen kann es geschehen, daß die immer gleichen negativen Gedanken im Kopf herumkreisen. Wie bei einer Schallplatte mit einem Sprung. In solch schwierigen Situationen helfen keine Pillen, sondern nur die aktive dynamische Programmierung! Um die positive Wirkung zu verdeutlichen, dazu ein Zitat von Mahatma Gandhi:

»Die Programmierung wird Stab und Stütze unseres Lebens. Sie trägt uns durch jede schwere Prüfung. Man wiederholt nicht nur um der Wiederholung willen, sondern zum Zwecke der Reinigung. Als eine Hilfe in unserem Bemühen. Die ständige Wiederholung ist darum keine sinnlose Wiederholung; denn bei jeder Wiederholung ergibt sich eine neue Bedeutung. Jede Wiederholung bringt uns unserem Ideal immer näher!«

Erst durch die ständige Wiederholung erhalten wir einen Zugang zu den eigenen tief-liegenden Kräften. Die Programmierung ist eine dynamische Konzentrationsübung. Wir überwinden unsere innere Ruhelosigkeit, die unseren eigentlichen Streß, unsere Überanstrengung ausmacht. Die dynamisch und aktiv gesprochene Programmierung führt zur Beherrschung des Geistes. Sehr viel Lebenskraft vergeuden wir, durch Unschlüssigkeit und Wankelmut, weil unser Denken ständig hin und her schwankt und wir zu keiner Entscheidung kommen.

Unsere besten Kräfte können dadurch nicht wirksam werden. Wir müssen unseren Willen allmählich stärken und trainieren. Die Kraft, die sich in uns befreit, ist der Schlüssel zu einem selbstbewußten Leben. Verwenden Sie daher auf die Wahl Ihrer Programmierung besondere Sorgfalt. Haben Sie einmal Ihre Programmierung ausgewählt oder erarbeitet, sollten sie konsequent dabei bleiben. Nur Ausdauer und Wiederholung garantieren den Erfolg.

Ein Baum, der zu oft verpflanzt wird, kann keine tiefen Wurzeln schlagen. Wenn ein Mensch seine Programmierungen ständig wechselt, ist es, als würde ein Bauer an zehn verschiedenen Stellen nach Wasser graben.

Natürlich braucht es eine gewisse Zeit, bis die Programmierung reift. Wir sind also nicht enttäuscht, wenn wir nach den ersten Übungen nicht gleich in einen Taumel der Freude und des Erfolgs geraten. Wir lassen uns nicht entmutigen; denn es kommt der Augenblick, in dem wir die Veränderung unseres Lebens erfahren. Eine Programmierung ist mehr als ein positiver Spruch. Es ist eine dynamische Kraft! Zuerst wirkt sie nur an der Oberfläche des Bewußtseins, aber wenn wir sie regelmäßig mit nie nachlassender Begeisterung wiederholen, dringt sie bis zu den Quellen unserer magischen Kräfte vor. Die wachsende Sammlung unserer Kräfte befreit unsere Fähigkeiten aus dem Grund unserer Seele.

Die tief in unserem Inneren liegende Kraft wird durch die aktive Programmierung befreit und gestärkt.

Wie muß nun ihre tägliche Praxis aussehen? Sie sollten einmal am Tage die Programmierung viermal hintereinander sprechen, mit stark beseelter Stimme, so ausdrucksvoll wie möglich. Die Wirkung tritt beim Üben und Wiederholen ein, auch wenn Sie nicht daran glauben. Selbst die Abwehrkräfte und Ihr Hormonsystem werden aktiviert.

Sechs Vorteile haben Sie durch Ihre regelmäßigen Programmierungen:

1. Sie entdecken Ihren eigenen Willen.
2. Sie aktivieren Ihre Willens- und Nervenkraft.
3. Sie verbessern Ihre Konzentrationsfähigkeit und aktivieren Ihr Gedächtnis.
4. Sie verbessern Ihre Aussprache und Ihre Artikulation.
5. Sie programmieren Ihr Unterbewußtsein selbst nach Ihren Zielen und Wünschen.
6. Sie aktivieren Ihre Suggestivkräfte.

Durch die Arbeit an sich selbst entwickelt sich in Ihrem Inneren eine Kraft zur Weiter- und Höherentwicklung. Sie wachsen über sich hinaus. Glück und Erfolg werden Ihre ständigen Begleiter, weil Sie gegen Unglück und Mißerfolg immun werden. »Wer Wunder will«, sagt Goethe im Faust, »verstärke seinen Glauben.« Wenn sich Ihr Leben in wundervoller Weise verwandeln soll, müsen Sie üben und Ihren Vorsätzen treu bleiben.

Im 13. und 14. »Denkgesetz der Lebensentfaltung« heißt es: »Die ständige Wiederholung einer Idee wird erst zum Glauben. Zum Glauben der Berge versetzen kann. Dieser Glaube führt zur Tat. Konzentration führt zum Erfolg, Wiederholung zur Meisterschaft.«

Vom Ideal zur Wirklichkeit

Ideal
Wer irgend ein Ideal,
das er ins Leben ziehen will,
in seinem Inneren hegt und
nährt, ist dadurch gegen die
Gifte und Schmerzen der
Zeit gefeit. (Jean Paul)

Es gibt Wünsche, die nie altern. Und einer der ältesten Wünsche der Menschen ist, glücklich zu sein. Wir alle sind Zeit unseres Lebens auf der Suche, auf dem Weg zum Glück. Aus diesem Grunde stellen wir uns heute die Frage, was müßte geschehen, damit dieses Jahr ein schönes, ein glückliches, ein ideales Jahr wird?

Beim Planen, beim Vorausdenken unserer Zukunft, flüchten wir nicht aus unserer Wirklichkeit in Illusionen, sondern wir begreifen unser Heute als das Fundament für Morgen.

Was wir brauchen, um unser Morgen zu gestalten, sind nicht Ziele um jeden Preis, es müssen persönlichkeitsgerechte Ziele sein. Ziele, die seit unserer Jugend in uns ruhen.

So wie sich ein Mann nicht in jede Frau verlieben kann, so kann auch ein Mensch nicht jedes Ziel anstreben. Persönlichkeitsgerechte, ureigene Ziele, sollten wir verfolgen und realisieren.

Was macht mich seit langem unglücklich?

Worüber ärgere ich mich schon lange?

Die schriftliche Beantwortung dieser Fragen hilft Ihnen, sich über ihre Grundproblematik bewußt zu werden.

Wenn wir das Leben eines Menschen analysieren, gibt es oft kritische, oft aussichtslose Situationen, in denen – auch beim besten Willen – der Satz »Ich kann, was ich will« unglaubwürdig ist. In solchen Situationen kann sogar der Wille, ein übertriebener Ehrgeiz, den ganzen Menschen verkrampfen und noch unglücklicher machen.

Aber selbst in den ausweglosesten Situationen des Lebens hat der Mensch noch die Fähigkeit sich das Ideale, das Vollkommene zu wünschen.

Hier stehen wir an der Grenze zum Wunder.

Selbst nach einem schweren Autounfall kann sich jemand noch wünschen, achtzig Jahre alt zu werden. Selbst unmittelbar vor einem Konkurs kann der Chef sich noch wünschen, einen neuen, gewinnbringenden Betrieb aufzubauen und neue Produkte zu produzieren. Selbst bei einem schlechten Zeugnis, kann das Kind sich wünschen, einmal Bester zu sein. Ein Mensch kann kurz vor dem Hungertod noch von einem Gänsebraten träumen.

Mit unseren Wünschen überschreiten unsere Gedanken die Grenze der scheinbaren Realität. Wir dringen in tiefere Bereiche unserer Existenz vor. Die Wirkkraft des Wunsches – seine Macht – ist stärker und größer als die des Willens. Die Kraft des Willens kann sich gegen unser eigenes Naturell richten. Die Kraft des Wunsches aber wirkt immer nur im Einklang mit unserem wahren Ich. Keiner kannte und formulierte diese Erkenntnisse treffender als Goethe:

»Unsere Wünsche sind die Vorgefühle der Fähigkeiten, die in uns liegen. Vorboten desjenigen, was wir zu leisten imstande sein werden. Was wir können und möchten stellt sich unserer Einbildungskraft außer uns und in der Zukunft dar. Wir fühlen eine Sehnsucht nach dem, was wir im Stillen schon besitzen.« (Dichtung und Wahrheit)

Ein selbstbewußter Mensch kennt und bekennt sich zu seinen Wünschen. Seelisch unverdorbene Kinder schreiben einen Wunschzettel. Sie haben den Mut, das, was sie wünschen, nicht nur zu denken, sondern auch schriftlich festzuhalten.

Es gibt nichts persönlicheres, als die Wünsche eines Menschen. Wünsche weisen uns den Weg. Unsere Wünsche zu verwirklichen, das ist der wahre *erfolgreiche Weg.*

Unsere Lebensaufgabe ist die Entfaltung unserer Persönlichkeit. Sie werden aber keine Persönlichkeit allein dadurch, daß Sie eine Persönlichkeit werden wollen. Hier liegt bei vielen der große Irrtum. Sie werden nur eine Persönlichkeit bei der Verwirklichung Ihrer großen Ziele. Denn um große Ziele zu erreichen, müssen wir alle Fähigkeiten aktivieren, die einen Menschen erst zur Persönlichkeit machen. Persönlichkeit im luftleeren Raum gibt es nicht!

Der Mensch wird erst etwas durch sein Werk, durch sein Tun, durch sein Handeln.

Ein Drittel seines Lebens und mehr verbringt der Mensch bei seiner Arbeit. Arbeit ist jedoch nicht gleich Arbeit. Es ist ein Unterschied, ob man zur Arbeit gezwungen wird oder aus eigenem Antrieb arbeitet. Ob man eine kreative Arbeit vollbringt oder eine vorgedachte. Ihre Arbeit sollte Ihnen Freude, viel Freude bereiten. Arbeit ohne Freude kann krank machen. Wer ohne Freude arbeitet, kann einen Herzinfarkt oder Magengeschwüre bekommen.

Freude aber ist das Grundgesetz des Lebens. Alles, was Sie mit großer Freude anfassen, gelingt. Die Konsequenz daraus heißt, Sie benötigen Ihre ureigenen Ziele, die Ihnen sicher Freude bereiten.

Ziele, die dem Aufbau Ihrer Persönlichkeitsstruktur entsprechen. Da der Mensch in mehreren Bereichen lebt, sollten wir unsere Ziele in vier Gruppen unterteilen.

1. Berufliche Ziele
2. Private Ziele
3. Gesundheitliche Ziele
4. Kulturelle Ziele

Einige Teilnehmer unserer Seminare haben diese Rangfolge kritisiert. Auf Grund meiner zwanzigjährigen Erfahrung und der Kenntnis tausender Lebensläufe möchte ich Ihnen jedoch die Erkenntnis vermitteln, daß ich diese Rangfolge als richtig erkannt habe und nicht die, die einige lieber hören möchten.

Wenn wir unserem Leben wirklich einen Sinn geben wollen, also nicht planlos dahin leben, muß der Beruf – oder besser unsere Berufung, unsere Aufgabe – an erster Stelle stehen.

Gerade im beruflichen Leben sollten wir durch Planung den Zufall soweit wie möglich ausschalten. In der ersten Lebenshälfte ist es vorrangig, seine Fähigkeiten und Stärken zu erkennen und zu ent-

falten. Dann gilt es, eine Position zu finden, in der man die Fähigkeiten erfolgreich und befriedigend anwenden kann.
In der zweiten Hälfte des Lebens müssen die Ziele ganz anders aussehen. Zum Beispiel: neue, wertvolle Mitarbeiter zu finden oder mehr zu delegieren oder zwanzig Prozent weniger zu arbeiten oder die Nachfolge vorzubereiten.

Einen Gedanken sollten auch die Männer nicht vergessen. Mutter zu sein, ist auch ein Beruf. Mehr noch, diese Aufgabe sollte in allen Fällen eine Berufung sein. Keine andere Tätigkeit, die richtig und engagiert ausgeführt wird, gibt mehr die Chance zur Entfaltung der Persönlichkeit, als die großartige Aufgabe eine neue Generation auf das Leben vorzubereiten. Da aber auch diese Aufgabe eines Tages ausläuft, will man nicht die Kinder zeitlebens an sich fesseln, braucht man schon viele Jahre vorher neue Wünsche und neue Ziele.

An zweiter Stelle steht das Privatleben: Ihr Lebenspartner, Ihre Kinder, alles was zur Familie gehört und Ihr Freundeskreis.

Bei der Durchleuchtung Ihrer privaten Seite erkennen Sie, ob zwischen Berufs- und Privatleben eine harmonische Ergänzung besteht oder eine Diskrepanz. Damit können Sie rechtzeitig Konflikte vorhersehen und ausräumen. Es gibt Situationen, in denen die privaten Ziele zunächst das Wichtigste in Ihrem Leben sind. In einem harmonischen Lebenslauf sollte das berufliche und private sich ergänzen und die Waage halten. Es sollte also ein sinnvolles Ganzes sein: *Yin* und *Yang*.

Um beruflich und privat sein Glück auch erleben und genießen zu können, ist drittens die Gesundheit Ihr wichtigstes Gut. Sie wissen, glücklich fühlt sich der Mensch, der im Kraftüberschuß steht.

Ihre Gesundheit ist nicht nur ein Geschenk, sondern sie kann erhalten oder verursacht werden.

Damit Ihr gesamtes Leben eine lange Kette von Höhepunkten ist, sollten Sie viertens nicht nur ein Hobby besitzen.

Sie sollten zu den Menschen gehören, die auch kulturelle Ideale verfolgen. Selbst wenn Sie heute weder Zeit noch Muße dafür haben, sollten Sie schon jetzt beginnen, darüber nachzudenken, welchen schönen Dingen oder Künsten Sie sich widmen wollen, wenn die Zeit dafür reif ist.

Wenn Henry Moore eine große Plastik schaffen wollte, gestaltete er zuerst ein kleines Modell, um danach die große Plastik zu bilden. Auch unsere Ziele, unsere Pläne, sind Modelle für die Zukunft.

Die Macht des Vorbildes

Das Leben ist zu kurz, um alle Erfahrungen selbst zu machen.

Wir alle sind auf dem Wege zum Glück – aber es ist schwer zu definieren, was das persönliche Glück eigentlich ist.

Vielleicht können Sie mir zustimmen, wenn ich zusammenfasse: »Glück ist der Zustand der Vollkommenheit.«

Um Glück zu erleben, müssen wir zwei Dinge in unserem Leben erlernen:

- Glück zu verursachen
- Glück zu erfahren und es genießen.

Wir können das Glück nur dann verursachen, wenn wir die Grundlagen einer bewußten Lebensführung kennen und berücksichtigen.

Sie werden bei vielen Ihrer Mitmenschen beobachten können, daß sie durch ihr Leben wie im Traum gehen. Sie leben zwar, aber nicht im Bewußtsein. Wie im Traum nehmen sie Szenen wahr – sind aber nicht erwacht. Sie lassen sich vom Strom der Zeit treiben.

Bewußte Lebensgestaltung heißt jedoch, daß wir unserer selbst bewußt sind. Daß wir uns selbst mit unseren Fähigkeiten und Schwächen kennen, und dadurch auch unsere Chancen erkennen und sie nutzen. Es ist leicht einzusehen, daß ein Mensch, der seine vielfältigen Möglichkeiten nicht kennt, sie auch nicht nutzen kann.

Bewußte Lebensführung aber bedeutet, seine gesundheitliche, körperliche, seelische, familiäre, berufliche und finanzielle Situation zu kennen und nach seinen Möglichkeiten und Vorstellungen zu planen und zu gestalten.

Wer seinen eigenen Lebensweg bestimmen will, muß nicht nur einen starken Willen besitzen, sondern vor allem über ein großes Maß an Wissen, Erkenntnissen und Erfahrungen – über den Menschen und seine Welt – verfügen.

Viele Menschen scheinen eine große Angst vor dem eigenen Denken und noch mehr vor dem Lernen zu haben. Leben heißt aber lernen.

Überwinden wir deshalb die unbewußte Angst davor.

Lernen wir bewußt die »Erkenntnisse«, die wir benötigen, um den Erfolg unseres Lebens und unserer Zukunft verursachen zu können. Damit unser Glück keine Glücksache ist. Denn Glück hat auf die Dauer nur der Tüchtige, und das ist der Mensch, der sich von den richtigen positiven Impulsen seines Unterbewußtseins steuern läßt.

Was ist nun Lernen: Es ist ein bewußtes und unbewußtes Verankern von Informationen in unserem Gedächtnis.

Eine der wichtigsten Regeln der bewußten Lebensführung heißt, Energien zu sparen, also sich alles,was möglich ist, zu erleichtern. Das soll vor allem auch für die geistige Arbeit gelten.

Prüfen wir einmal die Fülle der Informationen, die unser Gedächtnis im Laufe der Zeit gespeichert hat, so werden wir feststellen, wie groß der Anteil des »toten Kapitals« ist.

Dabei sind es große Teile von Informationen und Überzeugungen, die sogar unser Glück, unsere Erfolge und unsere Gesundheit verhindern. Es sind die negativen Suggestionen.

Die Konsequenz für unsere positive Lebensführung muß darum sein, sich in Zukunft verstärkt das wunderbare Wissen um die Erfolgsursachen anzueignen. Zu Beginn unseres positiven Strebens sollten die Grunderkenntnisse stehen:

- *Alles Wissen ist in uns – Lernen ist ein Wiedererinnern der Seele.*
  (Plato)
- *Alles ist schon einmal dagewesen.*
  (Ben Akiba)

Da unser Leben zu kurz ist, um alle Erfahrungen selbst zu machen, sollten wir uns durch Konfuzius beflügeln lassen:

Der Mensch hat drei Wege, um klug zu handeln:

1. Durch Nachdenken – das ist der edelste.
2. Durch Nachahmen – das ist der leichteste.
3. Durch Erfahrungen – das ist der bitterste.

Wenn wir Kinder beobachten, erkennen wir, wie stark der Nachahmungstrieb ist. Permanent übernehmen wir bewußt und unbewußt – auch als Erwachsene – Informationen unserer Umwelt. Lernen, wirklich etwas fürs Leben lernen, kann man nur von Menschen, die es besser können als wir. Unser Motto sollte darum in Zukunft heißen:

Lernen durch das Vorbild.

Dieser Gedanke ist für viele, die bisher durch eigene Erfolge und Mißerfolge – also durch Erfahrungen gelernt haben, zunächst etwas fremd. Wenn Sie sich aber länger mit dem Vorschlag »Lernen durch Vorbilder« auseinandersetzen, erkennen Sie die großen Vorteile auch für sich.

Vorbilder sind Menschen, die vor uns positive Erfahrungen machten, die wir – wenn wir klug sind – übernehmen können, ohne selbst erst die bitteren Erfahrungen machen zu müssen.

Tag für Tag beschäftigen wir uns mit vielen ungelösten Problemen. Aber zu selten stellen wir uns die Frage: »Wie bekomme ich die Informationen, die mir helfen, meine Aufgaben leichter und schneller zu lösen.«

Lesen ist so wichtig wie essen.

Damit sind wir bei der Frage, was man lesen sollte. Fachbücher wenden sich fast immer direkt an den Intellekt. Es ist deshalb kein Wunder, daß viele Menschen Fachbücher spätestens nach zwanzig Seiten weglegen, weil sie zusätzlich durch Stil und Fachwörter zu unverständlich sind.

Dagegen finden Biographien mit ihrem großen Teil emotionaler Informationen einen schnelleren Weg in unser Inneres. Die Informationen sind mit Erlebnissen verknüpft und verankern sich dadurch leichter in unserem Gehirn. Auch aus dieser Erkenntnis können wir für die Zukunft Konsequenzen ziehen.

Friedrich Schiller bemerkt in Wallenstein: *»Der Mensch ist ein nachahmendes Wesen.« Viele Menschen haben jedoch eine unbegründete Angst vor Vorbildern. Sie möchten keine Abziehbilder, sondern Individuen sein.*

Nachahmen und Nacheifern ist aber zweierlei. Sie können ein Vorbild immer nur im Bereich ihrer persönlichen Möglichkeiten nachempfinden.

Zwei Beispiele mögen Ihnen die Möglichkeit verdeutlichen, am Vorbild zu lernen:

In Amerika gibt es eine Stifung für besonders begabte Nachwuchs-Schriftsteller. Die Schüler dieser Stiftung haben im ersten halben Jahr nur eine wichtige Aufgabe, nämlich ihr Vorbild in der Literatur genau kennenzulernen. Von früh bis spät müssen sie dessen Texte abschreiben. Und zwar so lange, bis sich seine Art zu schreiben, sein Wahrnehmungsvermögen und sein Stil in ihrem Unterbewußtsein eingeprägt hat. Erst dann dürfen sie eigene Texte verfassen. Dieser – im Grunde harte Weg – spart schließlich viel Zeit, um seinen eigenen Stil zu finden. Einfach, weil man einen anderen Stil total nachempfunden und analysiert hat.

Ein anderes Beispiel:

Nach dem Krieg hieß es oft in Europa: »Was können die Japaner schon anderes als kopieren. Sie kopieren sogar unsere Leica.« Doch aus diesem Kopieren – in allen Bereichen, vom Autobau bis zum Micro-Chip – ist inzwischen eine eigene kreative Meisterschaft geworden.

Auch am Beispiel des Malens kann ich den Wachstumsprozeß besonders leicht verdeutlichen. Erst wenn ein junger Schüler einen Meister perfekt kopieren kann, beherrscht er auch die Technik des Meisters, und erst jetzt besteht eine reale Chance, über den Meister hinauszuwachsen.

Wer seinen Meister nicht kopieren kann, kann nicht selbst zum Meister werden.

Für diese Behauptung gibt es aus der Geschichte viele Beispiele.

Bei den wirklich Großen können wir immer wieder lesen: »Ich wurde von meinem Lehrer und von meinen Vorbildern geprägt.«

Bei Fernsehdiskussionen konnten wir am Beispiel Henry Kissingers diese Erkenntnis besonders deutlich heraushören.

Er kannte die Lebensläufe großer Politiker der Vergangenheit. Und er hatte von ihnen sein Verhandlungsgeschick gelernt. Ein Sprichwort aus Brasilien verdeutlicht seine Lerntechnik:

> *»Narren lernen, wenn sie lernen, auf eigene Kosten.*
> *Kluge lernen auf Kosten anderer.«*

Entwickeln sie ab heute für Ihre Zukunft eine neue Lernstrategie. Lernen Sie von anderen, glücklich, gesund und erfolgreich zu leben. Ihre erste Maxime auf diesem Wege ist die Erkenntnis, daß Sie wirklich nur von den Menschen etwas lernen, die es besser können als Sie!

Für Ihre persönliche Praxis ist darum unsere erste Frage besonders wichtig.

Was will ich lernen?

Auf welchen Gebieten und in welchen Bereichen möchte ich mein Können steigern?

Mögliche Beispiele wären: harmonisches Eheleben – tüchtige Kinder – vitale Gesundheit. Wichtig ist, erst zu wissen, was Sie lernen wollen. Das anschließende bewußte Denken und Lernen beginnt dann immer mit einem Blatt Papier, oder besser, einem Ordner und einem Kugelschreiber.

Notieren sie zum Beispiel auf der ersten Seite die Namen von drei Ehepaaren, die seit langem ein harmonisches, gemeinsames Leben führen, und beantworten Sie sich selbst schriftlich die Fragen:

- Wie gehen diese Paare miteinander um?
- Was machen sie besser als wir?
- Was kann ich von ihnen lernen?

Auf die zweite Seite schreiben sie die Namen von drei Ehepaaren, die tüchtige und begabte Kinder haben, und stellen sich die dazu passenden Fragen.

Auf der dritten Seite sammeln Sie Beispiele von älteren, gesunden und vitalen Menschen.

Auf die vierte Seite kommen die beruflichen Vorbilder. Nach Möglichkeit aus Ihrem speziellen Arbeitsbereich oder Ihrer Branche.

Die Seite fünf ist für Ihre finanziellen Leitbilder gedacht. Sie dürfen nicht fehlen. Denn die finanzielle Sicherheit ist für ein ausgeglichenes Leben eine wichtige Voraussetzung.

Die Seite sechs dient dazu, Ihr Kunst- und Kulturverständnis zu vertiefen. Sammeln Sie auch hier wieder die Namen von Personen, die Ihrem Interesse und Ihrem Geschmack entsprechen.

Bewußtes Leben sollte unser gemeinsames Ziel sein. Dabei ist Lernen aus den Erfolgen und Erfahrungen anderer der leichteste Weg, sich auf seine Zukunft vorzubereiten. Um diese gesamte Thematik zu vertiefen, schreiben Sie einmal spontan auf, wie viele Biographien habe ich schon gelesen? Wie viele Biographien stehen in meinem Bücherregal? Wie viele Biographien haben meine Kinder schon gelesen?

»Alles ist schon einmal dagewesen«,
sagte Ben Akiba,
der jüdische Schriftgelehrte.

Unsere Zukunft, alle Neuentwicklungen, unser Fortschritt, beruhen auf den Erkenntnissen der Vergangenheit und der Gegenwart. Was könnte ein Mensch, der sich für erfolgreiche Unternehmensführung interessiert, nicht alles von Bosch, Krupp, Getty oder Onassis lernen?

Was könnte ein politisch Interessierter nicht alles aus den Biographien vieler deutscher und internationaler Politiker lernen?

Ein Mensch, der sich für Musik interessiert und sie wirklich erleben will, kann unzählige Informationen von Bach, Tschaikowsky, Wagner oder Strawinsky erfahren.

Die ganze Welt ist ein Meer von Gedanken und Informationen. Wir müssen lernen, davon die auszuwählen, die uns interessieren und diese weiterentwickeln.

Wie Sie wissen, habe ich oft Sportler trainiert. Auf die Frage, welche Vorbilder sie haben, konnten mir alle spontan mehrere Namen nennen.

Wenn ich in unseren Seminaren die gleiche Frage stelle, sind die meisten Teilnehmer irritiert. Sie reagieren verunsichert, weil sie unbewußt fühlen, daß der, der keine Vorbilder hat, auch kein Vorbild sein kann.

In einem Firmenseminar lautete eines meiner Themen: »Meine positiven Vorgesetzten und ihr Verhalten.«

Kein leichtes Thema. Doch nachdem sich das Unterbewußtsein geöffnet hatte, wurden den meisten viele Erkenntnisse bewußt. Ein Teilnehmer jedoch sagte: »Verschonen Sie mich bitte mit diesem Thema, denn ich habe nie einen guten Chef gehabt.«

Er wurde verschont. Als ich jedoch später im Unternehmen Nachforschungen anstellte, fand ich heraus, daß dieser Mann für seine Mitarbeiter auch ein negativer Vorgesetzter war.

Der Seemann braucht Fixsterne, um seinen Kurs zu berechnen. Ebenso sollte jeder Mensch Vorbilder haben, um seinen Kurs zu bestimmen. Vorbilder zeigen ein positives Ziel an, das wir erreichen können.

Die Speicherkapazität unseres Gehirns ist unerschöpflich. Was wir brauchen, ist ein Weg, leicht, schnell und sicher die Erkenntnisse zu gewinnen, die wir benötigen, um ein Leben lang gesund, glücklich und erfolgreich zu werden und zu bleiben. Vorbilder weisen uns den Weg dazu.

Selbst ein Zwerg sieht weiter als ein Riese, wenn er auf den Schultern eines Riesen steht.

Preisverhandlungen erfolgreich führen

Beim Geld hört die Freundschaft auf, heißt es im Volksspruch. Das mag für viele Fälle zutreffen, aber im Geschäftsleben ist der Preis nun mal das A und O. Alles hat seinen Preis, alles hat seinen Wert. Man muß nur verstehen, beides dem Kunden gegenüber gut zu argumentieren, um akzeptiert zu werden. Nur ein schwacher Verkäufer hat Angst, wenn die Wettbewerber niedrigere Preise vorzeigen oder mit ihnen kämpfen. Ein guter Verkäufer weiß, wie er »seinen Preis« erzielt.

1. Schaffen Sie in Ihrer Firma ein *Team, das Argumente und Instrumente erarbeitet* für die Rechtfertigung Ihrer Preise und die Einschränkung von Preiszugeständnissen.
2. Machen Sie jedem Mitarbeiter klar, daß es *die Pflicht eines Kunden ist,* zu sagen: »Sie sind zu teuer!«
   Nur dadurch kann er erfahren, was ihm geboten wird und ob Ihr Preis wirklich gerechtfertigt ist.
3. Ein Kunde wird um so mehr mit dem Preiseinwand kommen, je stärker er unter Konkurrenzdruck steht. Alle Erleichterungen und Hilfen, die Sie ihm geben, *im Konkurrenzkampf zu bestehen,* erspart Ihnen die Preisdiskussion.
4. Irgend ein Anbieter wird immer *wesentlich billiger* sein als Sie.
5. *Sammeln Sie die Argumente,* mit denen Sie den Preiseinwand bereits wirkungsvoll entschärft haben.
6. *Demonstrieren Sie, was an Ihrer Marktleistung unvergleichlich ist:*
   a) zeigen Sie, was bei Ihnen völlig anders ist,
   b) zeigen Sie, was an Negativem fehlt,
   c) zeigen Sie, was exklusiv positiv ist,
   d) stellen Sie das Einzigartige dramatisch heraus,
   e) zeigen Sie, daß Sie beim Gewöhnlichen außergewöhnlich gut sind.

7. *Demonstrieren Sie,* welche *Erfolge* andere Kunden mit Ihren Erzeugnissen erzielen.
8. Demonstrieren Sie, welche positiven *Hauptleistungen* und welche positiven *Nebenleistungen* ein Kunde dadurch hat, daß er bei Ihnen kauft.
9. *Welche Vorteile* bietet Ihre seriöse Preispolitik dem Kunden?
10. Wie *helfen Sie* dem Kunden bei seiner Kostensenkung?
11. Wie helfen Sie ihm dabei, *Ärger* bei sich, seinen Mitarbeitern und seinen Kunden *gar nicht erst entstehen zu lassen?*
12. *Welche Marktanteile haben Sie?* Auf welchen Umsatz verzichtet ein Kunde also, bei dem Sie einen zu geringen Kundenanteil haben?
13. Worin unterscheidet sich Ihre Verkaufs-Organisation von der anderer Anbieter – *was können Sie also mehr bieten?*
14. Worin unterscheidet sich *Ihr Kundendienst* von dem anderer Anbieter?
    a) Wie viele Kundendienst-Mitarbeiter haben Sie?
    b) Verfügen Sie über einen werkseigenen Kundendienst?
    c) Wie ist Ihr Kundendienst geschult?
    d) Wie schnell ist er?
    e) Wie gut ist die Ersatzteilversorgung?
    f) Wie preiswert ist Ihr Kundendienst?
15. *Was entgeht dem Kunden,* wenn er nicht bei Ihnen kauft? Geben Sie ihm darüber eine detaillierte Liste.
16. *Liefern Sie dem Kunden* die *Fragen,* die er sich bei der Kaufentscheidung stellen sollte.
17. Liefern Sie ihm ein *Beurteilungssystem* mit Faktoren für die vergleichende Beurteilung von Erzeugnissen, Dienstleistungen und Lieferanten.

18. Um Preise zu rechtfertigen, ist mehr erforderlich, als das gesprochene Wort!
    a) Speziell werden
    b) Etwas zeigen
    c) Schreiben
    d) Rechnen – immer Taschenrechner dabei
    e) Zeichnen – skizzieren
    f) Kein Preisgespräch, sondern eine *Preisbegründungs-Präsentation*
    g) Konkretes Zahlenmaterial, Fakten – keine allgemeinen Sprüche über Qualität und Service

19. Welche *Dienstleistungen* bekommt ein Kunde, wenn er Ihre Erzeugnisse kauft? Setzen Sie für diese Dienstleistungen genauso intensiv Beschreibungen, Prospekte, Kataloge und andere Werbe- und Verkaufsförderungsmittel ein, wie für die Nutzendarstellung für Ihre Erzeugnisse. Was bieten Sie also auf folgenden Gebieten:
    a) Beratung
    b) Schulung
    c) Kundendienst
    d) Verkaufsförderung
    e) Kooperation
    f) Werbung und Vorverkauf
    g) Arbeitshilfsmittel

20. Wie sieht *Ihr Leistungspaket* für den Kunden im einzelnen aus?

21. Wie stark helfen Sie *dem Kunden bei seiner Angebotsgestaltung und bei der Erlangung von Aufträgen?*

22. Welche Ergebnisse aus einem *Qualitätsvergleich* zwischen den Erzeugnissen verschiedener Anbieter sollten Sie demonstrieren?

23. Setzen Sie einen Grafiker ein, der alle Ihre Vorteile *bildlich darstellt.*

24. Zeigen Sie, was der Kunde *an Zeit* bei Ihnen *spart.*

25. Was liefern Sie ihm an *Bequemlichkeit* im einzelnen?
26. Welche *Raumersparnisse* bringen Sie zustande?
27. Welche *Arbeit* wird ihm *erspart?*
28. Welche *Sicherheit* liefern Sie ihm?
29. Welche *Fehlerquellen* und Fehlermöglichkeiten werden für ihn *ausgeschaltet?*
30. Welche *Wertschätzung* erringt er, wenn er mit *Ihrem* Erzeugnis arbeitet oder es verkauft?
31. Welche *Marketingunterstützung* liefern Sie ihm?
32. Seien Sie der *Experte* und der zentrale Anlaufhafen für ihn.
33. *Liefern Sie* ihm ständig *Erfahrungen* und fortschrittliche Erkenntnisse.

Zeitgewinn für Chef und Mitarbeiter

1. Eine *Kontaktaufnahme zum falschen Zeitpunkt* wird zur Störung.
2. Ständige Unterbrechungen Ihrer Arbeit zerlegen Ihnen die verfügbare Zeit in *Minuten-Beträge.*
3. Wichtige Aufgaben können Sie nur in größeren, *zusammenhängenden Zeiteinheiten* bewältigen. Mit 5-Minuten-Beträgen können Sie *nicht schöpferisch arbeiten.*
4. Den einzelnen Mitarbeitern sind *Sprechzeiten* zuzuordnen.
5. Legen Sie *Sperrstunden* fest, in denen alle Führungskräfte – kaum gestört – wichtige Arbeiten erledigen können.
6. Prüfen Sie, wie stark *Sie selber* Ihre Mitarbeiter bei der Arbeit stören.
7. Bedenken Sie dabei, daß Ihre Kontaktaufnahme mit einem Mitarbeiter wegen eines *Punktes* dem anderen die Chance gibt, eine Fülle von Punkten zu behandeln und aufzutischen und Ihnen damit die ganze Tagesordnung zu zerschlagen.
8. Prüfen Sie, ob manche Kontaktaufnahme nichts anderes ist als *Ersatzbeschäftigung,* um wichtigen und unangenehmen Arbeiten zu entfliehen.
9. Sammeln Sie in einer nach Mitarbeitern gegliederten *Vorbereitungskartei* die Punkte, die zu besprechen sind. Greifen Sie nicht sofort zum Telefonhörer. Kommen Sie nicht sofort zu einem Gespräch zusammen.
10. Studieren Sie die Verhaltensweisen, mit denen es Unterbrechern gelingt, *Zeit von Ihnen zu erhalten.* Wie gehen diese Mitarbeiter vor?
11. Machen Sie eine Liste derjenigen, die Ihnen Ihre Stunden besonders stark in Minuten-Beträge zerlegen. Eine Liste der Mitarbeiter, die am *häufigsten mit Hilfeschreien* aufmarschieren?
12. Stören einen die Mitarbeiter deshalb so viel, weil man ihnen *mit gutem Beispiel vorangeht?*
13. Kommen Mitarbeiter zu Besprechungen *mangelhaft vorbereitet?* Weigern Sie sich, Gespräche zu führen, zu denen die Mitarbeiter unvorbereitet erscheinen!
    Erzwingen Sie die Vorbereitung.

14. Prüfen Sie kritischer die möglichen *Kommunikationsmittel* zur Kontaktaufnahme:
    a) Telefonat?
    b) kurze, schriftliche Notiz – Schnellantwort?
    c) persönliche Besprechung?
15. Lassen Sie sich durch einen geschulten Telefondienst und durch das Sekretariat *besser abschirmen.*
16. Bedenken Sie, daß bei einer Zunahme der Unterbrechungen das Gesetz *vom abnehmenden Ergebniswillen* wirksam wird. Die Überzeugung, daß sich noch etwas Wichtiges schaffen ließe, nimmt immer mehr ab!
17. Nehmen Sie nur *geplant* Kontakt auf.
18. Führen Sie nur *gründlich vorbereitete* Gespräche.
19. Stellen Sie fest, mit wem Sie selber *routinemäßig* im Laufe des Tages Kontakt aufnehmen, und wer es umgekehrt mit Ihnen tut:
    a) wann?
    b) warum?
    c) ist das der geeignete Zeitpunkt?
20. Fällen Sie mehr *Grundsatzentscheidungen.* Dann brauchen Ihre Mitarbeiter nicht wegen jeder Einzelentscheidung bei Ihnen zu erscheinen.
21. Geben Sie den Mitarbeitern *bessere Anweisungen.* Eliminieren Sie damit Rückfragen.
22. *Welche Informationen* müssen Sie Ihren Mitarbeitern liefern, damit Sie mit bestimmten Geschäftsvorfällen selber fertig werden können?
23. *Welche Befugnisse* müssen Sie Ihren Mitarbeitern geben, damit sie selber Einzelentscheidungen treffen können?
24. Erhöhen Sie das *Beurteilungsvermögen Ihrer Mitarbeiter und ihre Entscheidungsfähigkeit,* indem Sie die Mitarbeiter mit Beurteilungskriterien versorgen. Am besten kann das mit *Checklists* geschehen. Daraus entnehmen Ihre Mitarbeiter, welche Faktoren zu berücksichtigen sind und wie unterschiedlich wichtig die einzelnen Faktoren aus Ihrer Sicht sind.

Technik der geistigen Arbeit

Lernen, ohne zu denken, ist eitel; denken, ohne zu lernen, gefährlich.
Konfuzius

Die unmittelbare Kenntnis aus dem Gedächtnis ist die Quelle aller unserer Kenntnisse.
Bertrand Russell

Das Gedächtnis ist die Schatzkammer und der Hüter aller Dinge.
Cicero

I. Maxime

Der Lernprozeß beansprucht gleichermaßen Körper und Geist. Um zu einem erfolgreichen Abschluß zu kommen, benötigen Sie neben den entsprechenden Hilfsmitteln einen zweckdienlichen Raum sowie genügend Zeit.

II. Maxime

Lernen Sie nur das, was Sie zur Erreichung Ihrer Ziele benötigen. Aber das, was Sie lernen, müssen Sie gründlich lernen. Streben Sie stets danach, in Ihrem selbstgewählten Fach Meister zu werden.

III. Maxime

Beschäftigen Sie sich nur mit solchen Fachbereichen, zu denen Sie eine echte innere Beziehung haben. Nur unter dieser Voraussetzung werden Sie Bestleistungen erzielen können.

IV. Maxime

Der höher Begabte unterscheidet sich vom Minderbegabten nicht zuletzt durch den größeren Lernwillen. Halten Sie deshalb Ihren Lernwillen stets lebendig und spannkräftig. Wenn Sie mit 40 bereits nachgeben, gehören Sie mit 50 Jahren zur zweiten Garnitur.

V. Maxime

Stellen Sie deshalb ein Fortbildungsprogramm zusammen! Was wollen Sie heute lernen, was im nächsten Monat, was im nächsten Jahr und was im übernächsten? – Schreiben Sie Ihre Lernziele exakt nieder.

VI. Maxime

Vor jeder Lektion müssen Sie vorbehaltlos aufnahmebereit sein. Planen Sie für jede Lernstufe eine bestimmte Zeit ein. Ernsthafte, geistige Tätigkeit setzt die dazu notwendige innere Bereitschaft voraus. – Sie müssen sich mit den Dingen, die Sie lesen, intellektuell auseinandersetzen.

VII. Maxime

Vor jeder Lektion müssen Sie Ihr Lernziel klar umreißen und sich dabei die Frage stellen: »Was will ich heute lernen.«

VIII. Maxime

Ermitteln Sie für Ihre Grundwissensgebiete die brauchbare Elementar-Literatur und erwerben Sie diese.

IX. Maxime

Wenn neues Wissen aufgenommen wird, muß jedes Wort, insbesondere müssen die Fach- und Fremdwörter restlos verstanden sein. Begehen Sie keinen Selbstbetrug und begnügen Sie sich von Anfang an nicht mit Halb- oder unklarem Wissen.

X. Maxime

Versuchen sie bei jedem Thema, mit dem Sie sich auseinandersetzen, den »roten Faden« zu erkennen. Diese Methode hilft Ihnen, den wesentlichen Inhalt eines Werkes zu erfassen und zu behandeln.

XI. Maxime

Vermeiden Sie grundsätzlich, vieles gleichzeitig lernen zu wollen. Zersplitterung rächt sich durch Mehrarbeit und Mehraufwand.

XII. Maxime

Nur durch ständige Wiederholung festigen Sie Ihr Wissen.

Schluß-Maxime

Das Geheimnis des großen Erfolges ist – mehr zu lernen und dadurch mehr zu können, als gefordert wird.

Zehn Fragen zu Ihrem Ziel

Sie haben einen Plan – ein Ziel. Sie überprüfen dieses Ziel alle zwei Monate. Und Sie planen dann jeweils detailliert neu und überprüfen täglich mit der Checklist? In Kurzform – aber schriftlich! Denn nur so können Sie feststellen, ob Sie Ihrem Ziel auch wirklich näherkommen. Von Zeit zu Zeit sollten Sie jedoch auch Ihren Plan überprüfen. Er kann sich ändern, weil sich bei Ihnen oder Ihrem Umfeld etwas geändert hat. Sehen Sie sich die folgende Liste in Abständen immer wieder an.

1. Hatten Sie sich für dieses Jahr ein Ziel gesetzt und dieses Ziel schriftlich fixiert? Gibt es bereits eine Planung für das nächste Jahr?
2. Wissen Sie genau, was es für Sie persönlich bedeutet, wenn Sie dieses Ziel erreichen?
3. Können Sie dieses Ziel tatsächlich erreichen? Kennen Sie Ihre körperlichen und geistigen Leistungsgrenzen?
4. Haben Sie einen schriftlichen Ablaufplan gemacht, wie Sie dieses Ziel erreichen wollen?
5. Ist Ihr persönlicher Plan mit anderen Plänen abgestimmt? Mit den Plänen Ihrer Kollegen, Ihrer Mitarbeiter, Ihrer Wettbewerber, mit den Anforderungen des Marktes, Ihrer Familie?
6. Ist Ihr Plan in Phasen und Teilziele eingeteilt?
7. Haben Sie regelmäßig Erfolgskontrollen eingebaut und Kontrollmöglichkeiten vorgesehen?
8. Wissen Sie, wer Ihnen helfen wird, den Plan zu verwirklichen? Arbeitsdelegation – Ratschläge – finanzielle Hilfe – Material und Unterlagen – Know-how?
9. Haben Sie Ihre Zeit richtig eingeschätzt und sie nicht zu 120 % verplant?

10. Haben Sie sich ein Ziel gesetzt und einen Plan gemacht, um dieses Ziel wirklich zu erreichen oder nur um Ihr Gewissen zu beruhigen, oder weil es Mode ist?
Brennen Sie wirklich danach, etwas Bestimmtes zu tun oder zu erreichen? Oder sind Sie schon wieder so im Routinealltag, daß Sie nur noch gelegentlich wie aus weiter Ferne etwas läuten hören?

Dann lesen Sie gleich noch einmal von vorn, und dann vergessen Sie schnell, was Sie heute abend noch Wichtiges hören, sehen oder lesen wollten.

Wichtige Erfolgsregeln der Verhandlungs- und Überzeugungstechnik

Jede neue Verhandlung ist anders als alle, die Sie bisher geführt haben. Jeder Gesprächspartner ist einzigartig und erfordert deshalb, daß Sie sich auf die nächste Verhandlung vorbereiten. Schriftlich und gründlich. Dabei gliedern Sie gleichzeitig Ihr Verhandlungskonzept und das Verhandlungsziel; denn ohne Ergebnis zu verhandeln ist Zeitverschwendung. Zusätzlich zu der schriftlichen Verhandlungs-Vorbereitung mit Stichworten sollten Sie eine persönliche Verhandlungs-Checkliste haben, auf die Sie grundsätzlich vorher nochmals einen Blick werfen, um sich auf Ihre Verhandlungstaktik einzustellen. Dazu analysieren Sie etwa zehn Verhandlungen, die Sie geführt haben. Nach jeder Verhandlung notieren Sie sich jedes Für und Wider und das Ergebnis. Sie werden bald genau wissen, wie Sie Ihre Strategie verbessern können. In allen Verhandlungen gewinnt immer der, der das Ziel vorher kennt und den Weg dorthin.

1. Halten Sie Verabredungen auf die Minute ein. Geben Sie Ihrem Verhandlungspartner die Sicherheit, daß *Sie zuverlässig* sind.
2. Stellen Sie einen *guten Kontakt zu den Mitarbeitern* Ihres Verhandlungspartners her. Beginnen Sie beim Portier bis zur Chefsekretärin.
3. *Bereiten Sie Ihre Verhandlungseröffnung gründlich vor.*
   Welche Fragen wird Ihnen Ihr Gesprächspartner zu Beginn des Gespräches stellen?
   »Na, was bringen Sie Neues?«
   Antwort: »Drei interessante Informationen und drei Ideen, die vielleicht für Sie gerade in dieser Situation nützlich sind . . .«
4. Versuchen Sie, das Gespräch gegen *Störeinflüsse* abzuschirmen.
5. Sprechen Sie ruhig, souverän, deutlich, *freundlich und nachdrücklich.* Erscheinen Sie nicht nervös, fahrig und gehetzt.

6. *Seien Sie unterhaltsam.* Schaffen Sie eine entspannte Atmosphäre, Ihrem Partner muß es Freude machen, mit Ihnen zu verhandeln. Es muß ein Erlebnis für ihn sein.
   Bringen Sie Humor in das Gespräch, aber unterlassen Sie platte Witze oder Sprüche.
7. *Lächeln Sie* mehr.
8. Verhandeln Sie *nicht zu aufdringlich,* aber auch nicht beflissen oder mit hektischem Eifer.
9. Lassen Sie sich von Ihrem Gesprächspartner *nicht reizen* oder aus Ihrem Konzept bringen.
10. *Bringen Sie ihn zum Reden.* Hören Sie aufmerksam und konzentriert zu. Ermutigen Sie jeden Gesprächsteilnehmer, sich intensiv zu äußern. Unterbrechen Sie Ihre Gesprächspartner nicht.
11. *Sprechen Sie nicht nur*, sondern schreiben und zeichnen Sie auch. Setzen Sie visuelle Mittel ein. Übergeben Sie Ihrem Partner etwas. Lassen Sie ihn mithandeln.
12. Sorgen Sie dafür, daß Sie eine vollständige Ausrüstung bei sich haben und daß ihre *Unterlagen gut geordnet* und auf Anhieb greifbar sind.
13. *Seien Sie konkret,* nicht abstrakt. Liefern Sie Einzelheiten, Fakten, Zahlen.
14. Achten Sie auf die Begriffe, die Sie verwenden.
    Benutzen Sie die Fachsprache Ihres Partners, nicht Ihre eigene. Verärgern Sie Ihre Partner nicht mit Begriffen, die nur Sie verstehen.
    Vielleicht lösen diese Begriffe bei Ihnen positive Vorstellungen aus. Bei Ihren Gesprächspartner kann es das Gegenteil sein. Verwenden Sie seine Begriffe und Formulierungen für die Deklarierung Ihrer Vorschläge. *Verwenden Sie seinen Sprachschatz.*
15. *Liefern Sie* auf Fragen Ihrer Gesprächspartner direkt *brauchbare Antworten.*
16. *Verhandeln Sie* eindringlich und *mit Nachdruck.* Versuchen Sie Ihre Gesprächspartner jedoch nicht zu überfahren durch endlose Argumentation. Verhandeln Sie diszipliniert.
17. *Setzen Sie Pausen ein*, um Ihre Worte wirken zu lassen. Überfallen Sie den anderen nicht mit einem Wortschwall.

18. Fürchten Sie sich nicht vor der Diskussion *heikler Punkte.* Sie *gehören zu Verhandlungen.*
19. *Arbeiten Sie mehr mit Fragen* als mit Aussagesätzen. Setzen Sie Fragen ein, um gemeinsam mit Ihren Gesprächspartner –
    a) deren Voraussetzungen zu prüfen
    b) Informationen zu erhalten
    c) neue Beurteilungsfaktoren in das Gespräch zu bringen
    d) das Ankommen der eigenen Aussage zu prüfen
    e) eine gegenteilige Meinung höflich und ohne Belehrung zu bringen.
20. Lassen Sie sich von Ihrem *Gesprächspartner beraten und helfen.*
21. Achten Sie mit größter Sorgfalt auf die Empfindlichkeit und das *Geltungsbedürfnis* Ihrer Gesprächspartner.
22. *Kommentieren Sie* bestimmte Aussagen und Anregungen Ihrer Partner *positiv.* Nennen Sie Beweise dafür, daß die Anregungen Ihrer Partner beeindruckend sind.

Überzeugen und argumentieren will gelernt sein!

Formulierungshilfen für die tägliche Praxis:

1. dem Referenten möchte ich danken für eine Menge neuer Einsichten ...
2. unter anderem hat er gesagt ...
3. dagegen ist aber auch zu halten, daß ...
4. vergleicht man beide Ansichten, dann ...
5. aus diesem Grunde schlage ich vor ...

1. gemeinhin sieht man die Sache so ...
2. aus unserer Erfahrung aber ...
3. denn erstens ...
5. folglich ...

1. ich meine, der Vorschlag x ist gefährlich ...
2. wir müssen überlegen, ob nicht ...
3. mir scheint der bessere Weg, wenn ...
4. dann nämlich können wir ...
5. wir haben zu entscheiden, ob ...

1. Die A-Partei hat folgenden Standpunkt ...
2. sie begründet ihn mit ...
3. die B-Partei vertritt den entgegengesetzten Standpunkt ...
4. sie begründet ihn mit ...
5. ich kann mich für keinen von beiden entschließen, sondern ...

1. A behauptet ...
2. B widersprach mit dem Hinweis auf ...
3. mir scheint, die beiden treffen sich in einem Punkt
4. hier liegt vielleicht die Lösung, denn ...
5. wir sollten in dieser Richtung weiterdenken ...

1. wir reden schon eine Weile über ...
2. bislang drehte sich alles um ...
3. dabei wurde übersehen, daß ...
4. gerade dies scheint mir aber besonders wichtig, weil ...
5. ich stelle den Antrag ...

So lernt man, vor anderen Leuten zu sprechen

Wenn Sie bei mehr als drei oder vier Leuten kein Wort herausbringen, dann ist dieses Kapitel für Sie besonders wichtig. Denn: Reden kann man lernen.

Ein Alptraum. Vor Ihnen 20, 30 fremde Menschen. Alle blicken Sie an. Und Sie sollen reden. Zum Beispiel: sich vorstellen, einen Sachverhalt schildern, eine Meinung vertreten. Alle warten: Los endlich, bedeuten ihre Blicke.

Ihr Herzschlag jagt hoch wie ein Rennmotor bei durchgetretenem Gaspedal. Der Puls hämmert im Hals. Weiche Knie und heiße, feuchte Handflächen. Wo abwischen? Wohin überhaupt mit den Händen?

Die Stimmbänder scheinen blockiert. Aber irgendwie kommen doch ein paar Worte raus. Gequetscht, heiser. Wie eine fremde Stimme hört sich die eigene an. Gedanken schießen durch den Kopf. Unkontrolliert. Gedanken, die Angst und unsicher machen. Sie fühlen sich plötzlich wie ein Angeklagter vor einem Tribunal. Ein Alptraum.

Aber diesen Alptraum können Sie sich ersparen. Das kleine Einmaleins des freien Sprechens können Sie sich nämlich selbst beibringen. Fangen Sie einfach an.

1

Warum das feste Stehen fürs Reden genauso wichtig ist wie ein fester Standpunkt

Schauen Sie mal genau hin bei allen, die etwas zu sagen haben. Und zwar nach unten, auf die Beine. Je unsicherer einer ist, desto heißer wird ihm der Boden unter den Füßen, er trippelt und tänzelt. Und je sicherer sich einer seiner Sache ist, desto fester ist sein Standpunkt. So einfach ist das. Und überlegen Sie sich eins: daß es auch Ihren Zuhörern (und Zuschauern) nicht entgeht, ob Sie einen festen Standpunkt haben, oder ob Sie dauernd auf der Flucht sind. Ihre Füße zeigen es, wenn sie vor Ihren Zuhörern am liebsten Reißaus nehmen würden.

Deshalb – hämmern Sie sich ein: Ich habe einen Standpunkt. Ich falle nicht um. Ich stehe fest. Und da wir alle nun einmal Gewohnheitswesen sind, ist es erst einmal wichtig, daß Sie aus dem festen Auftreten eine feste Gewohnheit machen.

Achten sie immer darauf, daß Sie die Knie durchdrücken. Stehen Sie bewußt. Üben Sie das. Denn wenn die Knie weich sind, dann sind es Ihre Argumente auch.

2

Eine Technik, ganz ruhig und gelassen zu werden. In knapp einer Minute

Da muß Ihnen sicher nicht erst ein Arzt sagen: Je nervöser, je aufgeregter Sie sind, desto schneller schlägt Ihr Herz. In der Psychologie wird dieser Zustand »überschießende Reaktion« genannt. Dieser Ausdruck bedeutet nichts anderes, als daß Sie mehr als wach sind. So aufgedreht und überdreht, daß Sie sich selbst schon wieder blockieren. Nichts geht mehr. Sie kriegen keinen Ton raus. Klar, Herz und Atmung sind miteinander gekoppelt. Je schneller Ihr Herz schlägt – und das kann »im Stand« so um die 160 Touren rasen – desto schneller geht auch Ihr Atem. Sie sprechen atemlos. Und genauso schnell jagen auch Gedanken durch Ihren Kopf. Zweifel und Ängste, die von allen Seiten kommen. Und diese unkontrollierten Gedanken bringen Ihr Konzept durcheinander – wie Störsender. Nicht nur, daß die Stimme versagt, wir verlieren auch unseren Plan. All das, was wir uns im Kopf zurechtgelegt hatten. Aber gegen dieses Durcheinander gibt es ein wirksames Mittel. Man kann sich nämlich selbst beruhigen.

Denken Sie nun bloß nicht, daß Sie sich mit Ihrem Willen zur Ruhe zwingen können. Das schaffen nicht mal indische Fakire. Aber eine Atemtechnik kann Ihnen helfen. In einer Minute. Es ist die Technik, mit der sich Yogis in tiefe Ruhe und Schlaf versetzen können, mit der auch die Igel in den Winterschlaf wechseln. Die richtige

Atemtechnik, mit der Sie die notwendige innere Ruhe gewinnen, ist folgendermaßen zu erlangen:

- Atmen sie ganz tief und langsam aus.
- Atmen sie nun langsam ein, ganz tief aus dem Zwerchfell heraus. Ihr Bauch muß sich beim Einatmen vorwölben und nicht der Brustkorb. Atmen Sie nach Gefühl.
- Halten sie dann den Atem an – vier Sekunden lang. Danach atmen Sie wieder langsam aus. Diesen Rhythmus – ausatmen, einatmen, Atem anhalten – wiederholen Sie etwa fünf-, sechsmal. Danach werden Sie feststellen, daß Ihr Puls deutlich langsamer schlägt – und daß Sie auch spürbar ruhiger geworden sind.

Diese Technik sollten sie immer dann anwenden, wenn im Bauch die »Schmetterlinge flattern«, wenn die Spannung überschießt und Sie Ihre Erregung nicht mehr in den Griff bekommen. Die Atemtechnik der Yogis wirkt fast wie eine Beruhigungspille, nur viel schneller. Und sie hat den Vorzug, daß Sie dabei einen kühlen und klaren Kopf behalten.

3

Immer dran denken: Der erste Eindruck ist so wichtig wie der Start einer Rakete

Sie wissen sicher, wie wir uns alle beeinflussen. Und Sie haben sicher schon andere Menschen nach dem ersten Eindruck beurteilt, manchmal diesen ersten Eindruck auch wieder korrigiert. Aber später, erste Eindrücke setzen sich fest wie Rotweinflecken auf einem Tischtuch.

Unser Kopf registriert wie eine Kamera. Manchmal nehmen wir in Sekundenbruchteilen Informationen auf. Und wir brauchen nicht länger als sieben Sekunden, um über Menschen »im Bilde« zu sein. Nach diesen sieben Sekunden haben sich die unterschiedlichsten Eindrücke – Stimme, Kleidung, Gang, Gesicht – zu einem Bild von diesem Menschen verdichtet. Dieses Bild, eine Momentaufnahme der Persönlichkeit, braucht nicht zu stimmen, aber es ist da. Und es bestimmt unsere Reaktionen.

4

Üben Sie den freundlichen Blick Ihrer Augen länger als einen Augenblick

Augen sind der Spiegel der Seele, heißt es. Und manche Menschen glauben, ihren Gesprächspartnern so ziemlich alles an den Augen ablesen zu können. Meist das Falsche. Denn unser Blick gibt nur Aufschluß über unseren Gemütszustand. Er verrät, ob wir innerlich ganz ruhig sind. Oder ob es in uns brodelt. An guten Tagen ist der Blick deshalb auch ruhig. An schlechten Tagen flattert er.

Aber unser Blick läßt sich trainieren. Wenn Sie lang genug geübt haben, ziehen Sie mit Ihrem ruhigen, warmen Blick selbst den uninteressiertesten oder feindlichsten Zuhörer in Ihren Bann.

Wie Sie das machen? Malen Sie sich einen Punkt auf ein weißes Blatt Papier. Etwa so groß wie ein Fünfpfennigstück. Stellen Sie dieses Blatt Papier etwa in einem Abstand von einem Meter auf den Tisch oder heften Sie das Blatt an die Wand. Fixieren Sie nun diesen Punkt, richten Sie den Blick darauf, ohne zu zwinkern. Solange es geht. Sie werden merken, daß Ihnen so nach ein, zwei Minuten Tränen in die Augen steigen. Üben Sie dieses Fixieren immer wieder. Ihr Blick wird ruhiger. Sie erreichen damit nicht nur, daß Sie die Zuhörer fesseln und faszinieren. Ihr ruhiger Blick beeinflußt auch Ihre eigene Haltung und Stimmung. Die äußere Ruhe überträgt sich nach innen.

5

Beobachten Sie Ihre Zuhörer, und fühlen Sie sich nicht immer beobachtet

Gewinnen Sie eine andere Einstellung zu den Menschen. Überwinden Sie den Eindruck, daß die anderen immer nur Augen für Sie haben. Die meisten haben nämlich nur Gedanken für sich selbst, auch wenn sie nur Sie anzuschauen scheinen. Überwinden Sie diesen Eindruck, weil er Sie nur belastet. Dabei hilft Ihnen wieder ein Trick.

Beobachten Sie die Gruppe genau. Damit lenken Sie Ihre Gedanken von einem Lieblingsthema ab, das jetzt verhängnisvoll werden könnte – der eigenen Person. Wer andere beobachtet, hat keine Zeit zur Nabelschau. Jede Gruppe, mit der Sie es zu tun haben, besteht aus drei Teilen: aus Menschen, die Sie mögen, aus Neutralen und aus Gegnern. Gehen Sie ruhig einmal davon aus, daß die ersten beiden Teile in einer Gruppe immer überwiegen. Das ist schon ein guter Ausgangspunkt für Sie. Gegner sind also fast immer in der Minderzahl. Finden Sie nun heraus, wo sie sitzen. Wer ist Feind? Wer ist Freund? Wer steht in der Mitte? Damit haben Sie eine Menge zu tun. Gut so, denn mit diesem Kombinations- und Denkspiel zwingen Sie die Gedanken immer auf die Gruppe zurück.

Denken Sie nicht zuviel an Ihre Schwächen. Sie können sich Ihr ganzes Leben lang über irgendeinen Schönheitsfehler ärgern. Ganz gewiß ist etwas anderes gerade bei Ihnen besonders schön. Diese Überlegung soll Sie zu einer positiven Einstellung führen. Werden Sie sich selbst sympathischer. (Wenn Sie sich selbst nicht lieben, welchen Grund sollten dann die anderen haben?) Ein Trost: Dieses »immer an die eigenen Unzulänglichkeiten denken« ist ein ziemlich verbreitetes Leiden. Von zehn Menschen, die sich zum ersten Mal auf einem Videorecorder sehen, finden sich zwei unerträglich. Nehmen Sie also den einfachsten Videorecorder – Ihren Spiegel –, und beobachten Sie sich, finden Sie heraus, was Ihnen gefällt.

6

Reden Sie sich selbst mal was ein. Sie werden sehen, das funktioniert großartig.

Reden Sie sich zum Beispiel ein, daß Sie bald eine hervorragende Rednerin sein werden. Dazu gibt es eine Formel, die wirkt fast wie eine Hexenbeschwörung. Bitte ausschneiden oder abschreiben:

»Ich bin fest entschlossen, ein guter Redner zu werden. Ein guter Redner ist ein Meister in der Kunst der Menschenbehandlung. Auch ich werde ein Meister in der Kunst der Menschenbehandlung und werde mich täglich und bei jeder Gelegenheit darin üben. Mein starkes Selbstbewußtsein und meine Kontaktfähigkeit erleichtern mir den Umgang mit Menschen. Ich bin ein zielbewußter Mensch. Im Umgang mit Menschen bemerke ich, wie ich meine Meinung immer freier ausdrücken und wie ich mich immer besser durchsetzen kann.«

Sagen Sie sich das immer wieder vor, bis Sie daran glauben – was sich auf die Dauer nicht vermeiden läßt.

7

Stimm-Training – wer übt, arbeitet auch kräftig am eigenen Charakter.

Auch Sprechen läßt sich lernen. Sie müssen es sogar, weil wir nur das beherrschen, was wir gelernt haben. Mit dem Mundwerk ist das nicht anders als mit einem Handwerk oder dem Klavierspielen. Wenn wir einem Menschen eine neue Stimme geben, dann geben wir ihm auch einen neuen Charakter (das Thema aus Shaws »Pygmalion«).

Machen sie aber zuerst einmal Bestandsaufnahme. Nehmen Sie einen Kassettenrecorder, und sprechen Sie die Formel auf Seite 39 in die Kassette. Wenn Sie das vor dem Spiegel tun, können Sie sich sogar beim Sprechen beobachten. Aber bitte nicht erschrecken beim Abspielen. So schlimm ist Ihre Stimme nun auch wieder nicht. Wir Hören beim Sprechen nur alle Resonanzen im Kopf mit, und deshalb ist uns nichts fremder als die eigene Stimme. Hören Sie sich die Aufnahme noch ein paarmal an. Dann legen Sie das Band weg. In der Zwischenzeit sollten Sie sich aber diese Formel immer wieder vorsprechen.

Ein Sprach-Grundgesetz sollten Sie beachten: Je dunkler, desto vertrauenerweckender und anziehender ist eine Stimme. Beginnen Sie Ihr Training so: Ganz entspannt hinsetzen. Beide Füße stehen mit der ganzen Sohle auf dem Boden. Knie und Hüften locker, Rücken gerade, die Unterarme liegen auf dem Tisch. Und der Mund – scheunentorweit offen.

Als erstes üben sie Vokale.

Aber nicht nach dem Alphabet. Beginnen Sie der Höhe nach. Die Tonleiter abwärts: i - e - a - o - u. Atmen Sie aber zuerst einmal aus. Ganz langsam. Und dann wieder ein. Bei »i« ziehen Sie die Oberlippe hoch. Und lassen Sie soviel iiiiiiiii heraus, wie Sie Atem haben. Dann wieder einatmen, langsam ausatmen und wieder einatmen. Jetzt das »e«. Der Mund bildet dabei ein liegendes Rechteck. Dann das »a«. Mund weit öffnen. Der Unterkiefer gibt nach, und die Zunge wird nach unten gedrückt. So klingt es sauber und klar.

Diese Stimmübungen stammen übrigens auch von den indischen Yogis. Die glauben, daß wir mit diesen Übungen auch etwas für unsere Gesundheit tun. Das »a« läßt Magen, Brustkorb und Sonnengeflecht schwingen. Das »e« klärt die Stimme und befreit sie von Heiserkeit. Das »i« läßt Kopf, Gehirn und müde Augen vibrieren. Das »o« durchblutet Herz und Herzkranzgefäße. Das »u« drückt das Zwerchfell hinunter. Außerdem – so die Erfinder – erhöhen diese Übungen die Lebenskraft und steigern die Konzentrationsfähigkeit.

Eine zweite Übung:
Ausatmen, langsam einatmen und mit geschlossenem Mund »mmm« summen, ohne zu unterbrechen. Dreimal leise. Dreimal laut. Das macht auch Pieps-Stimmen dunkler.

Eine dritte Übung hilft, Ihre Aussprache zu verbessern:
Also: wieder ausatmen, dann einatmen. Dann
arrrrrrrrrrr, dann
errrrrrrrrrr, dann
irrrrrrrrrrr, dann
orrrrrrrrrrr, dann
urrrrrrrrrrr.

Wenn Sie das alles einen Monat geübt haben, sollten Sie sich wieder mal Ihren Kassettenrecorder herausholen. Sprechen Sie nun die Formel wieder aufs Band. Und vergleichen Sie. Ein Riesenunterschied – wetten? Sie haben Stimme bekommen und können Stimmung machen.

Die richtige Stimme ist nämlich fast so wichtig wie die richtigen Argumente. Nicht selten werden die unstimmigen Argumente von einer guten Stimme übertönt. Stimme ist der Leitstrahl Ihrer Ansichten.

Werden Sie Überzeugungs-Spezialist

»Gesagt ist nicht gehört, gehört ist nicht verstanden, verstanden ist nicht einverstanden, einverstanden ist nicht angewendet, angewendet ist noch lange nicht eingehalten« *Konrad Lorenz*

Treffender kann man Überzeugungs-, oder einfacher gesagt, Kommunikationsprozesse wohl kaum ausdrücken. Wir glauben immer, daß alles, was wir sagen, auch beim anderen ankommt, und zwar richtig ankommt.

Wie oft schalten Sie in Gesprächen für Sekunden oder sogar Minuten ab. Wie blockiert sind Sie oft von einzelnen Worten oder Sätzen, so daß Sie das folgende gar nicht mehr wahrnehmen.

Das Eintreten einer anderen Person, das Kaffee-Einschenken, das Telefon, alles sind Ablenker, die bewirken können, daß Wichtiges am Gesprächspartner – Ihrem wichtigen Verhandlungspartner – völlig vorbeiläuft. Was danach kommt, versteht er gar nicht mehr. Wie oft werden Fragen am Ende eines Gespräches gestellt, die eigentlich die Voraussetzung Ihrer ganzen Argumentation waren. Verhandelt kann nur werden, wenn beide oder alle Beteiligten sich auf dem absolut gleichen Wissensstand befinden. Alle Grundsätze, die für eine erfolgreiche Gesprächsführung gelten, sind auch bei Verhandlungen absolut gültig:

Lächeln, unterhaltsam sein und gut vorbereitet ins Gespräch gehen. Das Wechselspiel von Fragen, Zuhören und Reden ist ebenso relevant wie die konkrete – mit Nachdruck geführte – Gesprächsform. Wichtig sind dabei Argumentation, Motive Ihres Gesprächspartners, Vorteile und Entscheidungsprozesse.

1. *Vernachlässigen Sie niemanden,* der an dem Gespräch teilnimmt, *per Ansprache oder per Unterlagen.* Konzentrieren Sie sich nicht nur auf die besonders wichtigen Persönlichkeiten. Oft sind andere Teilnehmer letztlich entscheidend.
2. Verschaffen Sie sich den Namen von jedem. *Vergessen Sie keinen einzigen Namen,* und schreiben Sie ihn sofort auf, um jeden persönlich anzusprechen.

3. Machen Sie Zugeständnisse, die für Ihren *Gesprächspartner prestigemäßig wichtig* sind, das gewünschte Ergebnis inhaltlich jedoch nicht verändern.
4. Versuchen Sie, durch ein *Zugeständnis zu Beginn* Ihre Verhandlungspartner zu von Ihnen gewünschten Gegenleistungen zu veranlassen.
5. Beginnen Sie Ihr Gespräch mit einer Analyse und nicht mit fertigen Vorschlägen. *Stellen Sie Fragen, um die Situation* und die Möglichkeiten *besser zu überblicken.*
   a) Was möchten Sie gerne erreichen?
   b) Was ist das Wichtigste für Sie?
   c) Worauf kommt es Ihnen an?
   d) Was möchten Sie vermeiden?
   e) Was befürchten Sie am meisten?
6. Prüfen Sie im Gespräch, ob das vom Gesprächspartner gebrachte Problem ursächlich ist, oder ob nicht ein ganz anderes Problem existiert, oder ob das genannte *Problem nur ein Teilproblem ist.*
7. *Nennen Sie die Ziele,* die Ihr Partner offenbar erreichen möchte, damit er sie bejahen oder verneinen kann.
8. *Nennen Sie* für ihn zusammengefaßt *die Probleme,* die er gerne gelöst haben möchte.
9. *Zeigen Sie die Chancen auf,* die er nutzen könnte.
10. Verweisen Sie auf die *gemeinsamen Interessen* im einzelnen.
11. Passen Sie sich der Reihenfolge an, in der Ihr Gesprächspartner überlegt und entscheidet. Gehen Sie parallel zu seinem gedanklichen Weg vor. *Passen Sie sich also seinem Entscheidungsprozeß an.*
   a) Welche Fragen stellt er sich?
   b) In welcher Reihenfolge?
   c) Wie bedeutsam sind die einzelnen Fragen für ihn?
   d) Welches sind die für ihn wirklich relevanten Faktoren?
   e) Mit welchen Bewertungskriterien analysiert er selber einen Vorschlag?
   f) Was findet er gut?
   g) Was findet er schlecht?

12. Wenn Sie Verkaufsgespräche zu führen haben, *müssen Sie die Entscheidungssysteme kennen*, die auf der Einkaufsseite eingesetzt werden.
    a) Wertanalyse
    b) Vergleichende Lieferantenbewertung.
13. *Bringen Sie eine Ordnung* und eine sinnvolle Reihenfolge *in Ihre Argumentation:*
    a) Problem oder Chance darstellen
    b) Ihre Lösung zeigen
    c) Den Nutzen Ihrer Lösung zeigen, ausrechnen, beweisen.
14. *Sprechen Sie* mit gezielten Argumenten *die Motive an*, von denen sich Ihr Partner leiten läßt.
    a) Sein Streben nach Sicherheit – zeigen Sie ihm das Sicherheitsprogramm, das Sie im einzelnen liefern.
    b) Sein Streben nach Anerkennung – sagen Sie ihm, wie Sie sich um ihn bemühen werden.
    c) Sein Streben nach Bequemlichkeit – zeigen Sie ihm Ihr Bequemlichkeitsprogramm im einzelnen.
    d) Sein Streben nach wirtschaftlichem Nutzen – rechnen Sie ihm aus, was er gewinnen kann, welche Kosten er senken oder vermeiden kann, wie sich seine Effizienz erhöhen läßt.
15. Manche Ihrer Argumente können für Ihren Gesprächspartner völlig uninteressant sein. Andere sind von höchster Wichtigkeit. *Argumentieren Sie nicht in die falsche Richtung.* Beobachten Sie seine Reaktionen.
16. *Werden Sie Überzeugungsspezialist.* Prüfen Sie immer wieder, wie Sie etwas besser formulieren können:
    a) Wie können Sie es spezieller sagen?
    b) Einfacher?
    c) In der Sprache Ihres Partners?
    d) Positiv formuliert?
    e) Mit einem Vergleich?
    f) Mit einem Beispiel?
    g) Mit Erfahrungen Ihres Partners?
    h) Mit Urteilen und Erfahrungen anderer Persönlichkeiten, die er besonders schätzt?

17. Präsentieren Sie eine *Liste der Vorteile,* die Ihr Partner gewinnt, wenn er Ihrem Vorschlag zustimmt.
18. *Liefern Sie Beweise* für die Vorteile.
19. Stellen Sie in Zwischenzusammenfassungen heraus, bei wievielen Punkten inzwischen *Übereinstimmung herrscht* und wie wenige Fragen nur noch offen sind.
20. Arbeiten Sie mehr mit Fragen als mit Aussagesätzen. Setzen Sie Fragen ein, um gemeinsam mit Ihren Gesprächspartnern
    a) deren Voraussetzungen zu prüfen
    b) Informationen zu erhalten
    c) neue Beurteilungsfaktoren in das Gespräch zu bringen
    d) das Ankommen der eigenen Aussagen zu prüfen
    e) eine gegenteilige Meinung höflich und ohne Belehrung zu bringen.
21. Lassen Sie sich von Ihrem *Gesprächspartner beraten und helfen.*
22. Achten Sie mit größter Sorgfalt auf die Empfindlichkeit und das *Geltungsbedürfnis* Ihrer Gesprächspartner.
23. *Kommentieren Sie* bestimmte Aussagen und Anregungen Ihrer Partner *positiv.* Nennen Sie Beweise dafür, daß die Anregungen Ihrer Partner beeindruckend sind.

Die Sekretärin und ihr Chef

Sekretärinnen sind Zentralpunkte in jeder Firma. Chef-Sekretärinnen erst recht. Wenn sie gut ist, entlastet sie nach allen Seiten ihren Chef von überflüssigem Ballast, hilft Mitarbeitern durch klare, zuverlässige Informationen und unterstützt die anderen Sekretärinnen durch liebenswürdige Zusammenarbeit.

Wenn die Sekretärin schlecht ist, hat sie für ihren Chef ständig hektische, verwirrende, negative Informationen, läßt den Betrieb still stehen, weil der »Chef keine Entscheidung gefällt hat« und behandelt alle wie eine ungnädige Alleinherrscherin.

Prüfen Sie sich als Sekretärin oder als Chef doch selbst nach der vorliegenden Checkliste kritisch, wie positiv und reibungslos die Zusammenarbeit funktioniert (oder funktionieren könnte).

1. *Bestimmen Sie nicht fahrlässig die Tagesordnung Ihres Chefs ...*
   - indem Sie sofort bei Betreten des Chefbüros angeben, was alles erledigt werden sollte; er hatte sich vielleicht einen anderen Plan gemacht;
   - indem Sie ihn laufend daran erinnern, was noch alles zu erledigen ist.

2. *Sprunghaftigkeit*
   - Helfen Sie dabei mit, daß sich der Chef auf *eine* Sache konzentrieren kann, und verwirren Sie ihn nicht durch gedankliche Sprunghaftigkeit.

3. *Kontakte*
   - Nehmen Sie nicht wegen jedes einzelnen Vorfalles mit Ihrem Chef Kontakt auf, sondern mit gesammelten Vorgängen in der Reihenfolge der Wichtigkeit.
   - Seien Sie kurz, knapp, präzise.

4. *Vorbereitung auf das Gespräch mit dem Chef*
   - Beschaffen Sie alle notwendigen, übersichtlichen Unterlagen, damit das Gespräch zu einer Entscheidung führen kann.

5. *Verzögerung*
   - Helfen Sie dabei mit, daß Entscheidungen nicht verzögert werden.

6. *Grundsatzentscheidungen*
   - Machen Sie Vorschläge für Grundsatzentscheidungen, statt immer wiederkehrende Einzelentscheidungen zu bekommen.

7. *Ablenkung*
   - Helfen Sie mit, alles auszuschalten, was bei Ihrem Chef zur Ablenkung und Verzögerung führt;
   - sichern Sie Ihrem Chef störarme Stundenblocks;
   - erhalten Sie Ihm die Verfügungsgewalt über seine Zeit;
   - verteidigen Sie die Zeit Ihres Chefs noch intensiver.

8. *Ordnung*
   - Schaffen Sie im Büro mustergültige Ordnung, damit der selbst auf Suche gehende Chef alles, was er sucht, auf Anhieb findet.

9. *Überflüssiges*
   - Befreien Sie das Büro von Ballast.

10. *Übersicht und freie Arbeitsflächen*
    - Sorgen Sie dafür, daß im Gesichtskreis des Chefs nur Dinge liegen, die gerade erledigt werden müssen;
    - der entscheidende Erfolgsgrundsatz der Arbeitstechnik: eines nach dem anderen, und währenddessen das andere aus dem Blickfeld.

11. *Wenn der Chef verreist war*
    - und gerade wieder ins Büro zurückkehrt – schirmen Sie ihn für einige Stunden ab;
    - es soll ihm möglich sein, selber für inzwischen angefallene Arbeiten Prioritäten zu bestimmen.

12. *Wenn der Chef Aufträge erteilt*
- Aktiv und konzentriert zuhören;
- Aufträge in der gewünschten Reihenfolge der Erledigung wiederholen, um abzusichern, daß man alles verstanden hat.

13. *Wer wollte etwas vom Chef?*
- Wer hat angerufen? Wer war da?
- Damit der Chef vernünftig und schnell reagieren kann, müssen alle Informationen über Besucher oder Anrufer komplett sein:
- wann/ wer/ Anlaß/ Rückruf erbeten – Telefonnummer.

14. *Telefonnummern*
- Wird eine bestimmte Telefonnummer wirklich nur einmal benötigt?
- Im Zweifel sofort notieren, damit man sie auch später zur Hand hat;
- bei neuen Kontakten sofort Adresse und Telefonnummer festhalten;
- der Chef muß diese Informationen auch auf Anhieb selber finden.

15. *Akustisches Firmengesicht*
- Liebenswürdiges und freundliches Telefonverhalten;
- klare, optimistische Stimme;
- keine abwertende Tonlage;
- höflich, dynamisch und hilfsbereit am Telefon;
- kein Klassenbewußtsein bei der Anrufer-Behandlung;
- man muß das Gefühl haben, daß die Firma noch sehr lange erfolgreich und jugendlich leben wird.

16. *Versprochene Rückrufe*
- Unbedingt einhalten;
- bekannt sein für Zuverlässigkeit;
- dafür sogen, daß der Chef wirklich zurückruft.

17. Bei starker Belastung
- Eine Sache nach der anderen;
- Pause zum Innehalten und Planen;
- die Reihenfolge der Wichtigkeit festlegen;
- nicht die Nerven verlieren.

18. Korrespondenz
- Makellos – keine Kompromisse;
- häufiger im Duden nachschlagen;
- falls bei der Zeichensetzung Schwierigkeiten entstehen – dieses Thema einmal richtig studieren;
- Beachtung von Briefstil und Richtigkeit des Inhalts;
- empfangene Briefe genau lesen und alle Punkte beantworten;
- präzise Auskünfte – keine vagen Mitteilungen;
- prüfen, ob alle Anlagen zusammen sind;
- Portobedingungen genau kennen – nicht nach Gefühl frankieren;
- Zwischenbescheide geben, wenn der Chef verreist ist;
- bei eingehender Korrespondenz Wichtiges mit Leuchtstift markieren.

19. Aufschreiben
- Sofort;
- das Gedächtnis ist immer weniger gut, als man es wünscht;
- Ideen des Chefs in einer Ideen-Kartei festhalten.

20. Terminüberwachung
- Vom Chef selbst mit anderen vereinbarte Termine schnellstens von ihm nennen lassen.

21. Mehr handeln
- Weniger reden;
- nicht verzögern;
- erledigen Sie es sofort.

22. Die eigene Sprache und das Auftreten
- Gepflegt
- disziplinert
- freundlich

23. *Verschwiegenheit*

- Nichts Vertrauliches weitererzählen;
- nicht die Führung des innerbetrieblichen Nachrichtenwesens übernehmen;
- nicht kreativ an der Klatsch-Produktion und -Distribution mitarbeiten;
- nichts Vertrauliches im Büro offen herumliegen lassen.

Top-Verkäufer hypnotisieren ihre Kunden

Verkäufer ist eigentlich jeder von uns; denn jeder bemüht sich, Meinungen, Interessen, Arbeit und Produkte »zu verkaufen«. Deshalb sollte eigentlich auch jeder ein »Top-Verkäufer« sein. Der Chef, der seine Mitarbeiter zu einer zeitaufwendigen Extraarbeit motivieren möchte, ebenso wie der freie Journalist, der einen Chefredakteur von seinem Artikel überzeugen muß. Der Versicherungsvertreter, der die gesetzliche Altersversorgung bei seinem Kunden durch eine Lebensversicherung ablösen möchte, wie auch die 18jährige Tochter, die ihrem Vater »Autoleihen gegen Rasenmähen« vorschlägt.

Verkauft wird überall – zu jeder Zeit – und auf allen Ebenen.

Dabei überzeugt nur zum Teil das Produkt, der wichtigste Teil ist das Auftreten und die Argumentation.

– Ich bin genauso wie Sie.
– Wir harmonieren.
– Sie können mir ganz vertrauen.

Durch solche Suggestionsformeln stellen die besten Verkäufer zunächst eine Atmosphäre des Vertrauens und der menschlichen Nähe her. Ihre Bemerkungen und ihre emotionale Grundhaltung schaffen die hypnotische Einstimmung. Dabei stellt sich der Verkäufer auf eine Stufe mit dem Kunden. Er versetzt ihn in einen Zustand intensivster Aufmerksamkeit und Sensibilität, wodurch die Empfänglichkeit für Suggestionen steigt. Die einfachste Form der Einstimmung ist die »beschreibende Einstimmung«, bei der der Verkäufer Erfahrungen des Kunden zutreffend beschreibt. »Der Regen in den letzten Tagen hat einen ganz deprimiert gemacht. Finden Sie nicht auch?« »Genießen Sie nicht auch einen solch schönen Frühlingstag?«

Durch solche banalen Feststellungen werden Übereinstimmungen hergestellt und eine Verbindung geschaffen. Ein durchschnittlicher Verkäufer neigt dazu, sofort sein Verkaufsgespräch zu beginnen oder den Kunden mit Fragen zu überschütten.

Eine zweite Art hypnotischer Einstimmung ist die »Einwand-

Einstimmung«. Der Kunde bringt einen Einwand vor oder leistet Widerstand. Der gute Verkäufer stimmt ihm zu, wobei er seine Bemerkungen denen des Kunden anpaßt.

Ein Versicherungsverkäufer könnte durchaus zugeben, daß eine Versicherung »nicht die beste Geldanlage ist« oder ein Autoverkäufer, »daß es sparsamere Typen als seinen – schnittigen Wagen gibt«. Die Wand, gegen die der Kunde anrennen wollte, ist plötzlich verschwunden. Nach der Bestätigung führt er den Kunden unmerklich in eine Position, die diesen Einwand negiert oder unterminiert. Der Versicherungsverkäufer, der seinem Interessenten zugesteht, daß »eine Versicherung heutzutage nicht die beste Geldanlage ist«, fährt mit der Bemerkung fort: »Aber sie hat eine Menge Vorteile«. Dann beschreibt er die nützlichen Seiten einer Lebensversicherung. Mittelmäßige Verkäufer reagieren auf Widerstand meist mit einem Gegenangriff. Mit Argumenten, mit denen sie den Einwand des Kunden entkräften möchten. Diese Reaktion veranlaßt den Kunden oft, sich noch hartnäckiger hinter seinen Argumenten zu verschanzen.

Die wirkungsvollsten Formen der Einstimmung beziehen sich mehr darauf, wie etwas gesagt wird, als darauf, was gesagt wird. Der gute Verkäufer besitzt die Fähigkeit, sich wie ein Chamäleon der Sprache und der Denkweise jedes Kunden anzugleichen. Mit hypnotischer Wirkung paßt sich der Verkäufer dem Tonfall, dem Rhythmus, der Lautstärke und der Sprechgeschwindigkeit des Kunden an. Er imitiert Haltung, Körpersprache und Stimmung des Kunden. Er übernimmt typische Redewendungen des Kunden (»hört sich gut an«, »da fällt mir was ein«, »in den Griff bekommen«).

Wenn der Kunde ein bißchen deprimiert ist, räumt der Verkäufer ein, er habe sich in letzter Zeit »auch nicht richtig wohl gefühlt«. Erzählt der Kunde stolz von geschäftlichen Erfolgen, die er in den letzten Wochen und Monaten verbuchen konnte, so stellt sich auch der Verkäufer optimistisch. Im Grunde genommen fungiert der erfolgreiche Verkäufer als hochentwickelter Biofeedback-Mechanismus, indem er die Wirklichkeit des Kunden teilt und reflektiert.

Erst dann, wenn der Verkäufer ein Band des Vertrauens und der menschlichen Nähe geknüpft hat, läßt er die suggestiven Vorschläge und indirekten Befehle ins Verkaufsgespräch einfließen. Eine solche weiche Verkaufstechnik besteht darin, die unbestreitbar wahren Einstimmungs-Feststellungen als Brücken zu beeinflussenden Behauptungen zu verwenden, die zu der erwünschten Reaktion oder Aktion führen.

Beispiele: »Sie sehen sich dieses Modell an und erinnern sich sofort, welche Freude es macht, einen verläßlichen neuen Wagen zu besitzen« oder »Sie sind jetzt 27 Jahre, und nach unseren Erfahrungen brauchen Sie eine Lebensversicherung über 150.000 DM«.

Diese zugleich einstimmenden und beeinflussenden Feststellungen ähneln den Techniken, die der Hypnotiseur anwendet, um einen Patienten in die Hypnose zu führen:

»Sie sitzen in diesem Sessel und hören meine Stimme« – die unbestreitbaren Einstimmungs-Feststellungen – »und Ihre Augenlider werden schwer und beginnen sich zu schließen . . .«

Es braucht kein logischer Zusammenhang zwischen einer einstimmenden und einer beeinflussenden Bemerkung zu bestehen. Sie können sogar völlig unzusammenhängend sein, doch wenn sie im Zusammenhang ausgesprochen werden, entsteht eine »Verkaufslogik«, die sehr wirkungsvoll sein kann, sogar bei gemeinhin so analytisch veranlagten und nachdenklichen Kunden wie Ärzten.

Die starke Wirkung dieser beeinflussenden Bemerkungen rührt daher, daß sie die positive Einstellung ausnutzen, die durch die unbestreitbar wahren, einstimmenden Feststellungen erzeugt wurde, mit denen der Kunde jetzt vertraut ist.

Kunden, die einem Verkäufer schon einmal oder mehrmals zugestimmt haben, erwarten unbewußt weitere Übereinstimmung, genau wie Kunden, die dem Verkäufer einmal widersprochen haben, auf weitere Meinungsunterschiede gefaßt sind.

Die »traditionelle« Wahrheit dieser einstimmenden Feststellungen färbt auf die beeinflussenden Bemerkungen ab, und ohne es zu merken, beginnt der Kunde, immer mehr von dem, was der Verkäufer sagt, persönlich wichtig zu nehmen.

Gute Verkäufer achten darauf, daß ihre getarnten Befehle beim Kunden ankommen, indem sie Tonfall, Rhythmus und Lautstärke ihrer Worte ändern. Wenn sie die Befehle aussprechen, verlangsamen sie im typischen Fall ihre Sprache, sehen dem Kunden direkt in die Augen und verleihen jedem einzelnen Wort Gewicht.

Daß man in einem Satz den Namen des Gesprächspartners nennt, mag banal erscheinen, doch die Stellung des Namen im Satz kann sich stark darauf auswirken, wie dieser den Zuhörer beeinflußt. Wenn er vor oder nach dem Befehlsteil eines Satzes kommt, verleiht er der Aufforderung zusätzliches Gewicht.

Die 5 Stufen der Beeinflussung

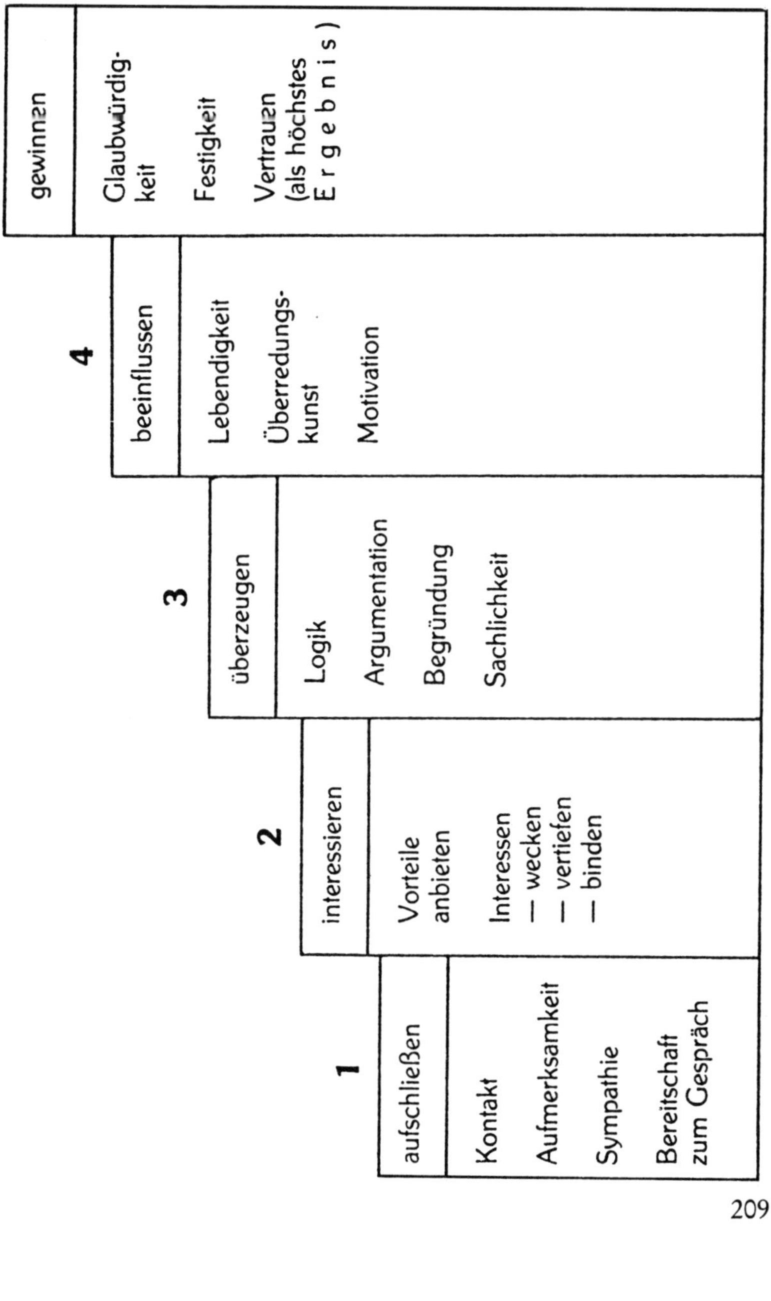

50 Regeln für Redner

1. Die Grundlage der freien Rede ist eine durchgebildete, schöne und deutliche Aussprache.
2. Die Schönheit der Sprache beruht auf der Reinheit der Vokale, verbunden mit der Schärfe der Konsonanten. Die Deutlichkeit wird dadurch erzielt, daß der Redner jede Silbe vollständig ausspricht.
3. Das Ringen nach rhetorischem Können bedingt eine Veredlung der Sprache auch im Wesen. Alles Unschöne, Geschmacklose und Gewöhnliche hat der Redner abzulegen.
4. Durch den leichten Fluß der Sprache wird die Verständlichkeit und die Schönheit der Rede erhöht.
5. Tempo und Stimmstärke müssen dem Thema und den akustischen Verhältnissen des Raumes angepaßt sein. Je mehr Zuhörer, desto langsamer und lauter soll gesprochen werden.
6. Die erste Pflicht des Redners besteht darin, daß er sein Thema zweckentsprechend auswählt und es vollkommen beherrscht.
7. Der Redner wird seine Zuhörer fesseln und die Gemüter bewegen, wenn er nach Möglichkeit die Ausführungen mit den großen allgemeinen Interessen des Volkes oder bestimmter Kreise in Verbindung bringt.
8. Erfolgreiche Redner tragen ihren Vortrag in einem dynamischen, mitreißenden Stil vor und verfallen niemals in einen teilnahmslosen Ton.
9. Der einflußreiche Redner wendet sich beständig an sein Publikum. Der Vortrag wird zum Dialog, und er läßt die Zuhörer fühlen, daß er sich lebhaft für sie interessiert.
10. Kurze Sätze, eine treffende Wahl der Ausdrücke, erhöhen die Wirkung. Alles Überflüssige und Nebensächliche fortlassen!
11. Klangfarben, Licht und Schatten, Stimmlage und Stimmstärke, Ton und Ausdruck müssen wechseln. Der Redner spreche eindringlich und halte aus bis zum letzten Wort. Dadurch erhält er die Aufmerksamkeit und das Interesse der Zuhörer.

12. Der Redner hüte sich vor jeder Nachlässigkeit und behalte seine Stimme fest in der Gewalt.
13. Der Redner verleiht seinem Vortrag dadurch Wert, daß er seine Worte in den Dienst einer guten Idee stellt.
14. Eine Persönlichkeit bleibt immer fair gegen Freund und Feind, ohne Rücksicht auf Glaubensrichtung, politische Meinung, Rang, Stand, Alter und Nationalität.

Die Diskussion

15. Die Diskussion ist ein sachlicher Meinungsaustausch, wobei sich jeder Redner eines möglichst objektiven Denkens zu befleißigen hat.
16. Bewahren Sie bei gegnerischen Ansichten die Ruhe, indem Sie bedenken, daß nach dem Gesetz der Verschiedenartigkeit nicht zwei Menschen der gleichen Meinung sein können. Dadurch wächst die rednerische Stärke und die Fähigkeit, jede ausgesprochene Anschauung zu würdigen.
17. Machen Sie es sich zur Pflicht, Ihre Überzeugungen kraftvoll zum Ausdruck zu bringen, jedoch unter Würdigung der Gegenmeinungen.
18. Jede Wechselrede soll eine Aufklärung über die unterschiedlichen Auffassungen anstreben und versöhnend wirken.
19. Sprechen Sie nur zum Thema und meiden Sie jede unnötige Abschweifung.
20. Machen Sie es kurz, keine lange Einleitung, sondern gehen Sie bei der Diskussion direkt aufs Ziel los! Präzise Ausführung dessen, was Sie sagen wollen, gibt der Diskussionsrede die Würze.
21. Fordern Sie nicht heraus. Man hat Ihnen das Wort nicht erteilt, damit Sie Ihr Mißfallen an dieser oder jener, vielleicht nicht einmal anwesenden Person auslassen sollen.
22. Hören Sie aufmerksam zu, überlegen und sprechen Sie dann so, daß Sie mit jedem Wort den Kern der Sache treffen.

Die Persönlichkeit des Redners

23. Bevor Sie sprechen, versetzen Sie sich in den nötigen Bereitschaftszustand, d.h. stellen Sie das innere Gleichgewicht, die Harmonie zwischen Empfinden und Denken her.
24. Nutzen Sie jede rednerische Gelegenheit dazu, Ihre Fähigkeiten weiterzuentwickeln: die scharfe Urteilsfähigkeit, die lebendige Vorstellung, die zuverlässige Erinnerungskraft, die Freiheit im selbständigen Denken und die Energie des Wollens.
25. Die körperliche Beredsamkeit ist das Ausdrucksbild der Gefühle und Gedanken. Sie muß anziehen und gefallen.
26. Das Bewußtsein des persönlichen Selbstwertes macht das Auftreten sicher.
27. Die Haltung des Körpers soll aufrecht und ungezwungen sein. Sie sollten sich nicht anlehnen oder mit den Fingern spielen, denn als Redner sind Sie der Konzentrationspunkt für die Zuhörer.
28. Die Bewegungen der Hände und Arme sollen leicht und lebhaft, dabei jedoch kraft- und ausdrucksvoll sein. Nervöse Unruhe und Künstelei sind zu vermeiden.
29. Der Blick soll während der Rede auf die Zuhörer gerichtet sein und mit der ganzen rednerischen Tätigkeit übereinstimmen. Im Blick müssen sich die inneren Vorgänge, Überzeugungen, Begeisterungen und Wünsche widerspiegeln.
30. Das persönliche Auftreten des Redners muß mit dem Vortrag übereinstimmen. Die Harmonie seiner Worte und Gesten muß aus der Harmonie seiner Empfindungen und Gedanken hervorgehen.
31. Der Redner sollte stets kontrolliert sprechen und sich bewegen, um jeder Nachlässigkeit vorzubeugen.

Das Denken

32. Betrachten Sie den Hauptgedanken als die Seele des Vortrages, und seien Sie bestrebt, ihn konsequent bis zum Ende durchzuführen. Alle anderen Gedanken richten Sie so ein, daß Sie sich

auf die Hauptidee beziehen und dazu beitragen, sie vollendet darzustellen.

33. Ordnen Sie Ihre Empfindungen und Ideen; nur darauf beruht die folgerichtige Verkettung der Gedanken.
34. Die Vorstellung ist die fortbewegende Kraft des logischen Gedankenganges und muß mit diesem in dauernder Verbindung gehalten werden.
35. Alle Vorstellungen und Gedanken müssen auf das eine Ziel, das der Redner sich gesteckt hat, gerichtet sein. Sämtliche dabei auftauchenden Vorstellungsbilder außerhalb des Themas müssen bewußt ausgeschieden werden.
36. Die Richtung der logischen Gedankenentwicklung ist in einem fortwährenden geistigen Fixieren des Hauptgegenstandes begründet. Die Konzentrationsfähigkeit aber beruht auf dem festen Wollen.
37. Üben Sie die Ruhe im Denken. Der Übergang von einem Gedanken zum nachfolgenden muß frei von Hast und Überstürzung sein. Damit wird auch Ruhe im Ausdruck erreicht.
38. Je größer das Interesse am Gegenstand, desto leichter der Gedankenfluß und um so sicherer ist auch die Konzentrationsfähigkeit.
39. Stellen Sie sich immer wieder vor, was Sie erreichen wollen.

Redner und Zuhörer

40. Erziehung und Bildung, Denk- und Urteilsfähigkeit, Charakter, Meinungen und Anschauungen sind unter Menschen millionenfach verschieden. Daraus ergibt sich, daß der Redner Unwissenheit und Irrtum, Trotz und Gleichgültigkeit, aktiven und passiven Widerstand überwinden muß.
41. Der Redner muß eine Persönlichkeit sein, die Achtung, Vertrauen und Sympathie seiner Zuhörer zu erwerben vermag.
42. Er überwindet alle negativen Gewohnheiten.
43. Der gute Redner muß die Phantasie der Zuhörer ansprechen.

44. Der Redner, der sich in andere hineinversetzen kann, der es versteht, die Dinge mit den Augen der anderen zu sehen, wird stets Erfolg haben.
45. Der Redner soll sich immer darüber klar sein, zu welchem Zweck er spricht und wohin er seine Hörer führen will.
46. Er hat alles zu berücksichtigen, was auf die Erhaltung der Harmonie und der frohen Stimmung von Einfluß sein könnte.
47. Auch bei Kritik und Tadel soll der Redner merken lassen, daß er trotz aller Strenge von Wohlwollen und Sympathie gegen die Hörer erfüllt ist.
48. Die Ruhe und Sicherheit des Redners sind so wichtig wie seine Worte.
49. Wer sich selbst vertraut, dem vertrauen auch die anderen.
50. Der positive, schöpferische Mensch wird als Redner immer Erfolg haben, wenn er während der Rede ganz bei der Sache ist, er genug Geistesgegenwart besitzt und seinen Zuhörern Sympathie entgegen bringt.

Rhetorik-Grundregeln

Nachfolgend eine Checkliste von zwölf möglichen Fehlern, die sich in jeder Rede, aber auch im Gespräch einschleichen.

Prüfen Sie selbst, ob Sie alles bisher beachtet haben.

1. *Formulieren Sie zu lange Sätze?*
   Nicht umsonst heißt es: Nebensätze bleiben Nebensätze. Sie sind tatsächlich oft Nebensätze. Bilden Sie lieber kurze Hauptsätze. Dies gibt Ihnen die Möglichkeit, nicht außer Atem am Ende des Satzes anzukommen.

2. *Benutzen Sie zu lange Wörter?*
   Prüfen Sie einmal Ihren Wortschatz. Für viele Wörter gibt es mit genau der gleichen Bedeutung kürzere Begriffe.
   Beispiele:
   unter Zuhilfenahme von . . .!
   besser: mit
   unter Ausnutzung der . . .!
   besser: durch
   mit Ausnahme von . . .!
   besser: außer
   Rückäußerung . . .!
   besser: Antwort
   Fragestellung . . .!
   besser: Frage
   Achten Sie jedoch darauf, daß Sie nicht zu einseitig werden und nur noch den Kurzbegriff verwenden. Auch wenn Ihre Ausdrucksweise schlichter wird, sollte sie dennoch lebendig bleiben.

3. *Sind Sie zu unpersönlich?*
   Beziehen Sie grundsätzlich die Zuhörer in Ihren Vortrag ein. Ersetzen Sie das unpersönliche Wort »man« möglichst oft durch das persönliche »Sie«.

Beispiele:
Man kann daraus lernen ...!
besser: Sie lernen hieraus
Auch wenn man noch nichts gehört hat ...!
besser: Auch wenn Sie noch nichts ...

4. *Sind Sie zu unentschlossen?*
Wie viele Konjunktive verwenden Sie in Ihrer Rede? Besonders bekannt ist die Formulierung: Ich würde sagen, daß ...
Vergessen Sie diesen Vorspann ganz. Nur in Verkaufsgesprächen ist es besser zu sagen: Ich würde sagen, daß Ihnen der Hut sehr gut steht, gnädige Frau! Gefällt er nicht, so haben Sie sich noch nicht endgültig festgelegt.

5. *Kommen Sie ohne übertriebene Höflichkeitsfloskeln aus?*
In einem persönlichen Gespräch ist das »dürfen« eine Form der Höflichkeit (»Darf ich Sie zum Essen bitten?«). Es wirkt jedoch in einem Vortrag dominierend und belehrend (»Darf ich Sie um Ihre Aufmerksamkeit bitten?«). Außerdem verlängert es unnötig Ihre Ausführungen.

6. *Arbeiten Sie mit Modewörtern?*
Überprüfen Sie, ob Sie bestimmte Begriffe nicht zu häufig anwenden. Selbst in einer kurzen Stellenanzeige tauchte gleich zweimal das Wort »echt« auf. Ist das nicht »echt gut«?

7. *Sprechen Sie sehr oft in der Passiv-Form?*
»Es wird gebeten, die Plätze einzunehmen.«
Viel schneller wird es gehen mit dem Satz: »Ich bitte Sie, die Plätze einzunehmen.«
Statt »Es wird den Teilnehmern Dank gesagt«,
besser: »Wir danken den Teilnehmern«.

8. *Behaupten Sie zu viel?*
Wenn Sie behaupten – oder gar belehren – bieten Sie zu viele Angriffsflächen. Versuchen Sie einmal mehr, Ihre Äußerungen in Frageform zu kleiden. Sie nehmen gleichzeitig die Spitze aus Ihren Äußerungen, wenn Sie das schlichte Wörtchen »auch« einbauen.

9. *Stellen Sie nur geschlossene Fragen?*
Wenn ich meinen Gesprächspartner aktivieren will, so stelle ich keine Frage, die er mit einem Wort (Ja, nein, vielleicht) beantworten kann.
»Haben Sie heute Zeit?« Antwort: »Ja«
besser:
»Was machen Sie heute nachmittag?«
Antwort: »Ich habe noch einige Aufträge zu bearbeiten.«
Handelt es sich also um einen höflichen Menschen, so wird er immer mit einem vollständigen Satz antworten. Es ist die offene Frageform, die immer mit einem Fragewort (wann, wie, wo, welche etc.) beginnt.

10. *Verkaufen Sie sich schlecht?*
Jeder Mensch glaubt, daß er der Mittelpunkt der Welt ist. Leider gibt es zwischenzeitlich über 4 Milliarden Mittelpunkte! Nicht was ich kann, auch nicht, was ich leiste, sondern nur, was sie (die anderen) erhalten, interessiert.
Also: Den anderen mehr in den Vordergrund schieben.

11. *Sprechen Sie zu schnell und ohne Pausen?*
Überprüfen Sie einmal Ihren Bekanntenkreis. Wer zu schnell spricht, strebt besonders nach Anerkennung. Sie können kaum zu langsam, aber fast immer zu schnell sprechen.
In Zukunft: Je mehr Zuhörer, um so langsamer Ihre Sprechweise. Arbeiten Sie mit Pausen und überfordern Sie nicht Ihre Zuhörer. Wichtig ist, daß Sie die Pausen natürlich an die richtige Stelle setzen. Wie heißt es doch bei Schillers Wilhelm Tell:
»Der brave Mensch denkt an sich selbst zuletzt.«
Heute klingt es meist so:
»Der brave Mensch denkt an sich ... (Pause) ... selbst zuletzt.«

12. *Halten Sie Blickkontakt?*
Sie werden etwas gefragt, und schon weichen Sie mit Ihrem Blick aus, um sich besser konzentrieren zu können. Falsch! Schauen Sie Ihrem Gesprächspartner unbedingt weiter ins Gesicht. Nur so strahlen Sie Sicherheit und Überzeugungskraft aus.

Fazit:
Fangen Sie heute noch an: Achten Sie jeden Tag einmal ausschließlich auf Ihren Satzbau. Den nächsten Tag korrigieren Sie nur zu lange »Wortschöpfungen«. Sie werden feststellen, daß Sie nach kurzer Zeit Ihre rhetorischen Fähigkeiten entschieden verbessert haben.

Was ist zu tun, wenn man plötzlich eine Rede halten muß?

Fast jeder kommt früher oder später in die Situation, eine Rede halten zu müssen. Eine gute Vorbereitung hilft Ihnen, den »Kloß im Hals« abzubauen und die feuchten Hände zumindest zu vergessen. Jeder, der eine Rede halten muß, sollte auf die nachfolgenden Fragen ernsthaft Antwort geben.

Vor wem spreche ich?
Fremdwörter bei einer Betriebsversammlung sind unangebracht; bei einer Vorstandsbesprechung können sie durchaus eine positive Wirkung erzielen.

Wieviel Zuhörer habe ich?
Reicht meine natürliche Lautstärke oder muß ich mit Lautsprecheranlage arbeiten?

Wie kann ich alle in mein Blickfeld bekommen oder wie halte ich Blickkontakt?

Was wollen meine Zuhörer hören? Mit welcher Erwartungshaltung kommen sie?

Finde ich eine individuelle Lösung zwischen dem, was die Zuhörer hören wollen, und dem, was ich ihnen sagen möchte/muß?

Habe ich genügend Material für meine Rede?
Hilfen: Zeitungen, Fachzeitschriften, Bücher, Lexika, Umfragen im Bekanntenkreis.

Kenne ich interessante, lustige, bekannte Redewendungen oder Zitate, die ich zur Auflockerung in meinen Vortrag einbauen könnte?
Dies schafft mir ein Sympathiefeld bei den Zuhörern.

Habe ich einen Stichwortzettel, auf dem die wichtigsten Gedankengänge – unter Umständen farbig abgesetzt oder unterstrichen – aufgezeichnet sind?

Habe ich Demonstrationsmaterial?
Setzen Sie z.B. einen Tagesschreiber ein. Auch eine Tafel, auf der Sie Thesen anschreiben können, kann Ihnen eine große Hilfe sein.

Nicht umsonst benutzt der amerikanische Star-Anwalt Melvin Belli in Gerichtsverhandlungen eine Tafel: man behält genau das Doppelte, wenn es visuell demonstriert wird.

Habe ich aus meinem Konzept die Fremdwörter weitgehend gestrichen und das Wort »ich« durch »Sie« ersetzt?

Niemanden interessieren Ihre Vorteile und Ihre Probleme. Jeder Zuhörer will etwas über seine Vorteile wissen und eine Antwort auf seine Probleme hören. (Ausnahmen sind zum Teil Überzeugungsreden.)

Habe ich an die Begrüßung der Zuhörer (Reihenfolge) gedacht?

Hebt sich meine Eröffnung von dem üblichen Schema ab?
Beginnen Sie mit einem Zitat, einem bildhaften Vergleich, einer Episode oder einem geschichtlichen Rückblick.

Besitzt meine Rede eine klare Gliederung?
Dann stellen Sie diese dem Publikum vor. Haben Sie mehrere Schwerpunkte, so nehmen Sie eine Wertung vor.
Zum Beispiel:

1. Frage nach dem Sinn
   Wie hat man das in der *Vergangenheit* gemacht?
2. Frage nach der *Gegenwart*
   Situationsanalyse
3. Frage nach der *Zukunft*

Bringen Sie nicht die stärksten Aussagen am Anfang,
sondern verwenden Sie – wenn es möglich ist und es der Aufbau der Rede erlaubt – bei 5 Schwerpunkten folgende Reihenfolge: 3 - 5 - 1 - 4 - 2. 1 ist hierbei das stärkste und 5 das schwächste Argument.

Habe ich auf meinem Stichwortzettel (farbig abgehoben) das Wort »Pause« vermerkt?
Senken Sie Ihre Stimme am Satzende und formulieren Sie möglichst kurze Sätze.

Lernen Sie den ersten und den letzten Satz Ihrer Rede unbedingt auswendig.
Dies gibt Ihnen einen guten Einstieg, frei nach dem Motto:
Der erste Eindruck ist wichtig, der letzte bleibt.

Regeln, um einen überzeugenden Eindruck zu machen!

Ihr Auftritt bitte – fünf Regeln, die unbedingt zu beachten sind.

1. *Haltung*
   Bewegen Sie sich normal, laufen Sie nicht zuviel hin und her. Stehen Sie mit beiden Beinen fest auf dem Boden. Wippen mit den Füßen zeigt Ihre Nervosität, sie kann sich auf die Zuschauer übertragen. Halten Sie sich nicht am Pult oder Stuhl fest. Dies zeigt ebenso Ihre Nervosität und wirkt negativ auf die Zuhörer.

2. *Gestik*
   Zu viel und zu wenig Gestik ist schlecht. Zeigen Sie nicht mit dem Finger auf Ihre Zuhörer. Machen Sie keine schnellen Bewegungen mit den Armen. Benutzen Sie beide Arme harmonisch, so daß sie Ihre Aussage unterstreichen. Vor allem, bleiben Sie natürlich.

3. *Mimik*
   Ihre Mimik soll mit Ihrer Aussage übereinstimmen und diese unterstreichen. Der Zuschauer soll aus Ihrem Ausdruck erkennen, daß Sie überzeugt sind von dem, was Sie sagen.

4. *Stimme*
   Durch ruhiges Sprechen erhöhen sie die Konzentration Ihrer Zuhörer. Vermeiden Sie Monotonie in der Stimme. Senken und heben Sie die Stimme.

5. *Blickkontakt*
   Halten Sie Blickkontakt. Greifen Sie sich im Zuhörerkreis mehrere Damen und Herren heraus, links, rechts, in der Mitte, vorne, hinten, die Sie kurz anschauen. Wenn Sie das laufend wiederholen, wird sich jeder im Raum nach dem Vortrag angesprochen fühlen.

Was ist zu tun, wenn man den Faden verliert?

Wem ist es noch nicht so ergangen? Mitten in einer gut aufgebauten, klar gegliederten und wohldurchdachten Rede fehlen uns die Worte.
Die berühmte und vielzitierte »Mattscheibe« hat auch uns erwischt. Eine heiße Welle der Angst durchdringt den Körper. Zu allem Überfluß kommt jetzt noch der hochrote Kopf. Die medizinische Erklärung hierfür: Das auf Geheiß des Gehirns produzierte Adrenalin und Noradrenalin wird in den Blutkreislauf geschickt.

Wer die folgende Checkliste beachtet, dem wird vielleicht bei der nächsten Gelegenheit eine der aufgezeigten Möglichkeiten, den Moment des Steckenbleibens überwinden helfen. Unbedingt wichtig ist ein gesundes Maß an Selbstvertrauen nach dem Motto: Ich werde mich in der nächsten kritischen Situation an diese Tips erinnern. Wenn ich mich danach richte, kann mir nichts passieren.

1. *Sagen Sie am Anfang einer Rede niemals, Sie seien nicht kompetent, das macht einen schlechten Eindruck.*

2. *Legen Sie ruhig zwischendurch eine Pause ein.*
   Seien Sie versichert, eine Pause stört in den seltensten Fällen.

3. *Fassen Sie den gesamten letzten Abschnitt zusammen.*
   Sagen Sie z.B.: »Zusammenfassend lassen Sie mich die Situation noch einmal umreißen.«

4. *Wiederholen Sie ihren letzten Satz.*
   So gewinnen Sie Zeit zum Überlegen und können etwa sagen: »Ich möchte noch einmal betonen, daß . . .«

5. *Sagen Sie entwaffnend ehrlich die Wahrheit:*
   »Nun habe ich den Faden verloren.« Es gibt nur sehr wenige Situationen, in denen Sie sich ein solch offenes Wort nicht leisten können.

6. *Stellen Sie Fragen an die Zuhörer.*
   So schaffen Sie sich eine Atempause, zum Beispiel: »Haben Sie noch Fragen zu meinen bisherigen Ausführungen?«

7. *Wechseln Sie einfach das Thema:*
   »Kommen wir nun zu einem neuen Abschnitt . . .«

8. *Halten Sie eine lustige Geschichte (Gag) bereit:*
   »An dieser Stelle fällt mir eine lustige Episode ein . . .«
   Natürlich muß sie zu Ihrem Thema in irgendeiner Verbindung stehen und zum Anlaß passen.

9. *Überschätzen Sie nicht Ihre Zuhörer, und nehmen Sie sich selbst nicht allzu ernst.*

10. *Machen Sie es wie Bismarck.*
    Sehen Sie die Zuhörergruppe nicht als Menschen an, die Ihnen Böses wollen. Er soll sich immer eingeredet haben, vor Kohlköpfen zu sprechen.

11. *Verlassen Sie sich auf Ihren Stichwortzettel.*
    Dieser wird Ihnen bestimmt – wenn er entsprechend aufgebaut ist (stärkeres DIN-A5-Papier, farbig und großzügig unterteilt, nur einseitig beschrieben, nicht zu viele Stichworte pro Seite) – als Rettungsanker dienen.

12. *Denken Sie nicht an frühere Auftritte.*
    Sie sind damals steckengeblieben. Aber Sie werden, wenn es wieder passieren soll, nicht mehr so hilflos reagieren.

Zwischenrufe! – Wie verhält man sich?

Als oberste Regel gilt für jeden Redner. Lassen Sie sich nicht aus dem Gleichgewicht bringen. Antworten Sie nicht mit aggressiven

Formulierungen wie: »Wenn Sie meinen, Sie könnten mit Ihren Zwischenrufen verwirren ...« Der nächste Zwischenruf könnte dann lauten: »Sie sind doch schon verwirrt!« Auch die *schlagkräftige* Antwort »Denken Sie erst nach – bevor Sie hier dazwischenrufen« ist selten angebracht.

Selbstverständlich gibt es keine Patentrezepte, doch nachfolgend eine Reihe von Möglichkeiten, um Zwischenrufen wirkungsvoll zu begegnen:

1. *Überhören:*
   Diese Möglichkeit haben Sie, wenn es sich lediglich um vereinzelte Zwischenrufe handelt. Spätestens nach drei bis vier lauten Kommentaren müssen Sie jedoch reagieren.

2. *Schlagfertig antworten:*
   Dies ist das beste Mittel, um auf böswillige Zwischenrufe zu antworten. Von Sir Winston Churchill ist bekannt, daß er in seinen Reden Formulierungen verwandte, die zum Widerspruch reizten. Sir Winston hatte sich jedoch schon vorher entsprechende Antworten ausgedacht.
   Schlagfertigkeit können Sie trainieren durch das 3-Worte-Spiel: Lassen Sie sich im kleinen Kreis drei Worte zurufen (zum Beispiel: Hubschrauber – Kaffee – Polizist), und formen Sie daraus – sofort – eine Geschichte, die mindestens zwei Minuten dauert. Aber auch durch die Erweiterung Ihres aktiven Wortschatzes – das heißt, die Worte, die Sie täglich einsetzen – werden Sie Ihre Schlagfertigkeit verbessern.

3. *Verschieben:*
   Ein sehr wirksames Mittel, wenn Sie zu einem späteren Zeitpunkt dann tatsächlich auf die Zwischenrufe eingehen. Bleiben Sie höflich: »Vielen Dank für Ihren Einwand. Ich komme zu einem späteren Zeitpunkt darauf zurück.« Wenn es in Ihr Konzept paßt, der Redefluß nicht zu stark gestört wird und der Einwand ernst gemeint ist, notieren Sie sich den Einwand.

4. *Rückfragen:*
   Stellen Sie Rückfragen, wenn es Ihre Zeit erlaubt. Lassen Sie sich

die Aussage nochmals wiederholen. Noch wirksamer ist, wenn Sie den »Zwischenrufer« bestimmte Ausdrücke definieren lassen. Sie werden über das Ergebnis verblüfft sein.

5. *Ja-aber-Taktik:*
Meiden Sie lange Ausführungen und Dialoge. Antworten Sie kurz und benutzen Sie die »Ja-aber-Taktik«. Sprechen Sie das »Ja« nicht aus, sondern benutzen Sie andere scheinbar bejahende Formulierungen. »Da stimme ich Ihnen zu, doch haben Sie folgendes bedacht . . .«

6. *Neutralisierungs-Taktik:*
Bereiten Sie sich auf Zwischenrufe vor. Neutralisieren Sie zum Beispiel den Zwischenruf durch den Satz: »Ich habe mit diesem Einwand gerechnet, aber es ist doch besser und interessanter für die anderen Zuhöhrer, wenn ich mit meinem Vortrag fortfahre.«
Bringen Sie klar zum Ausdruck, daß Sie im Interesse der anderen Zuhörer keine Privatunterhaltung wünschen. Wenn es geht, bieten Sie dem Zwischenrufer ein Gespräch nach dem Vortrag an. Das schafft eine positive Atmosphäre.

7. *Dialektischer Kniff:*
Verweisen Sie – wenn möglich – auf den Ernst der Situation oder auch auf höhere Werte wie Vaterland, Liebe, Treue und darauf, daß dies doch wohl nicht der rechte Rahmen für Zwischenrufe ist. Achten Sie darauf, daß Sie sofort wieder ernst werden, wenn Sie eine geistreiche Antwort gegeben haben.

Ein weiterer Tip:
Versuchen Sie, heitere Zwischenrufe ernst und ernste Zwischenrufe heiter zu beantworten.

Unfaire Dialektik! – Wie kann man darauf reagieren?

Dialektik ist die »Kunst, geschickt und erfolgreich zu verhandeln«. Letztlich ist es die Fähigkeit, den Gesprächs- und Diskussionspartner zu überzeugen. Zwischen recht haben und recht behalten, liegt jedoch ein himmelweiter Unterschied. Die Methoden fairer Dialektik sind inzwischen durch zahlreiche Publikationen hinreichend bekanntgeworden. Über unfaire Dialektik, die auf jeden Fall abzulehnen ist, gibt es jedoch nur wenige Veröffentlichungen. Doch wie soll man sich gegen die folgenden Methoden wappnen, wenn man sie nicht oder nur zu spät erkennt?

1. *Laien-Taktik:*
   Der Gesprächspartner spielt den Ungläubigen. Wie leicht werden wir alle verwirrt, wenn der Gegner mehrmals hintereinander feststellt: »Das verstehe ich nicht, können Sie das bitte noch einmal erklären?«

   Tip:
   Kommen Sie später darauf zurück. Verweisen Sie – wenn möglich – auf nachfolgende Äußerungen.

2. *Wissenschafts-Taktik:*
   Der Gesprächspartner arbeitet mit Lehrmeinungen; er zitiert Mao, Lenin, Böll. Noch gefährlicher: er zitiert absichtlich falsch und fragt Sie, ob Ihnen nichts aufgefallen ist. Wer kennt schon die Formulierungen bestimmter Persönlichkeiten im einzelnen.

   Tip:
   Zitieren Sie ebenfalls! Bereiten Sie sich gut vor und behaupten Sie, daß sie auf dieses Zitat schon lange gewartet haben.

3. *Unterbrechungs-Taktik:*
   Ihr Gegenüber zermürbt Sie durch laufende Unterbrechungen: »Sie wiederholen sich«; »Wo haben Sie das denn gehört?«

   Tip:
   Machen Sie eine lange Pause und fragen Sie dann, ob Sie fortfahren dürfen.

4. *Großzügigkeits-Taktik:*
   Begründen wir unsere wohlüberlegte Meinung mit genauem statistischen Material, so bezeichnet er uns als »Pfennigfuchser«

und als »kleinkariert« oder sagt: »Man muß doch an die Gesamttendenz, an die große Linie denken, Herr Kollege.«

Tip:
Fragen Sie ihn, ob er den exakten Angaben etwas entgegensetzen könne. Nur anhand dieser Zahlen ließe sich eine klare Linie aufzeigen.

5. *Genauigkeits-Taktik:*
Umgekehrt: Sind Sie großzügig und legen nur Wert auf die große Linie, so kommt blitzschnell die Frage, ob Sie auf Einzelheiten keinen Wert legten. »Der Teufel steckt bekanntlich im Detail, darum . . .«

Tip:
Stellen Sie fest, daß Sie die Einzelheiten ebenfalls geprüft haben, jedoch nur das Wichtigste vortragen wollen.

6. *Ad-personam-Taktik:*
Eine der bekanntesten Methoden der unfairen Dialektik: Nicht die Sache, sondern die Person anzugreifen. Der Gegner bringt keine sachlichen Argumente, sondern wird persönlich: »Die Farbe Ihres Jacketts entspricht auch Ihrer geistigen Haltung« (grau in grau).

Tip:
Fragen Sie ihn, ob er nicht auch etwas zur Sache zu sagen hätte. Weisen Sie – je nach Publikum und der Stärke Ihrer Position – die persönlichen Angriffe auf das Entschiedenste zurück.

7. *Versteckte Angriffe auf die Person:*
Statt konkret auf Ihre Aussagen einzugehen, verweist er auf die Widersprüche früher von Ihnen gemachter Aussagen, die zum Teil schon Jahre zurückliegen können. Daraus folgert der unfaire Dialektiker Charakterlosigkeit, Hemmungen oder Wankelmut.

Tip:
Decken Sie seine Angriffe auf und weisen Sie diese zurück. Fragen Sie ihn, wie weit er diese böswillige Dialektik noch treiben will. Geben Sie ruhig zu, daß Sie inzwischen dazugelernt haben und nicht stehengeblieben sind.

8. *Zuordnungs-Taktik:*
Der Gegner ordnet Sie einer bestimmten Gruppe zu und verallgemeinert unfair. »Alle leitenden Angestellten haben nur das eine Ziel . . .«; »Alle Unternehmer sind gleich . . .«

Tip:
Fragen Sie, ob Verallgemeinerungen am Platze sind. Sind denn die Deutschen »alle« fleißig, ehrlich und »essen nur Sauerkraut«?

9. *Kompetenz-Taktik:*
Bei jüngeren Verhandlungspartnern werden sachlich richtige Argumente zurückgewiesen: »Ihre Lebens- und Berufserfahrung ist einfach zu gering . . .« Bei älteren Gesprächspartnern wird kategorisch festgestellt, daß »diese Meinung einfach nicht mehr zeitgemäß ist«.

Tip:
Fragen Sie den »Gesprächspartner«, was denn nun wirklich gegen Ihre Argumente spricht. So zwingen Sie ihn zu einer qualifizierten Stellungnahme.

10. *Fremdwort-Taktik:*
Der Gegner benutzt einen Jargon, der Ihnen nicht bekannt ist, um sein Fachwissen zu beweisen. Oder er überschüttet Sie mit einem Schwall von Fremdwörtern.

Tip:
Fragen Sie höflich, aber bestimmt, ob er nicht die Fremdworte übersetzen kann. Das schafft Ihnen Sympathien bei den Zuhörern.

11. *Phrasen-Taktik:*
Wenn andere Methoden versagen, so versucht er, Sie durch schöne Redensarten zu umgarnen. Er spricht von höheren Werten, wie Vaterland, Mutterliebe, Großmut, Ehre und sozialer Gerechtigkeit. Diese Worte verfehlen bei den Zuhörern selten Ihre Wirkung.

Tip:
Erkennen Sie diese Motive – insbesondere wenn Zuhörer vorhanden sind – an. Versuchen Sie jedoch, durch die »Ja-aber-Methode« den Gegner von seinen hochtrabenden Argumenten abzubringen. Sprechen Sie das »Ja« nicht aus, sondern ersetzen Sie dies durch eine andere scheinbar rechtgebende Formulierung. »In diesem Punkt muß man Ihnen zustimmen, aber haben Sie folgendes bedacht . . .«

12. *Aufschub-Taktik:*
Der Gesprächspartner will erst später zu einem Problem Stellung nehmen oder gewinnt Zeit durch Rückfragen.

Tip:
Versuchen Sie, um das Gespräch in der Hand zu behalten, eine sofortige Stellungnahme zu erreichen. Sagen Sie ihm, daß Ihnen gerade dieser Gedankengang besonders wichtig erscheint.

13. *Schweige-Taktik:*
Er hört zu und läßt alle Äußerungen an sich abgleiten oder fällt plötzlich in das andere Extrem: Er fertigt Sie lautstark ab und schweigt dann wieder urplötzlich.

Tip:
Zeigen Sie Ihr Erstaunen über den lautstarken (oder schweigsamen) Dialektiker. Der Schweiger kann nur durch eine geschickte Fragestellung »geöffnet« werden. Auf den Lautstarken wird nicht eingegangen. Bei vorhandenem Publikum disqualifiziert er sich meist selbst.

Die absolut sichere Methode, einen Mißerfolg zu erzielen!

Wer die folgenden zehn Punkte beachtet, der braucht sich um das Scheitern seiner Rede nicht zu sorgen, und sei der Inhalt noch so brillant und tiefgründig.

1. *Übertreiben durch untertreiben:*
   »Ich freue mich, daß Sie so zahlreich zu meinem Vortrag erschienen sind.« (Der Raum ist jedoch nur spärlich besetzt.) –
   »Vielen Dank, daß Sie meinem Vortrag so angeregt zugehört haben.« (Jeder zweite im Raum konnte ein Gähnen nicht unterdrücken. Einige nickten begeistert ... ein.) –
   »Mit meinen bescheidenen Mitteln werde ich versuchen ...« (Sehr gefährlich, wenn ein Fachmann zu tief stapelt. Das weckt Aggressionen.)

2. *Sprechen Sie in langen Sätzen:*
   Je länger die Sätze sind, umso eher können Sie sich versprechen und den »Faden« verlieren. (Durch den kurzen Satz werden Sie gezwungen, langsamer zu sprechen. Die Stimme wird am Ende eines Satzes automatisch tiefer.)

3. *Entschuldigen Sie sich:*
   »Ich habe mein Konzept vergessen, deshalb können Sie mich nicht aus dem Konzept bringen« oder »Entschuldigen Sie vielmals, daß ich mich nicht besser vorbereiten konnte«. Wenn Sie nach einer Entschuldigung hervorragend sprechen, so wirkt dies negativ auf Ihre Zuhörer. Umgekehrt: Haben Sie Schwierigkeiten mit Ihrem Vortrag, so bestätigen Sie nur das, was der Zuhörer nach Ihren Anfangsworten befürchtete.

4. *Benutzen Sie möglichst viele Fremdwörter:*
   Es klingt hervorragend, wenn Sie Ihre Rede mit zahlreichen und recht ausgefallenen Fremdwörtern »garnieren«. Zur Zeit stark im Schwang – bei Politikern – »die normative Kraft des Faktischen«.

5. *Setzen Sie Füllwörter ein:*
Denken Sie an das beliebte Füllwort »echt«. Ist das nicht »echt gut«? Eine weitere Sitte ist der zu häufige Gebrauch des Konjunktives: »Ich würde sagen, daß . . .« (In Rhetorik-Seminaren murmeln die Teilnehmer nach kurzer Zeit, wenn der Satz »Ich würde sagen . . .« kommt: Nun sagen Sie es doch endlich!)

6. *Führen Sie während Ihres Vortrages Privatdiskussionen:*
Bei Zwischenfragen und Zwischenrufen lassen Sie sich ruhig auf »Privatkrieg« ein. Konzentrieren Sie sich nur nicht auf die gesamte Zuhörerschaft.

7. *Verstecken Sie sich hinter Ihrem Rednerpult:*
So können Sie auf keinen Fall von Ihren Zuhörern »erkannt« werden. Außerdem sehen Sie nicht so genau, was im Raum vorgeht.

8. *Gestikulieren Sie mit Händen und Füßen:*
Nutzen Sie zusätzlich Ihr DIN-A4-Redemanuskript (rechte Hand), um Ihre Ausführungen zu unterstreichen. So können Ihre Zuhörer unter Umständen Ihre Nervosität am Zittern des Stichwortzettels ablesen.

9. *Sprechen Sie ausführlich:*
Halten Sie sich nicht an vorgegebene Zeiten. (Viel Wahrheit liegt in dem Satz: Sie können über alles sprechen, nur nicht über 20 Minuten.)

10. *Machen Sie doppeldeutige Aussagen:*
»Ich vermisse viele, die nicht hier sind«. Verwenden Sie Tautologien wie »weißer Schimmel«, als »letztes Schlußlicht«, was bestimmt zu einem (unvorhergesehenen) Heiterkeitserfolg führen kann. Es ist nur fraglich, ob Sie danach den Faden wiederfinden.

Die Macht der Überzeugung

Keiner von uns sage, er habe die Wahrheit schon gefunden. Laßt sie uns vielmehr so suchen, als ob sie uns unbekannt sei. Wenn keiner sich anmaßt, sie schon gefunden und erkannt zu haben, dann werden wir sie gewissenhaft und einträchtig gemeinsam suchen können.

Augustinus

Rhetorik ist die Kraft oder die Fähigkeit, bei jedem Gegenstand das herauszufinden, was am meisten überzeugt.

Hamilton

Laß mich an Deiner Überzeugung teilnehmen und behalte Deine Zweifel für Dich, da ich hieran schon genug allein zu tragen habe.

Goethe

Sie möchten überzeugen, nicht verführen oder überreden. Es ist eine Kunst, Menschen zu beeinflussen. Verantwortungsvolle Persönlichkeiten wissen mit der »Macht der Überzeugung« sorgsam umzugehen.

Bevor Sie sprechen, sollten Sie sich folgende vier Fragen stellen. Die »Vier-W-Formel« führt Sie zur Klarheit und damit zum Erfolg:

1. Was will ich erreichen?
2. Wie muß ich argumentieren?
3. Welche Einwendungen habe ich zu erwarten?
4. Wie kann ich sie widerlegen?

Wer seine Meinung in einer Diskussion oder Debatte durchsetzen will, kann auch in sehr kurzer Zeit Wesentliches vortragen. Arbeiten Sie Ihren Standpunkt klar heraus. Beachten Sie die fünf Punkte:

1. Standpunkt
2. Grund
3. Beispiel
4. Schlußfolgerung
5. Aufforderung

Leitfaden für Versammlungsleiter

1. Jede Versammlung, von der kleinsten Zusammenkunft bis zum Parlament, wird von der Persönlichkeit ihres Leiters geprägt.

2. Das äußere Bild, das ein Vorstand oder Ausschuß in einer Versammlung bietet, sollte immer geordnet und gefällig sein. Es kommt auch für das Auge darauf an, wer »quer vor« sitzt und wie man sich dort formiert.

3. Der Versammlungsleiter soll mit voller, raumbeherrschender Stimme sprechen und mit kreisendem Augenkontakt die Versammlung ständig im Auge behalten, um die Redegehemmten vorzulocken.

4. Er muß durch frisches, lebendiges, gelegentlich humorvolles Amtieren der gefürchteten Versammlungsmüdigkeit entgegenwirken.

5. Das Geheimnis, Versammlungen zu leiten, liegt in der genauen Kenntnis des Verhandlungsstoffes, verbunden mit der Beschlagenheit in allen Geschäftsordnungsfragen.

6. Der Versammlungsleiter sollte sich einen Schatz knapper formeller Redewendungen zulegen; sie erleichtern die Abwicklung der Tagesordnung.

7. Aufgabe des Versammlungsleiters ist es, den Redner vorzustellen, ihm ein günstiges Redeklima zu schaffen und ihm zum Schluß zu danken, wobei er Allerwelts-Floskeln vermeiden sollte.

8. Bei Verstößen gegen Ordnung und Würde der Versammlung sowie Beleidigungen muß der Versammlungsleiter den Störenden zur Ordnung rufen. Dreimaliger Ordnungsruf führt nach parlamentarischem Brauch zum Wortentzug.

Beispiele zu Punkt 6:

Ich eröffne die Versammlung.
Ich bitte den Schriftführer, das Protokoll zu verlesen.
Wir treten nun in die Tagesordnung ein, und ich rufe Punkt 1 auf.
Wer wünscht das Wort zu diesem Punkt der Tagesordnung?
Herr Müller hat das Wort zu Punkt 4.
Herr Meier hat das Wort zur Geschäftsordnung.
Wir kommen jetzt zur Abstimmung über Punkt 8 der Tagesordnung.
Wer für den Antrag ist, den bitte ich um das Handzeichen.
Danke! – Wer ist dagegen? – Danke! – Wer enthält sich? – Danke! Die Mehrheit ist dafür, der Antrag ist angenommen.
Wird weiter das Wort gewünscht?
Sind Sie damit einverstanden, die Zeit für Ausspracheredner auf sechs Minuten zu begrenzen?
Ich bitte Herrn Weitling, nur zur Sache zu sprechen.
Es liegt ein Antrag auf Schluß der Debatte vor.
Wer möchte gegen den Antrag auf Schluß der Debatte sprechen?
Wir kommen zur Abstimmung. Wer ist für Schluß der Debatte?
Danke, das ist eindeutig die Mehrheit, eine Gegenprobe ist nicht erforderlich.
Ich rufe Herrn Rauheisen zum zweiten Mal wegen beleidigender Äußerungen zur Ordnung und mache auf die Folgen eines dritten Ordnungsrufes aufmerksam.
Die Liste der Diskussionsredner ist nun erschöpft und die Aussprache beendet. Der Referent, Herr Binding, hat nun das Schlußwort.
Ich danke dem Referenten für seine Ausführungen. Ebenso danke ich allen Damen und Herren für die Teilnahme an der Aussprache.
Die Versammlung ist geschlossen.

Zeitplanung: Jede Stunde hat nur 60 Minuten

Wer seine Zeit richtig plant –
verlängert und intensiviert sein Leben

Es gibt unendlich viele Menschen, die nicht mit ihrem Geld umgehen können.

Aber es gibt noch viel mehr Menschen, die nicht mit ihrer Zeit umzugehen wissen.

Ein Mensch, der nicht mit Geld umgehen kann, wird trotz seines guten Verdienstes ein armer Teufel bleiben.

Ein Mensch, der nicht mit der Zeit richtig umgehen kann, vertrödelt nicht nur sein Leben, er ist meist unzuverlässig, unpünktlich, hat nie Zeit, steckt immer voller innerer Unruhe, leidet permanent unter Streß und damit auch unter einem schlechten Gewissen. Erst wird er seelisch und dann körperlich krank.

Er ruiniert sich und in der Regel auch seine Umwelt. Ein Mensch, der nicht mit der Zeit umgehen kann, lebt dauernd im Ärger.

Sie erkennen, unter dem Mikroskop der eigenen Erkenntnis, daß eine der Hauptursachen von Mißerfolgen und Krankheit der falsche Umgang mit der Zeit ist.

Wenn Sie Ihre Mitmenschen miteinander vergleichen, scheint es objektiv betrachtet keine Chancengleichheit zu geben. Doch in einem einzigen Punkt haben wir alle die gleichen Voraussetzungen. Für jeden von uns hat der Tag vierundzwanzig Stunden.

Aber alle gehen mit diesen vierundzwanzig Stunden verschieden um. Zeit ist wie treibendes Wasser. Der eine läßt die Zeit nutzlos verplempern, während der andere die Triebkraft des Wassers zum Aufbau nutzt.

Eines mittags um 12.40 Uhr steht ein Journalist von seinem Schreibtisch auf, um sich aus einem Automaten einen Kaffee zu holen. Unter der großen Uhr auf dem Gang sitzen drei Kollegen und spielen Skat. Auf seinem Rückweg zum Schreibtisch fragte er seine Kollegen:

»Was macht Ihr da?«
»Wir schlagen bis 13.00 Uhr die Zeit tot« – ist die Antwort. Der Journalist setzte sich daraufhin an seinen Platz und schrieb einen Artikel, den wir uns alle hinter den Spiegel stecken sollten:
»Ein Mensch, der seine Zeit totschlägt, schlägt seine eigenen Chancen tot.«

Dieser Bericht soll sie anregen, zeitbewußt zu werden. Wie ein Mensch seinen Tag verlebt oder sein Leben führt oder aber umgekehrt, wie er geführt und gegängelt wird, bestimmt nicht nur den Tag, sondern sein ganzes Leben.

Es gibt keinen nebensächlichen, keinen sinnlosen und unwichtigen Tag in unserem Leben. Jeder Tag mit seiner Wachstumskraft ist wichtig. Jeder Tag ist eine Grundeinheit unseres Lebens. Und jeder Mensch hat die große Chance etwas zu erreichen, was er bisher noch nicht erreicht hat.

Wir können Stunden und Monate über unsere Vergangenheit nachdenken, wir können Tränen darüber vergießen. Ändern können wir unsere Vergangenheit nicht mehr. Was wir jedoch gestalten und verändern können, das ist unser Heute und vor allem unser Morgen. Solange wir atmen, können wir gestalterisch wirken und unsere Welt verändern.

Keinem Regisseur würde es einfallen, ein Theaterstück ohne Planung und ohne Proben aufzuführen. Das Leben vieler Menschen sieht jedoch aus, wie ein andauerndes Stegreif-Theater.

Der Mensch trägt als einziges lebendes Wesen schöpferisch-gestalterische Fähigkeiten in sich.

Vielleicht kann das nachfolgende Zitat von Goethe uns helfen, unsere Lebenssituation zu verstehen:

»Immer strebe zum Ganzen
und kannst Du selbst
kein Ganzes werden
als dienendes Glied
so schließ an
ein Ganzes Dich an.«

Entfaltung ist mehr als Erhaltung. Wer nur auf die Erhaltung seines Lebens bedacht ist, der hindert sich an seiner Entwicklung. Bewußte Lebensführung beginnt immer mit Selbsterkenntnis, darauf erst erfolgt die Selbstorganisation.

Erst aus dieser inneren Ordnung erwächst eine glückliche und erfüllte Zukunft.

An jedem Morgen wünschen wir allen, denen wir begegnen einen Guten Morgen und einen Guten Tag. Aber wie wenig tun wir selbst dazu, daß jeder neue Tag ein Guter Tag wird?

Alle Macht des Menschen besteht aus einer Mischung
von Zeit und Geduld
(Honoré de Balzac)

Menschen, die keine Zeit haben, sind in der Regel Menschen, die nicht genau wissen, was sie wollen.

Sicher, viele Menschen sind überlastet und haben zuviele Aufgaben. Aber sollte man nicht gerade in solchen Fällen die Lösung mit einer neuorientierten Selbstorganisation beginnen? Planmäßiges Denken beginnt mit Papier und Bleistift. Sie sollten nicht nur analytisch denken, Sie müssen Ihre eigenen Gedanken sehen. Darum schreiben Sie sich einmal alle Aufgaben der nächsten Woche auf, ohne sie geordnet zu haben. Wenn Sie diese Liste prüfen, werden Sie feststellen, daß nicht alle Aufgaben gleichermaßen dringend und wichtig sind. Sortieren Sie Ihre gesamte Wochenarbeit in A, B und C-Aufgaben.

- A-Aufgaben: äußerst dringend und wichtig, sofort zu erledigen;
- B-Aufgaben: wichtig, bald zu erledigen;
- C-Aufgaben: können delegiert werden oder auch noch liegenbleiben.

Wenn Sie sich dieses System zur Regel machen, werden Sie mit Ihrer Zeiteinteilung wesentlich besser zurecht kommen und vor allem die Prioritäten der einzelnen Aufgaben nicht aus dem Auge verlieren.

Die Leute, die niemals Zeit haben, tun am wenigsten (Lichtenberg)

Sie haben nur dann Zeit, wenn Sie sich Zeit nehmen. Für das persönlich Wichtige findet der Mensch immer Zeit. Auch Sie kennen sicher Menschen, die bei jeder Gelegenheit sagen: Ich habe keine Zeit und voller Eile sind. Da sie sehr eilig und schnell sind, müßten sie im Leben schneller vorwärts kommen. Doch treffen Sie diese Menschen zwei Jahre später wieder, haben sie es immer noch sehr eilig, nur weiter sind sie nicht gekommen. Sie treten immer noch auf der Stelle, aber dafür besonders hektisch und beschäftigt.

Ich habe viele Menschen kennengelernt, die angeblich keine Zeit hatten. Plötzlich verliebten sie sich. Sie glauben gar nicht, wieviel Zeit jetzt diese Menschen auf einmal hatten. Dabei spielt es überhaupt keine Rolle, ob sich jemand in einen Menschen oder in ein Hobby verliebt. Es kann auch ein Buch oder eine neue, reizvolle Aufgabe sein.

Zeit haben für das Wichtigste setzt voraus, daß man weiß, was für einen wichtig ist!

Sonst wird unsere kostbare Zeit von unwichtigen und nebensächlichen Dingen aufgefressen.

Was bedeutet das konkret für Sie persönlich? Stellen Sie sich in einer ruhigen Stunde die Frage:

Was sind die wichtigsten Dinge meines Lebens, meiner Zukunft und meiner Planung?

Ich wiederhole einen wichtigen Satz. Menschen, die keine Zeit haben, wissen nicht genau, was sie wollen.

Wenn für einen Menschen das Tennisspielen wichtig ist, findet er in der Regel auch die Zeit dazu.

Wenn für einen anderen das Golfspielen wichtig ist, kann man ihn trotz Arbeitsüberlastung auf dem Golfplatz finden.

Wenn für einen Menschen seine rhetorischen Fähigkeiten und positive Motivation wichtig sind, findet er auch Zeit, für den Besuch eines Seminars. Darum müssen Sie sich immer wieder die Frage stellen: was will ich erreichen?

Erst wenn Sie diese Frage ganz konkret beantwortet haben, können Sie sich die nächste Frage stellen: Welche Menschen und Informationen können mir helfen, dieses Ziel zu erreichen?

Es gibt Diebe, die nicht bestraft werden und den Menschen doch das Kostbarste stehlen: Die Zeit
(Napoleon)

Der wirklich große Lebenserfolg kommt niemals durch die tausend Kleinigkeiten unseres täglichen Alltags, sondern stets und immer durch das Besondere. Das Besondere, das Einmalige ist immer das Resultat von großer Konzentration.

Die vielen hundert kleinen »C-Aufgaben« zerfressen unsere Schwungkraft. »Konzentration auf das Wichtigste«, unter dieser Überschrift sollten Sie Ihre Zeiteinteilung stellen.

Um die Ursachen eines Erfolgszieles zu verdeutlichen, stellen Sie sich den Erfolg abstrakt als Ergebnis von 100 Prozent vor und ihren Tagesablauf auch als 100 Prozent. Viele Analysen haben als interessantes Ergebnis erbracht, daß der 100-prozentige Erfolg in der Regel nur mit 20 Prozent an Zeit, Kraft und Intelligenz finanziert wird.

Die restlichen 80 Prozent unserer Zeit stehen also den C-Aufgaben zur Verfügung. Vielleicht verstehen Sie jetzt unsere These »Mit weniger Arbeit mehr erreichen.«

Durch zehn Minuten konzentrierter Planung können Sie täglich bis zu zwei Stunden sparen. Diese Erkenntnis müßte uns zur sofortigen Konsequenz veranlassen.

Wie sollte Ihre Praxis aussehen? Am besten, Sie gehören zu den Menschen, die jeden neuen Tag am Vorabend planen.

Der neue Tag beginnt also schon am Abend vorher. Sie schreiben zunächst auf, was Sie alles am nächsten Tag erledigen müssen.

Erst dann sortieren Sie die Arbeiten nach dem Zeitablauf. Jetzt erst übertragen Sie Ihre konkreten Vorhaben in Ihren Terminplaner. Sie wissen ja, Ihr Terminplaner ist Ihr sichtbares Unterbewußtsein. Indem Sie jetzt schriftlich Ihren Tagesablauf übertragen, übertragen Sie Ihre Ziele auch automatisch Ihrem Unterbewußtsein.

Sie schreiben es buchstäblich in Ihr Unterbewußtsein hinein. Nun erst kommt der entscheidende Punkt:

Erst jetzt stellen Sie sich die Frage: was ist morgen für mich und für meine Zukunft das Wichtigste?

Wer seine Zeit aus der Hand gleiten läßt, läßt sein Leben aus der Hand gleiten.
(Victor Hugo)

Welches ist morgen meine A-Aufgabe?

Dieses A unterstreichen Sie mit rot.

Jeder Tag sollte viele Aufgaben beinhalten. Aber nur eine, höchstens zwei A-Aufgaben. Denken Sie dabei immer an die Erkenntnis, daß Sie nur 20 Prozent Konzentration für 100 Prozent Erfolg brauchen.

Gegenüber der Fähigkeit, die Arbeit eines einzigen Tages sinnvoll zu ordnen, ist alles andere im Leben ein Kinderspiel
(Goethe)

Warum scheitern so viele andere Planungsmethoden in der Praxis? Ganz einfach, weil die Planer zu viel in den Tag hineinplanen. Das erzeugt jeden Abend nur Mißerfolgs-Erlebnisse; denn die Stunde hat nicht mehr als 60 Minuten.

Bei dem von mir empfohlenen Weg steht an jedem Abend ein Erfolgserlebnis. Voraussetzung ist, daß Sie am Vorabend den neuen Tag konzentriert geplant haben. Aber Sie wissen auch, daß im Verlauf des Tages viele neue Dinge dazu und dazwischen kommen und den schönsten Plan zerstören können. Aber einen Tagespunkt, nämlich den rot-unterstrichenen, sollten Sie, auch wenn noch soviel dazwischen kommt, erledigen. Dieser eine entscheidende Punkt ist Ihre tägliche Sprosse zum Erfolg. In der Konsequenz heißt das, praktisch jeden Tag einen Schritt voran zu kommen.

Wer jeden Tag einen großen Erfolg registriert, hat sieben Erfolge in der Woche, dreißig im Monat, dreihundertfünfundsechzig Erfolge im Jahr.

Damit wächst das Bewußtsein, jeden Tag seinen Zielen einen Schritt näher zu kommen. Eine positive Eigendynamik entwickelt sich.

Zurück zur Praxis. Sie haben neben der einen wichtigen »rot unterstrichenen« Aufgabe noch zehn weitere Aufgaben für den kommenden Tag geplant. Aber Sie konnten auf Grund von Störungen und Zeitdieben nur sechs erledigen. Was wird aus den vier unerledigten Aufgaben?

Entweder die Aufgaben erledigen sich durch Liegenlassen von selbst, es war also gar nicht so notwendig, oder aber – das ist die andere Möglichkeit – es entwickelt sich daraus eine A-Aufgabe für den nächsten Tag. Zuviele Menschen arbeiten immer noch nach dem Prinzip: wild gewühlt ist besser als gut geplant. Das sollte bei Ihnen ab sofort aufhören.

Konzentration auf das Wesentliche, das ist Ihr Erfolgsprinzip.

Die Ablehnung, Unwichtiges zu tun, ist eine entscheidende Voraussetzung für den Erfolg.
(Mackenzie)

Neben einer praktischen Anleitung zum Führen Ihres Planungskalenders, sollte dieser Bericht Ihr Zeitbewußtsein entwickeln. Am deutlichsten hat Anne Steinwart dies einmal ausgedrückt:
»Als hätten wir eine Ewigkeit Zeit, so verplanen wir unsere Tage.«

Gebraucht der Zeit, sie geht so schnell von hinnen, doch Ordnung lehrt Euch Zeit gewinnen!
(Mephistopheles in Goethes Faust)

Wenn wir uns keine Zeit nehmen zum Betrachten und Kennenlernen, zum Verweilen und Nachdenken, verlernen wir zu leben.

Wir verschieben alles auf morgen, auf nächstes Jahr, auf später, als hätten wir eine Ewigkeit Zeit zur Verfügung.

Beherzigen Sie die folgenden Vorsätze, aber nicht nur für die nächsten zwei Monate.

1. *Ich werde zeitbewußt und zeitempfindlich leben.*
2. *Ich werde stets auf ein Ziel hinarbeiten.*
3. *Ich werde eine Rangordnung für meine Arbeit aufstellen.*
4. *Ich werde mich positiv kontrollieren.*

Einen Tag, also vierundzwanzig Stunden, richtig – das heißt erfolgreich zu durchleben – ist der Anfang der Lebenskunst.

Darum vergessen Sie auch nie, daß positives Erfolgsstreben nur die eine Seite eines glücklichen Lebens ist. Arbeit und Muße sind kein Gegensatz, sie sollten eine Einheit bilden. Sie sollten rhythmisch ineinanderklingen. Eine Stunde hat nur sechzig Minuten. Und darum sollten wir wenigstens einmal in diesen sechzig Minuten einen Mitmenschen durch ein nettes Wort glücklich machen. Mit einem Gedanken von Tagore möchte ich diesen Beitrag abschließen:

»Gott achtet mich, wenn ich arbeite.
Aber er liebt mich, wenn ich singe.«

Unsere Sprache zeigt Kultur

Je hastiger Sie atmen, um so mehr versprechen Sie sich. Atem-, Entspannungs- und Suggestionstechnik sind eine wirkungsvolle Hilfe.

Üben Sie auch mit einer der nachfolgenden Programmierungen (Suggestionen).

Wählen Sie aber bitte nur eine aus und üben Sie diese mindestens einen Monat lang. Diese Programmierung muß *täglich* viermal hintereinander so laut, so deutlich, so artikuliert und so überzeugend wie nur irgend möglich gesprochen werden.

Sie stellen sich mitten in einen Raum, den Sie mit Ihrer Stimme auszufüllen versuchen. Beim ersten Mal zeichnen Sie diese gesprochenen Worte auf eine Kassette auf, die Sie dann, nach 28 Tagen täglichen Trainings, mit einer neuen Kassettenaufnahme vergleichen!

Der Unterschied wird Sie überzeugen!

Nur die Praxis zählt! Niemand kann im voraus sagen, wo die Grenzen seiner Kräfte, Fähigkeiten und Möglichkeiten liegen. Nur Vorurteile sind Grenzen, aber diese sind unüberwindliche Mauern.

Das Rezitieren der Programmierung verbessert Ihre Sprechtechnik gewaltig.

Der Zauberspiegel

Man beschuldigt die Menschen zuweilen, ihre eigene Schwäche nicht zu kennen. Es gibt aber vielleicht ebenso viele, die ihre eigene Kraft nicht kennen. Es geht mit den Menschen wie mit manchem Stück Erde, in dem eine Goldader verborgen ist, von der der Besitzer nichts ahnt.
(Dean Swist)

Eine alte Sage erzählt von einem Zauberspiegel, der die Bilder der Menschen wiedergab, so wie sie wirklich waren. Nicht wie sie selbst, ihre Freunde oder ihre Feinde sie sich dachten. Von allen Enden der Welt pilgerten die Menschen zu diesem Zauberspiegel.

Nun kam auch einmal ein Pilger von außerordentlicher Bescheidenheit, stets geneigt, sich selbst zu unterschätzen. Er war sehr erstaunt, in diesem Spiegel eine Seite von sich zu erkennen, von der er bis jetzt nichts geahnt hatte.

Hier in dem Zauberspiegel sah er deutlich innerhalb der Umrisse seiner eigenen Gestalt die eines anderen Wesens. Es war so stark, voll Selbstvertrauen, ein strahlendes Bild der Männlichkeit, ohne irgendeinen der Fehler und Minderwertigkeiten, die er sich immer selbst zugeschrieben hatte. Je länger er dieses Bild betrachtete, um so deutlicher trat es hervor, bis ihm endlich klar wurde, daß dies sein anderes, sein höheres Selbst sein müsse, das Wesen, für das ihn der Schöpfer geschaffen hatte.

Das Bild in dem Zauberspiegel machte einen so großen Eindruck auf den Pilger, daß er von nun an unablässig bemüht war, sich nach ihm zu richten und zu verändern. Und mit der Zeit wurde das Bild des vollkommenen Menschen, das ihm beständig vor Augen stand, zur Wirklichkeit und trat an die Stelle des schüchternen, zurückhaltenden, sich selbst unterschätzenden Menschen, der er seither gewesen war. Nur wenige Jahre später war mit seiner ganzen Erscheinung, seinem geistigen Zustand, seinem ganzen Wesen eine vollständige Veränderung vorgegangen. Er war wirklich der größere Mensch geworden, den ihm der Zauberspiegel entschleiert hatte; und nicht nur das, er war auch in seinem Beruf weitergekommen, hatte größeren Erfolg gehabt, als er sich je hätte träumen lassen. Und er sagte, er fange jetzt erst an, die Möglichkeiten, die in ihm lägen, zu verwirklichen.

Es ist ganz außerordentlich schwierig, den Menschen Glauben an ihre eigene Größe, Vertrauen in die in ihnen ruhenden Fähigkeiten nahezubringen. Wir sind gehemmt durch den alten Gedanken der menschlichen Minderwertigkeit. Aber es ist nichts Minderwertes an dem Menschen, den Gott geschaffen hat. Die einzige Minderwertigkeit in uns haben wir selbst in uns hineingelegt. Was Gott geschaffen hat, ist vollkommen. Der Fehler ist der, daß die meisten von uns nur das Zerrbild dessen sind, was sie nach Gottes Plan sein sollten. Das kommt von dem mangelnden Glauben an uns selbst, und weil wir unsere göttlichen Möglichkeiten nicht kennen. Aller Mißerfolg, alle Minderwertigkeit ist die Folge davon, daß wir von unserem wahren Selbst und unserer Verwandtschaft mit Gott nichts wissen.

Der Mensch ist dazu bestimmt, Sieger zu sein und nicht Sklave. Er soll sich seines Geburtsrechtes göttlicher Kraft bedienen und zu der Höhe seiner Möglichkeiten aufsteigen, nicht darunter hinabsinken, wie es so viele unter uns tun. So wie wir uns sehen, so werden wir auch sein. Wir sollten das minderwertige »Bild« gegen das austauschen, das wir sein könnten und möchten. Unser geistiges Musterbild kann unser Selbst erhöhen und dann danach streben, diesem Bild gleich zu werden.

Im Zauberspiegel der eigenen Seele erkennen wir, wie wir nach Gottes Absicht sein sollten. Nicht das kleine, enge, schwache Wesen, sondern der herrliche Mensch, den Gott in seinen Gedanken hatte, als er uns schuf. Denke, sprich, handle und lebe, wie dieser Mensch es tun sollte. Dann werden wir im Einklang mit dem Schöpfer sein und nicht gegen ihn. Dann werden wir die Erfüllung seines Planes sein und nicht diesen durchkreuzen. Dann haben wir die reelle Chance, ein glücklicher und erfolgreicher Mensch zu werden.

Das Nein tötet alle positiven Gedanken

So haben wir das früher noch nie gemacht
Das geht nicht
Meine Finanzlage erlaubt das nicht
Das haben wir schon versucht
Dazu bin ich jetzt noch nicht in der Lage
Alles graue Theorie
Darüber läßt sich ein andermal reden
Man weiß doch, das läßt sich einfach nicht machen
Warten wir erst einmal die Entwicklung ab
Bei mir geht das einfach nicht
Alles Quatsch
Klingt ja ganz gut, aber ich glaube nicht, daß das wirkt
Das wächst mir noch über den Kopf
Später
Zu spät
Das bringt doch nichts
Meine Mitarbeiter werden nicht mitmachen
Warum etwas neues — der Umsatz steigt doch laufend
Technisch undurchführbar
Warten wir lieber erst die Entwicklung ab
Damit muß sich ein Ausschuß beschäftigen
Der Betrieb ist für so etwas viel zu klein

Kunst der Menschenbehandlung

Im Jahre 1788 erschien das Buch »Über den Umgang mit Menschen« von Adolph v. Knigge.

Viele qualifizierte Menschen erreichen Ihre Ziele oft sehr mühsam, weil sie es nicht verstehen, ihre Mitmenschen zu führen und sie zu Freunden zu gewinnen. Wir alle sollten versuchen, Meister in der Kunst der Menschenbehandlung zu werden.

Die nachfolgenden Gedanken werden Ihnen helfen.

Der isolierte Mensch gelangt niemals zum Ziel. (Goethe)

*

Mit Menschen umgehen zu können, ist vermutlich das größte Problem, das wir zu lösen haben. (Carnegie)

*

Wer die Menschen behandelt, wie sie sind, macht sie schlechter; wer die Menschen behandelt, wie sie sein könnten, macht sie besser. (Goethe)

*

Dem wird befohlen, der sich nicht selber gehorchen kann. (Nietzsche)

*

Der ist mächtig, der vorwärts will. (aus Norwegen)

*

Freundlichkeit ist die erste Lebensregel, die uns manchen Kummer ersparen kann. (Graf v. Moltke)

*

Die Kraft verleiht Gewalt, die Liebe leiht Macht. (Ebner-Eschenbach)

*

Wer selbst mißtrauisch ist, verdient kein Vertrauen. (Goethe)

*

Alle, die die Stimmung ihrer Mitmenschen beeinträchtigen, sind Saboteure, schlimmer als die, welche Maschinen zerstören.

(Großmann)

*

Wer Menschen begeistern kann, kann auf Zwang verzichten.

(Großmann)

*

Unsicherheit im Befehlen erzeugt Unsicherheit im Gehorchen.

(Graf v. Moltke)

*

Wer seinen Willen durchsetzen will, muß leise sprechen.

(Jean Giraudoux)

*

Kritik ist wertlos, weil sie den Kritisierten in die Defensive drängt.

*

Prügle deinen Hund – und er wird zu nichts mehr nütze sein; aber behandle ihn gut – und du wirst sehen, was du an ihm hast.

(Sprichwort)

*

Selbst der chronische Nörgler wird oft weich und zugänglich, wenn er einen geduldigen, mitfühlenden Zuhörer findet. (Carnegie)

*

Das wahre Geschenk macht einen reicher, obwohl man etwas hingibt. (Hamsun)

*

Dank ist eine positive Suggestion.

*

Eine Frage stellen ist nicht dasselbe, wie einen Rat erteilen.

*

Der Mensch, der es vermag, sich in den anderen hineinzuversetzen – der es versteht, die Dinge mit den Augen des anderen zu sehen, braucht sich niemals um seine Zukunft Sorgen zu machen.

(Owen D. Young)

*

Ein großer Mann zeigt seine Größe durch die Art, wie er die kleinen Leute behandelt. (Carlyle)

*

Kannst du nicht wie der Adler fliegen, klettere nur Schritt für Schritt bergan. Wer mit Mühe den Gipfel gewann, hat auch die Welt zu Füßen liegen. (Viktor Blüthgen)

*

Wer klare Begriffe hat, kann befehlen! (Goethe)

*

Dies aber ist das Dritte, was ich hörte, daß Befehlen schwerer ist als Gehorchen. (Nietzsche)

*

Der Meister sprach: Wenn man in den Grundsätzen nicht übereinstimmt, kann man einander keine Ratschläge geben. (Konfuzius)

»Danke« – das schönste Kompliment

Viele Leute scheuen sich, Komplimente zu machen. Mit Recht, wenn sie plump, vordergründig und oberflächlich sind. Gleichzeitig ist uns aber bewußt: Der Mensch lebt nicht vom Brot allein. Jeder braucht Lob und Anerkennung. Der Streßforscher Hans Selye hat festgestellt, daß dem Menschen noch wichtiger als Macht und Reichtum die Anerkennung seiner Arbeit ist. Nur darauf kommt es im Grunde an. So einfach diese Erkenntnis zu sein scheint, so schwer fällt es doch, andere durch Worte anzuerkennen.

Wer andere kritisiert,
verschlechtert seine eigene Situation,
wer andere anerkennt, verbessert sie!

Das einfachste auf der Welt ist, andere zu kritisieren. Leider wird unsere Jugend systematisch dazu erzogen. Kritikfähigkeit gilt als Tugend. Aber was ist viel, viel schwerer? *Bessermachen!*

Aber zurück zur Praxis und zur Analyse:

Erkennen Sie die Leistung, das Gute, das Positive Ihrer Mitarbeiter an? Sprechen Sie es offen aus? Wie oft beginnen Sie Ihre Anrede mit

»Das hat mir gut gefallen ...«
»Das ist ja toll ...«
»Das ist sorgfältige und gute Arbeit ...«
»Ihre Idee ist fabelhaft ...«
»Fachmann bleibt Fachmann ...«
»Tadellos wie immer ...«
»Das hast du gut gemacht ...«
»Dies ist großartig gelungen ...«
»Ihre Arbeit wird immer besser und besser ...«
»Das macht Ihnen so schnell keiner nach ...«

All dies sind Zauberformeln, die die Herzen unserer Mitmenschen aufschließen.

Das schönste und einfachste Kompliment aber, das man machen kann, ist das kleine Wort *»danke«*. Beobachten Sie einmal, wie oft die Meister in der Kunst der Menschenbehandlung sich bedanken. In anderen Ländern bedankt man sich viel öfter als bei uns.

Danken und Lächeln sind die Grundpfeiler des Charmes!

Ihr Name ist Ihr Kapital

Die Basis unseres Erfolges ist Sympathie, Harmonie, Vertrauen. Die Fähigkeit, eine solche Atmosphäre zu schaffen, beginnt mit der Anrede des Partners. Außerordentlich wichtig ist der Name! Beobachten Sie einmal, wie *Sie* Ihre Umwelt ansprechen. Benutzen Sie das Sie, das Du oder den Namen? Welchen Namen?

Den Namen eines Menschen, dem man schon einmal begegnet ist, vergessen zu haben, ist unklug. Ein gutes Namensgedächtnis ist wichtig. Notieren Sie sich den Namen Ihres Verhandlungspartners, Ihres Kellners, Ihres Briefträgers, Ihres Bankbeamten, Ihres Masseurs, Ihres Friseurs, Ihres Milchmannes, Ihrer Telefonistin, Ihres Busfahrers, der Freunde Ihres Partners und Ihrer Kinder schriftlich, damit Sie sich besser erinnern. Fragen Sie bei der Vorstellung ruhig noch einmal, wenn Sie einen Namen nicht verstanden haben.

Sie selbst sagen Ihren Namen natürlich laut und deutlich bei jeder Vorstellung, auch am Telefon, besonders, wenn Ihr Name kompliziert ist. Bei Verhandlungen, Sitzungen, Kongressen, Besprechungen, Vorträgen, Zusammenkünften aller Art tragen Sie ein Namensschildchen (auch wenn Sie eine Dame sind) oder setzen ein Kärtchen mit Ihrem Namen vor Ihren Platz.

Sie werden Beobachtungen zum Thema Namen machen können, die Ihnen auf Anhieb zeigen, wie es um das Selbstbewußtsein eines Menschen bestellt ist. Da jeder Mensch der Mittelpunkt *seiner* Welt, seiner eigenen Erlebnisse und seines Handelns ist, ist sein Name sein wichtigster Besitz. Wir mögen im Leben viel verlieren oder gewinnen – unser Name bleibt uns. Machen Sie deshalb Reklame für Ihren guten Namen, wo und wie Sie nur können. Sie machen indirekt Werbung für sich selbst, wenn auch unaufdringlich.

Ein Mann, der seine Frau nur noch mit »Mutti« anredet, sieht in ihr auch nur noch die Mutter, nicht mehr die Frau – er spricht demgemäß nur noch die mütterliche Seite in ihr an. Spinnen Sie diesen Gedanken einmal wieder schriftlich weiter. Es gilt auch für die Damen, die ihren Mann nur noch mit »Vati« titulieren . . .

Sollten Sie Kinder haben, so bedenken Sie, daß diese täglich älter werden. Gerade in der Pubertät sind sie besonders empfindlich. Sie reagieren – mit Recht – trotzig, wenn sie immer noch mit Kose- oder Verkleinerungsnamen angeredet werden. Besonders, wenn Fremde dabei sind. Prüfen Sie also, wie *Sie* Ihre Umwelt ansprechen und wie diese darauf reagiert. Bitte alle Beobachtungen schriftlich festhalten.

Durch das korrekte Aussprechen seines Namens, erreichen wir jeden Menschen in seinem innersten Kern. Darum benutzen Sie die Namen Ihrer Mitmenschen oft und mit Achtung.

Anhang

Reden bekannter Persönlichkeiten

Die Rede des Marc Anton an das römische Volk
Aus »Julius Cäsar« von Shakespeare (3. Aufzug, 2. Auftritt)

Antonius:

Mitbürger! Freunde! Römer! Hört mich an: Begraben will ich Cäsar, nicht ihn preisen. Was Menschen Übles tun, das überlebt sie; das Gute wird mit ihnen oft begraben. So sei es auch mit Cäsarn! Der edle Brutus hat Euch gesagt, daß er voll Herrschsucht war; und war er das, so war's ein schwer Vergehen, und schwer hat Cäsar auch dafür gebüßt. Hier, mit des Brutus Willen und der andern (denn Brutus ist ein ehrenwerter Mann, das sind sie alle, alle ehrenwert) komm ich, bei Cäsars Leichenzug zu reden. Er war mein Freund, war mir gerecht und treu; doch Brutus sagt, daß er voll Herrschsucht war, und Brutus ist ein ehrenwerter Mann, er brachte viel Gefangene heim nach Rom, wofür das Lösegeld den Schatz gefüllt. Sah das der Herrschsucht wohl am Cäsar gleich? Wenn Arme zu ihm schrien, so weinte Cäsar: Die Herrschsucht sollt' aus härterm Stoff bestehn. Doch Brutus sagt, daß er voll Herrschsucht war, und Brutus ist ein ehrenwerter Mann. Ihr alle saht, wie am Luperkusfest ich dreimal ihm die Königskrone bot, die dreimal er geweigert. War das Herrschsucht? Doch Brutus sagt, daß er voll Herrschsucht war, und ist gewiß ein ehrenwerter Mann. Ich will, was Brutus sprach, nicht widerlegen; ich spreche hier von dem nur, was ich weiß. Ihr liebtet all' ihn einst nicht ohne Grund: Was für ein Grund wehrt euch, um ihn zu trauern? – O Urteil, du entflohst zum blöden Vieh, der Mensch ward unvernünftig! – Habt Geduld! Mein Herz ist in dem Sarge hier beim Cäsar, und ich muß schweigen, bis es mir zurückkommt.

Noch gestern hätt' umsonst dem Worte Cäsars die Welt sich widersetzt: nun liegt er da, und der Geringste neigt sich nicht vor ihm.

O Bürger! Strebt' ich, Herz und Mut in euch zur Wut und zur Empörung zu entflammen, so tät' ich Cassius und Brutus Unrecht, die ihr als ehrenwerte Männer kennt. Ich will nicht ihnen Unrecht tun, will lieber dem Toten Unrecht tun, mir selbst und Euch, als ehrenwerten Männern, wie sie sind. Doch seht dies Pergament mit Cäsars Siegel; ich fand's bei ihm, es ist sein letzter Wille! Vernähme nur das Volk dies Testament (das ich, verzeiht mir, nicht zu lesen denke), sie gingen hin und küßten Cäsars Wunden und tauchten Tücher in sein heil'ges Blut, ja bäten um ein Haar zum Angedenken, und sterbend nennten sie's im Testament und hinterließen's ihres Leibes Erben zum köstlichen Vermächtnis.

Seid ruhig, liebe Freund'! Ich darf's nicht lesen, Ihr müßt nicht wissen, wie Euch Cäsar liebte. Ihr seid nicht Holz, nicht Stein, Ihr seid ja Menschen; drum, wenn ihr Cäsars Testament erführt, es setzt' in Flammen Euch, es macht Euch rasend. Ihr dürft nicht wissen, daß Ihr ihn beerbt; denn wüßtet Ihr's, was würde draus entstehen?

Bürger:

Lest das Testament! Wir wollen's hören, Mark Anton. Ihr müßt es lesen! Cäsars Testament!

Antonius:

Wollt Ihr Euch wohl gedulden! Wollt Ihr warten? Ich übereilte mich, da ich's Euch sagte, ich fürcht', ich tu' den ehrenwerten Männern zu nah, durch deren Dolche Cäsar fiel; ich fürcht' es.

So zwingt Ihr mich, das Testament zu lesen? Schließt einen Kreis um Cäsars Leiche denn! Ich zeig' Euch den, der Euch zu Erben machte. Erlaubt Ihr mir's? Soll ich hinuntersteigen?

Wofern Ihr Tränen habt, bereitet Euch, Sie jetzo zu vergießen! Diesen Mantel, Ihr kennt ihn alle; noch erinnere ich mich des ersten Males, daß Cäsar ihn trug in seinem Zelt, an einem Sommerabend – er überwandt den Tag die Nervier – hier, schauet! Fuhr des Cassius Dolch hinein! Seht, welchen Riß der tück'sche Casca machte! Hier stieß der vielgeliebte Brutus durch; und als er den verfluchten Stahl hinwegriß, schaut her, wie ihm das Blut des Cäsars folgte, als stürzt' es vor die Tür, um zu erfahren, ob wirklich Brutus so unfreundlich klopfte, denn Brutus, wie Ihr wißt, war Cäsars Engel. – Ihr Götter, urteilt, wie ihn Cäsar liebte! Kein Stich von allen schmerzte so wie der: Denn als der edle Cäsar Brutus sah, warf Undank, stärker als Verräterwaffen, ganz nieder ihn; da brach sein großes Herz, und in den Mantel sein Gesicht verhüllend, Grad am Gestell der Saule des Pompejus, von der das Blut ran, fiel der große Cäsar. O meine Bürger, welch ein Fall war das! Da fielet Ihr und ich; wir alle fielen, und über uns frohlockte blut'ge Tücke. O ja! Nun weint Ihr, und ich merk', Ihr fühlt den Drang des Mitleids: Dies sind milde Tropfen, wie? Weint Ihr, gute Herzen, seht Ihr gleich nur unsers Cäsars Kleid verletzt? Schaut her! Hier ist er selbst, geschändet von Verrätern.

Ihr guten lieben Freund', ich muß Euch nicht hinreißen zu des Aufruhrs wildem Sturm; die diese Tat getan, sind ehrenwert. Was für Beschwerden sie persönlich führen, warum sie's taten, ach! Das weiß ich nicht. Doch sind sie weis' und ehrenwert und werden Euch sicherlich mit Gründen Rede stehn. Nicht Euer Herz zu stehlen komm' ich, Freunde: Ich bin kein Redner, wie es Brutus ist. Nur, wie Ihr alle wißt, ein schlichter Mann, dem Freund ergeben, und das wußten die gar wohl, die mir gestattet, hier zu reden. Ich habe weder Witz noch Wort noch Gaben, noch Kunst des Vortrags, noch die Macht der Rede, der Menschen Blut zu reizen; nein, ich spreche nur gradezu und sag' Euch, was Ihr wißt. Ich zeig' Euch des geliebten Cäsars Wunden.

Die armen stummen Munde, heiße die statt meiner reden. Aber wär' ich Brutus, und Brutus Mark Anton, dann gäb' es einen, der eure Geister schürt' und jeder Wunde des Cäsar eine Zunge lieh', die selbst die Steine Roms zum Aufstand würd' empören.

Bürger:

Still da! Hört Mark Anton! Den edlen Mark Anton!

Antonius:

Nun, Freunde, wißt Ihr selbst auch, was Ihr tut? Wodurch verdiente Cäsar Eure Liebe? Ach nein! Ihr wißt nicht. – Hört es denn! Vergessen habt Ihr das Testament, wovon ich sprach.

Bürger:
Wohl wahr! Das Testament! Bleibt, hört das Testament!

Antonius:
Hier ist das Testament mit Cäsars Siegel. Darin vermacht er jedem Bürger Roms, auf jeden Kopf Euch fünfundsiebzig Drachmen.

Bürger:
Still da!

Antonius:
Auch läßt er alle seine Lustgehege, verschloßne Lauben, neugepflanzte Gärten, diesseits der Tiber, Euch und Euren Erben auf ew'ge Zeit, damit Ihr Euch ergehen und Euch gemeinsam dort ergötzen könnt. Das war ein Cäsar: Wann kommt seinesgleichen?

Unterhausrede von Premierminister Churchill
Pfingstmontag, 13. Mai 1940

Freitag abend erhielt ich den Auftrag Seiner Majestät, eine neue Regierung zu bilden. Es war der deutliche Wunsch und Wille des Parlaments und der Nation, daß diese Regierung auf einer möglichst breiten Basis gebildet werde und alle Parteien einschließen solle ... Ich habe den wichtigsten Teil dieser Aufgabe bereits erfüllt. Es wurde ein aus fünf Ministern bestehendes Kriegskabinett gebildet, das durch die Aufnahme der oppositionellen Liberalen die Einheit der Nation repräsentiert. Die Führer der drei Parteien haben sich bereit erklärt, an der Regierung teilzunehmen, sei es im Kriegskabinett oder in hohen Regierungsfunktionen. Die drei militärischen Ressorts sind besetzt. Es war notwendig, dies binnen eines Tages zu tun, in Anbetracht der außerordentlichen Dringlichkeit und Schwere der Ereignisse ... Ich bitte nun das Haus, durch Annahme der von mir eingebrachten Resolution den unternommenen Schritten seine Zustimmung zu geben und der neuen Regierung sein Vertrauen auszusprechen.

Eine Regierung von solchem Ausmaß und solcher Vielgestaltigkeit zu bilden, ist an sich eine schwere Aufgabe; man muß aber bedenken, daß wir uns im Anfangsstadium einer der größten Schlachten der Weltgeschichte befinden, daß wir an vielen Punkten Norwegens und Hollands kämpfen, daß wir im Mittelmeer kampfbereit sein müssen, daß der Luftkrieg ohne Unterlaß weitergeht, und daß wir hier im Lande viele Vorbereitungen treffen müssen. Ich hoffe, man wird mir verzeihen, wenn ich in dieser kritischen Lage mich heute nicht mit einer längeren Aussprache an das Haus wende. Ich hoffe, daß jeder meiner jetzigen oder früheren Kollegen, der von der Regierungsbildung berührt wird, den etwaigen Mangel an Förmlichkeit, mit dem wir vorgehen mußten, nachsehen wird.

Ich möchte zum Hause sagen, wie ich zu denen sagte, die dieser Regierung beigetreten sind: »Ich habe nichts zu bieten als Blut, Mühsal, Tränen und Schweiß.« Wir haben vor uns eine Prüfung der schmerzlichsten Art. Wir haben vor uns viele, viele lange Monate des Kampfes und Leidens. Sie fragen, was unsere Politik ist; ich will sagen: »Es ist Krieg zu führen, zu Wasser, zu Land und in der Luft, mit all unserer Macht und mit all der Kraft, die Gott uns geben kann, und Krieg zu führen gegen eine ungeheuerliche Gewaltherrschaft, die nie übertroffen worden ist in der dunklen, beklagenswerten Liste menschlichen Verbrechens.« Das ist unsere Politik.

Sie fragen, was unser Ziel ist; ich kann in einem Worte erwidern: Es ist der Sieg – Sieg um jeden Preis – Sieg trotz aller Schrecken, Sieg, wie lang und hart auch immer der Weg sein mag, denn ohne Sieg gibt es kein Überleben – seien Sie sich darüber klar – kein Überleben für das Britische Weltreich, kein Überleben für all das, wofür das Britische Weltreich eingetreten ist, kein Überleben für das Drängen und Streben der Zeitalter...

Ich übernehme meine Aufgabe mit Schwungkraft und Hoffnung, und ich bin überzeugt, unsere Sache wird nicht untergehen dürfen bei den Menschen. In dieser Zeit fühle ich mich berechtigt, die Hilfe aller in Anspruch zu nehmen, und ich sage: Kommt denn, laßt uns zusammen vorwärts gehen mit unserer vereinten Kraft.

Rede des Dr. Goebbels, Propagandaminister des »Dritten Reiches« 18. Februar 1943 im Berliner Sportpalast

...

Ich will deshalb meine Ausführungen auch mit dem ganzen heiligen Ernst und dem offenen Freimut, den die Stunde von uns erfordert, ausstatten. Das im Nationalsozialismus erzogene, geschulte und disziplinierte deutsche Volk kann die volle Wahrheit vertragen. Es weiß, wie schwierig es um die Lage des Reiches bestellt ist, und seine Führung kann es deshalb gerade auch auffordern, aus der Bedrängtheit der Situation die nötigen harten, ja auch härtesten Folgerungen zu ziehen. Wir Deutschen sind gewappnet gegen Schwäche und Anfälligkeit, und Schläge und Unglücksfälle des Krieges verleihen uns nur zusätzliche Kraft, feste Entschlossenheit und eine seelische und kämpferische Aktivität, die bereit ist, alle Schwierigkeiten und Hindernisse mit revolutionärem Elan zu überwinden.

Es ist jetzt nicht der Augenblick, danach zu fragen, wie alles gekommen ist. Das wird einer späteren Rechenschaftsablegung überlassen bleiben, die in voller Offenheit erfolgen soll und dem deutschen Volk und der Weltöffentlichkeit zeigen wird, daß das Unglück, das uns in den letzten Wochen betroffen hat, seine tiefe, schicksalhafte Bedeutung besitzt. Das große Heldenopfer, das unsere Soldaten in Stalingrad brachten, ist für die ganze Ostfront von einer ausschlaggebenden geschichtlichen Bedeutung gewesen. Es war nicht umsonst. Warum, das wird die Zukunft beweisen.

Wenn ich nunmehr über die jüngste Vergangenheit hinaus den Blick wieder nach vorne lenke, so tue ich das mit voller Absicht. Die Stunde drängt! Sie läßt keine Zeit mehr offen für fruchtlose Debatten. Wir müssen handeln, und zwar unverzüglich, schnell und gründlich, so wie es seit jeher nationalsozialistische Art gewesen ist ...

... Es ist verständlich, daß wir bei den großangelegten Tarnungs- und Bluffmanövern des bolschewistischen Regimes das Kriegspotential der Sowjetunion nicht richtig eingeschätzt haben. Erst jetzt offenbart es sich in seiner ganzen wilden Größe. Dementsprechend ist auch der Kampf, den unsere Soldaten zu bestehen haben, über alle menschlichen Vorstellungen hinaus hart, schwer und gefährlich. Er erfordert die Aufbietung unserer ganzen nationalen Kraft. Hier ist eine Bedrohung des Reiches und des europäischen Kontinents gegeben, die alle bisherigen Gefahren des Abendlandes weit in den Schatten stellt. Würden wir in diesem Kampf versagen, so verspielten wir damit überhaupt unsere geschichtliche Mission. Alles, was wir bisher aufgebaut und geleistet haben, verblaßt angesichts der gigantischen Aufgabe, die hier der deutschen Wehrmacht unmittelbar und dem deutschen Volke mittelbar gestellt ist.

Ich wende mich in meinen Ausführungen zuerst an die Weltöffentlichkeit und proklamiere ihr gegenüber drei Thesen unseres Kampfes gegen die bolschewistische Gefahr im Osten.

Die erste dieser Thesen lautet: Wäre die deutsche Wehrmacht nicht in der Lage, die Gefahr aus dem Osten zu brechen, so wäre damit das Reich und in kurzer Folge ganz Europa dem Bolschewismus verfallen.

Die zweite dieser Thesen lautet: Die deutsche Wehrmacht und das deutsche Volk allein besitzen mit ihren Verbündeten die Kraft, eine grundlegende Rettung Europas aus dieser Bedrohung durchzuführen. Die dritte dieser Thesen lautet: Gefahr ist im Verzuge. Es muß schnell und gründlich gehandelt werden, sonst ist es zu spät . . .

. . . Ich möchte aber zum Steuer der Wahrheit an euch, meine deutschen Volksgenossen und Volksgenossinnen, eine Reihe von Fragen richten, die ihr mir nach bestem Wissen und Gewissen beantworten müßt. Als mir meine Zuhörer auf meine Forderungen vom 30. Januar spontan ihre Zustimmung bekundeten, behauptete die englische Presse am anderen Tag, das sei ein Propagandatheater gewesen und entspreche in keiner Weise der wahren Stimmung des deutschen Volkes. Ich habe heute zu dieser Versammlung nun einen Ausschnitt des deutschen Volkes im besten Sinne des Wortes eingeladen. Vor mir sitzen, reihenweise deutsche Verwundete von der Ostfront, Bein- und Armamputierte, mit zerschossenen Gliedern, Kriegsblinde, die mit ihren Rote-Kreuz-Schwestern gekommen sind, Männer in der Blüte ihrer Jahre, die vor sich ihre Krücken stehen haben. Dazwischen zähle ich an die fünfzig Träger des Eichenlaubes und des Ritterkreuzes, eine glänzende Abordnung unserer kämpfenden Front. Hinter ihnen erhebt sich ein Block von Rüstungsarbeitern und -arbeiterinnen aus den Berliner Panzerwerken. Wieder hinter ihnen sitzen Männer aus der Parteiorganisation, Soldaten aus der kämpfenden Wehrmacht, Ärzte, Wissenschaftler, Künstler, Ingenieure und Architekten, Lehrer, Beamte und Angestellte aus den Ämtern und Büros, eine stolze Vertreterschaft unseres geistigen Lebens in all seinen Schichtungen, dem das Reich gerade jetzt im Kriege Wunder der Erfindung und des menschlichen Genies verdankt. Über das ganze Rund des Sportpalastes verteilt sehe ich Tausende von deutschen Frauen. Die Jugend ist hier vertreten und das Greisenalter. Kein Stand, kein Beruf und kein Lebensjahr blieb bei der Einladung unberücksichtigt. Ich kann also mit Fug und Recht sagen: Was hier vor mir sitzt, ist ein Ausschnitt aus dem ganzen deutschen Volk an der Front und in der Heimat. Stimmt das? Ja oder nein!

Ihr also, meine Zuhörer, repräsentiert in diesem Augenblick die Nation. Und an euch möchte ich zehn Fragen richten, die ihr mir mit dem deutschen Volke vor der ganzen Welt, insbesondere aber vor unseren Feinden, die uns auch an ihrem Rundfunk zuhören, beantworten sollt:

Die Engländer behaupten, das deutsche Volk habe den Glauben an den Sieg verloren.

Ich frage euch: Glaubt ihr mit dem Führer und mit uns an den endgültigen Sieg des deutschen Volkes? Ich frage euch: Seid ihr entschlossen, dem Führer in der Erkämpfung des Sieges durch dick und dünn und unter Aufnahme auch schwerster persönlicher Belastung zu folgen?

Zweitens: Die Engländer behaupten, das deutsche Volk ist des Kampfes müde.

Ich frage euch: Seid ihr bereit, mit dem Führer als Phalanx der Heimat hinter der kämpfenden Wehrmacht stehend, diesen Kampf mit wilder Entschlossenheit und unbeirrt durch alle Schicksalsfügungen fortzusetzen, bis der Sieg in unseren Händen ist?

Drittens: Die Engländer behaupten, das deutsche Volk hat keine Lust mehr, sich der überhandnehmenden Kriegsarbeit, die die Regierung von ihm fordert, zu unterziehen.

Ich frage euch: Seid ihr und ist das deutsche Volk entschlossen, wenn der Führer es befiehlt, zehn, zwölf und, wenn nötig, vierzehn und sechzehn Stunden täglich zu arbeiten und das Letzte herzugeben für den Sieg?

Viertens: Die Engländer behaupten, das deutsche Volk wehrt sich gegen die totalen Kriegsmaßnahmen der Regierung. Es will nicht den totalen Krieg, sondern die Kapitulation.

Ich frage euch: Wollt ihr den totalen Krieg? Wollt ihr ihn, wenn nötig, totaler und radikaler, als wir ihn uns heute überhaupt noch vorstellen können?

Fünftens: Die Engländer behaupten, das deutsche Volk hat sein Vertrauen zum Führer verloren.

Ich frage euch: Ist euer Vertrauen zum Führer heute größer, gläubiger und unerschütterlicher denn je? Ist eure Bereitschaft, ihm auf allen seinen Wegen zu folgen und alles zu tun, was nötig ist, um den Krieg zum siegreichen Ende zu führen, eine absolute und uneingeschränkte?

Ich frage euch als sechstes: Seid ihr bereit, von nun ab eure ganze Kraft einzusetzen und der Ostfront die Menschen und Waffen zur Verfügung zu stellen, die sie braucht, um dem Bolschewismus den tödlichen Schlag zu versetzen?

Ich frage euch siebtens: Gelobt ihr mit heiligem Eid der Front, daß die Heimat mit starker Moral hinter ihr steht und ihr alles geben wird, was sie nötig hat, um den Sieg zu erkämpfen?

Ich frage euch achtens: Wollt ihr, insbesondere ihr Frauen selbst, daß die Regierung dafür sorgt, daß auch die deutsche Frau ihre ganze Kraft der Kriegsführung zur Verfügung stellt und überall da, wo es nur möglich ist, einspringt, um Männer für die Front frei zu machen und damit ihren Männern an der Front zu helfen?

Ich frage euch neuntens: Billigt ihr, wenn nötig, die radikalsten Maßnahmen gegen einen kleinen Kreis von Drückebergern und Schiebern, die mitten im Kriege Frieden spielen und die Not des Volkes zu eigensüchtigen Zwecken ausnutzen wollen? Seid ihr damit einverstanden, daß, wer sich am Krieg vergeht, den Kopf verliert?

Ich frage euch zehntens und zuletzt: Wollt ihr, daß, wie das nationalsozialistische Parteiprogramm es gebietet, gerade im Krieg gleiche Rechte und gleiche Pflichten vorherrschen, daß die Heimat die schwersten Belastungen des Krieges solidarisch auf ihre Schultern nimmt und daß sie für hoch und niedrig und arm und reich in gleicher Weise verteilt werden? Ich habe euch gefragt; ihr habt mir eure Antworten gegeben. Ihr seid ein Stück Volk, durch euren Mund hat sich damit die Stellungnahme des deutschen Volkes manifestiert. Ihr habt unseren Feinden das zugerufen, was sie wissen müssen, damit sie sich keinen Illusionen und falschen Vorstellungen hingeben ...

... Der Führer hat befohlen, wir werden ihm folgen. Wenn wir je treu und unverbrüchlich an den Sieg geglaubt haben, dann in dieser Stunde der nationalen Besinnung und der inneren Aufrichtung. Wir sehen ihn greifbar nahe vor uns liegen; wir müssen nur zufassen. Wir müssen nur die Entschlußkraft aufbringen, alles andere seinem Dienst unterzuordnen. Das ist das Gebot der Stunde. Und darum lautet die Parole: Nun, Volk steh auf und Sturm brich los!

J. Stalin zum 24. Jahrestag der Sozialistischen Oktoberrevolution
Moskau, 6. November 1941

Genossen!

...

Die Mißerfolge der Roten Armee haben das Bündnis der Arbeiter und Bauern wie auch die Freundschaft der Völker der Sowjetunion nicht nur nicht geschwächt, sondern im Gegenteil, sie haben dieses Bündnis sowie diese Freundschaft noch gefestigt. Mehr noch – sie haben die Völkerfamilie der Sowjetunion in ein einheitliches, unerschütterliches Lager verwandelt, das seine Rote Armee und seine Rote Flotte aufopferungsvoll unterstützt. Niemals noch war das Sowjethinterland so fest wie jetzt. Es ist durchaus wahrscheinlich, daß jeder beliebige andere Staat, der solche Gebietsverluste erlitten hätte wie wir, die Prüfung nicht bestanden hätte und niedergebrochen wäre. Wenn die Sowjetordnung die Prüfung so leicht bestanden und ihr Hinterland noch gefestigt hat, so bedeutet das, daß die Sowjetordnung heute die stabilste aller Ordnungen ist.

... Und diese Leute, die weder Gewissen noch Ehre besitzen,

Leute mit einer Moral von Bestien, haben die Stirn, zur Vernichtung der großen russischen Nation aufzurufen, der Nation Plechanows und Lenins, Belinskis und Tschernyschewskis, Puschkins und Tolstois, Glinkas und Tschaikowskis, Gorkis und Tschechows, Setschenows und Pawlows, Repins und Surikows, Suworows und Kutusows! ...

Die deutschen Landräuber wollen den Vernichtungskrieg gegen die Völker der Sowjetunion. Nun wohl, wenn die Deutschen einen Vernichtungskrieg wollen, so werden sie ihn bekommen.

Von nun an wird es unsere Aufgabe, die Aufgabe der Völker der Sowjetunion, die Aufgabe der Kämpfer, der Kommandeure und der politischen Funktionäre unserer Armee und unserer Flotte sein, alle Deutschen, die in das Gebiet unserer Heimat als Okkupanten eingedrungen sind, bis auf den letzten Mann zu vernichten.

Keine Gnade den deutschen Okkupanten!

Tod den deutschen Okkupanten!

... Die Dreimächtekonferenz, die kürzlich in Moskau stattgefunden hat und an der als Vertreter Großbritanniens Herr Beaverbrook und als Vertreter der Vereinigten Staaten von Amerika Herr Harriman teilnahmen, hat den Beschluß gefaßt, unserem Lande mit Panzern und Flugzeugen systematisch zu helfen. Bekanntlich haben wir bereits auf Grund dieses Beschlusses Panzer und Flugzeuge erhalten. Schon früher hat Großbritannien die Versorgung unseres Landes mit solchen Mangelstoffen wie Aluminium, Blei, Zinn, Nickel und Kautschuk sichergestellt. Fügt man die Tatsache hinzu, daß die Vereinigten Staaten von Amerika in diesen Tagen beschlossen haben, der Sowjetunion eine Anleihe in Höhe von einer Milliarde Dollar zu gewähren, so kann man mit Gewißheit sagen, daß die Koalition der Vereinigten Staaten von Amerika, Großbritannien und der Sowjetunion eine reale Angelegenheit ist, die wächst und wachsen wird zum Wohl unseres gemeinsamen Befreiungswerkes. Das sind die Faktoren, die den unvermeidlichen Untergang des faschistischen deutschen Imperialismus bestimmen ...

Lenin unterscheidet zwei Arten von Kriegen: Eroberungskriege, das heißt ungerechte Kriege, und Befreiungskriege, gerechte Kriege. Die Deutschen führen heute einen Raubkrieg, einen ungerechten

Krieg, der auf die Eroberung fremden Gebiets und die Unterwerfung fremder Völker abzielt. Darum müssen sich alle ehrlichen Menschen gegen die deutschen Eindringlinge als gegen ihre Feinde erheben.

Zum Unterschied von Hitlerdeutschland führen die Sowjetunion und ihre Bundesgenossen einen Befreiungskrieg, einen gerechten Krieg, der auf die Befreiung der unterjochten Völker Europas und der Sowjetunion von der Hitlertyrannei abzielt. Dazu müssen alle ehrlichen Menschen die Armeen der Sowjetunion, Großbritanniens und der anderen Verbündeten als Befreiungsarmeen unterstützen.

Wir haben keine Kriegsziele und können keine Kriegsziele haben wie die Eroberung fremder Gebiete oder die Unterwerfung fremder Völker, ganz gleich, ob es sich um Völker und Gebiete Europas oder um Völker und Gebiete Asiens, darunter auch Irans, handelt. Unser erstes Ziel besteht darin, unsere Gebiete und unsere Völker vom faschistischen deutschen Joch zu befreien.

Wir haben keine Kriegsziele und können keine Kriegsziele haben wie etwa das Ziel, den slawischen und den anderen unterjochten Völkern Europas, die von uns Hilfe erwarten, unseren Willen und unser Regime aufzuzwingen. Unser Ziel besteht darin, diesen Völkern in ihrem Befreiungskampf gegen die Hitlertyrannei zu helfen und es ihnen dann zu überlassen, sich auf ihrem Boden völlig frei so einzurichten, wie sie das wollen. Keinerlei Einmischung in die inneren Angelegenheiten der anderen Völker!

Um aber diese Ziele verwirklichen zu können, gilt es , die militärische Macht der deutschen Eindringlinge zu zerschmettern, gilt es, alle deutschen Okkupanten, die in unser Heimatland eingedrungen sind, um es zu unterjochen, bis auf den letzten Mann auszutilgen.

Dazu aber ist notwendig, daß unsere Armee und unsere Flotte von unserem ganzen Lande wirksam und aktiv unterstützt werden, daß unsere Arbeiter und Angestellten, Männer und Frauen in den Betrieben arbeiten, ohne die Hände in den Schoß zu legen, und der Front immer mehr und mehr Panzer, Panzerbüchsen und Panzerabwehrgeschütze, Flugzeuge, Granatwerfer, Maschinengewehre, Gewehre und Munition liefern, daß unsere Kollektivbauern, Männer und Frauen, auf ihren Feldern arbeiten, ohne die Hände in den

Schoß zu legen, und der Front und dem Lande immer mehr und mehr Getreide, Fleisch und Industriestoffe liefern, daß unser ganzes Land und alle Völker der Sowjetunion sich zu einem einzigen Kampflager zusammenschließen, das gemeinsam mit unserer Armee und unserer Flotte den Großen Befreiungskrieg für die Ehre und die Freiheit unserer Heimat, für die Zerschmetterung der deutschen Armeen führt.

Darin besteht jetzt unsere Aufgabe.

Wir können und wir müssen diese Aufgabe bewältigen.

Nur wenn wir diese Aufgabe bewältigt und die deutschen Eindringlinge zerschlagen haben, können wir einen dauerhaften und gerechten Frieden erzielen. Für die völlige Zerschmetterung der deutschen Eindringlinge!

Für die Befreiung aller unter dem Joch der Hitlertyrannei stöhnenden unterdrückten Völker!

Es lebe die unverbrüchliche Freundschaft der Völker der Sowjetunion!

Es lebe unsere Rote Armee und unsere Flotte!

Es lebe unser ruhmreiches Vaterland!

Unsere Sache ist gerecht – der Sieg wird unser sein!

Aus Adenauers Rundfunkansprache Weihnachten 1952

Es war still und dunkel im Stalle zu Bethlehem, als die Jungfrau gebar und das Kind in Windeln wickelte und in eine Krippe legte. Die Hirten waren auf den Feldern bei ihren Herden, und die Heiligen Drei Könige waren noch in weiter Ferne, da brach der Glanz der himmlischen Heerscharen und ihre Stimme in das nächtliche Dunkel und die nächtliche Stille. Sie vertrieben das Dunkel mit ihrem himmlischen Licht und die Stille mit ihrem himmlischen Chor: Ehre sei Gott in der Höhe und Friede den Menschen auf Erden, die guten Willens sind. Ehre sei Gott in der Höhe und Friede den Menschen auf Erden: – gehört das denn zusammen? . . .

Es ist wohl so, der Frieden ist das höchste Gut, das Gott den Menschen geben konnte durch die Menschwerdung seines Sohnes. Frieden, ach wie wenig haben wir Menschen erkannt, welch ein kostbares Gut der Frieden ist. Wie wenig haben wir begriffen, daß Frieden die Grundlage allen Glückes, daß Frieden und Ehre Gottes eng verbunden sind.

Aber was ist denn Frieden, und wie wird er uns zuteil? Liebt der den Frieden, der passiv alles hinnimmt, der sich rein passiv verhält gegenüber jeder Unterminierung, der sich lähmen läßt durch Furcht, durch Verlust der Freiheit, Vernichtung der Familie, Vernichtung religiösen Lebens? Liebt das Volk den Frieden, das sich durch ein anderes unterwerfen läßt? Ist Frieden nichts anderes als der Gegensatz von Krieg? Wäre dem so, dann würde Sklaverei und Kirchhofruhe auch Frieden sein, aber dagegen bäumt sich das Beste in unserem Innern auf. Unser innerstes Gefühl sagt uns, Frieden ohne Freiheit ist kein Frieden. Einen solchen Kirchhofsfrieden, einen solchen Frieden der Sklaverei können die himmlischen Heerscharen nicht gemeint haben, als sie in der Heiligen Nacht den Hirten auf dem Felde die Geburt des Heilands verkündeten ...

Frieden ist Freiheit, Freiheit des einzelnen von Furcht und Zwang, Freiheit der Völker und der ganzen Menschheit von Ausbeutung, von Sklaverei, von Gewalt und Tod. Frieden und Freiheit, das sind die Grundlagen jeder menschenwürdigen Existenz. Frieden in unserem Innern, Frieden in der Familie, Frieden mit dem Nächsten ist die Grundlage des Glücks für jeden Menschen. Frieden und Freiheit sind die Fundamente wahren Fortschritts, ohne Frieden und Freiheit gibt es keinen Aufstieg der Völker, kein Glück, keine Ruhe für die Menschheit. Frieden für den einzelnen Menschen ist nicht möglich, ohne daß Frieden auch der Gemeinschaft zuteil wird, in die der einzelne eingebettet ist, deren Glied er ist, deren Geschick untrennbar und unzerreißbar mit seinem Geschick und seinem Leben verbunden ist.

Frieden für den einzelnen ist nicht möglich ohne Frieden für sein Volk. Hat uns die Geschichte der letzten Jahrzehnte nicht gezeigt, welch kostbares Gut der Frieden ist? Sind wir nicht furchtbar gestraft worden von Gott für den Bruch des Friedens, den wir begangen haben? Haben wir nicht fast alles dadurch verloren, was wir besaßen: Hab und Gut, Haus und Hof, Familie und Freiheit, Achtung und Ansehen? Haben wir nicht erfahren, daß alle Glieder eines Volkes untrennbar miteinander verbunden sind? Haben wir nicht erkannt, daß niemand sein Geschick von dem Geschick seines Volkes, seinen Frieden, seine Freiheit, sein Glück von dem Frieden und der Freiheit seines Volkes trennen kann und darf ...

In unseren Tagen ist Frieden und Freiheit bedroht, zutiefst gefährdet. Es ist so bedroht, wie in jenen barbarischen Zeiten, die wir längst überwunden glaubten, da nur die Macht galt. Die Zeiten, in denen Stämme und Völker die Schwächeren mit Raub und Plünderung, mit Folter und Tod unterjochten. Jene barbarischen, jene grausamen Zeiten sind von neuem, von Osten her über Europa und uns hereingebrochen. Fragt die Polen und Ungarn, die Tschechoslowaken und alle Ostvölker, fragt die Deutschen in Mittel- und Ostdeutschland, ob dem nicht so ist.

Wir dienen der Sache des Friedens, wenn wir uns alle, die guten Willens sind, zusammenschließen zum gemeinsamen Schutz. Wie kleinlich, wie unwürdig, wie bar jeder inneren Größe erscheint gegenüber einer solch furchtbaren Gefahr – erscheint bei einem solchen Ringen um Frieden und Freiheit – Feigheit, parteipolitisches Gehabe. Wie unwürdig ist es, wenn zur Unterstützung eines solchen Handelns, das bar jeder Größe ist, noch das Recht mißbraucht wird, dessen erhabene und große Aufgabe es ist, Frieden und Freiheit zu schützen und zu wahren. Der Ruf der Engel lautete nicht: Friede den Menschen – er lautete: Frieden den Menschen, die guten Willens sind. Den Willen der Menschen, ihren guten Willen haben in jener Heiligen Nacht die Engel angerufen. Damit haben sie gesagt, daß es auf uns ankommt, wenn die Erlösung uns Frieden bringen soll auf unser Wollen, auf unseren Willen zum Guten. Wir müssen mitwirken, entschlossen mitwirken, daß uns die Frucht der Menschwerdung und Erlösung zuteil werde ...

Haben wir Willen, sind wir guten Willens? Wollen schließt in sich, bereit sein zum Handeln. Wer ernsthaft will, muß auch bereit sein zu handeln und Opfer zu bringen. Jene, die nur reden und kritisieren, aber nicht bereit sind zu handeln, haben keinen Willen. Zagen und zaudern, nur das Negative sehen und nicht das Positive, heißt nicht wollen.

Jetzt sind es 20 Jahre her, da das deutsche Volk in die unheilvollste Periode seiner Geschichte eintrat. Weihnachten 1932 fühlte man das Heraufziehen einer unheilvollen Zeit, auch wenn sich damals die dunkle Zukunft noch hinter einem Schleier verbarg. Aber wer tiefer fühlte, spürte schon Weihnachten 1932 das Heraufziehen des Sturmes.

Jetzt ist Weihnachten 1952, und wiederum steht die Welt, steht vor allem Deutschland vor einer Entscheidung. Soll es entschlossen und dem Guten vertrauend eintreten in den Bund zum Schutze des Friedens, dessen Tore sich ihm geöffnet haben, oder soll es zögernd und zaudernd voll ewiger Unzufriedenheit, ohne innere Größe und Kraft in Untätigkeit und Passivität verharren? Das Jahr 1953 wird die Entscheidung bringen. Wählen wir den Weg, der zum Licht, zum Frieden führt, oder wählen wir den Weg in das Dunkel einer friedlosen Zukunft. Denken wir an die Verheißung der Engel auf den Fluren Bethlehems: Ehre sei Gott in der Höhe und Friede den Menschen auf Erden, die guten Willens sind.

Ich weiß, daß ich ernst gesprochen habe heute am Weihnachtsfest, aber ich mußte es tun, weil wir doch unserem Volk, unseren Kindern und Kindeskindern ein deutsches, ein christliches Weihnachtsfest erhalten wollen. Ich mußte ernst sprechen um des Friedens willen, des Friedens für ganz Deutschland, für Europa und die Welt. Weihnachten ist das Fest der Liebe. Aber auch Liebe kennt Ernst, wenn es not tut. Die Botschaft der himmlischen Heerscharen in Bethlehem ist eine frohe Botschaft, aber sie enthält auch die ernste Mahnung, guten Willens zu sein. >Ehre sei Gott in der Höhe und Friede den Menschen auf Erden, die guten Willens sind.<

Aus John F. Kennedys Berliner Rede (1963)

Meine Berliner und Berlinerinnen!

Ich bin stolz, heute in Ihre Stadt zu kommen als Gast Ihres hervorragenden Regierenden Bürgermeisters, der in allen Teilen der Welt als Symbol für den Kampf und den Widerstandsgeist West-Berlins gilt. Ich bin stolz, auf dieser Reise die Bundesrepublik Deutschland zusammen mit Ihrem hervorragenden Bundeskanzler besucht zu haben, der während so langer Jahre die Politik bestimmt hat nach den Richtlinien der Demokratie, der Freiheit und des Fortschritts. Ich bin stolz darauf, heute in Ihre Stadt in der Gesellschaft eines amerikanischen Mitbürgers gekommen zu sein. General Clay, der hier tätig war in der Zeit der schwersten Krise, durch die diese Stadt gegangen ist, und der wieder nach Berlin kommen wird, wenn es notwendig werden sollte.

Vor zweitausend Jahren war der stolzeste Satz, den ein Mensch sagen konnte, der: Ich bin ein Bürger Roms! Heute ist der stolzeste Satz, den jemand in der freien Welt sagen kann: »Ich bin ein Berliner!« Wenn es in der Welt Menschen geben sollte, die nicht verstehen oder die nicht zu verstehen vorgeben, worum es heute in der Auseinandersetzung zwischen der freien Welt und dem Kommunismus geht, dann können wir ihnen nur sagen, sie sollen nach Berlin kommen. Es gibt Leute, die sagen, dem Kommunismus gehöre die Zukunft. Sie sollen nach Berlin kommen! Und es gibt wieder andere in Europa und in anderen Teilen der Welt, die behaupten, man könnte mit den Kommunisten zusammenarbeiten. Auch sie sollen nach Berlin kommen! Und es gibt auch einige wenige, die sagen, es treffe zu, daß der Kommunismus ein böses und ein schlechtes System sei; aber er gestatte es ihnen, wirtschaftlichen Fortschritt zu erreichen. Aber laßt auch sie nach Berlin kommen!

Ein Leben in der Freiheit ist nicht leicht, und die Demokratie ist nicht vollkommen. Aber wir hatten es nie nötig, eine Mauer aufzubauen, um unsere Leute bei uns zu halten und sie daran zu hindern, woanders hinzugehen. Ich möchte Ihnen im Namen der Bevölkerung der Vereinigten Staaten, die viele Tausende Kilometer von Ihnen entfernt auf der anderen Seite des Atlantik lebt, sagen, daß meine amerikanischen Mitbürger sehr stolz darauf sind, mit Ihnen zusammen selbst aus der Entfernung die Geschichte der letzten achtzehn Jahre teilen zu können. Denn ich weiß nicht, daß jemals eine Stadt achtzehn Jahre lang belagert wurde und dennoch lebt mit ungebrochener Vitalität, mit unerschütterlicher Hoffnung, mit der gleichen Stärke und mit der gleichen Entschlossenheit wie heute West-Berlin.

Die Mauer ist die abscheulichste und die stärkste Demonstration für das Versagen des kommunistischen Systems. Die ganze Welt sieht dieses Eingeständnis des Versagens ... Durch die Mauer werden Familien getrennt, der Mann von der Frau, der Bruder von der Schwester, Menschen werden mit Gewalt auseinander gehalten, die zusammenleben wollen ...

Sie leben auf einer verteidigten Insel der Freiheit. Aber Ihr Leben ist mit dem des Festlandes verbunden, und deswegen fordere ich Sie zum Schluß auf, den Blick über die Gefahren des Heute hinweg auf die Hoffnung des Morgen zu richten, über die Freiheit dieser Stadt Berlin, über die Freiheit Ihres Landes hinweg auf den Vormarsch der Freiheit überall in der Welt, über die Mauer hinweg, auf den Tag des Friedens in Gerechtigkeit.

Die Freiheit ist unteilbar, und wenn auch nur einer versklavt ist, dann sind nicht alle frei. Aber wenn der Tag gekommen sein wird, an dem alle die Freiheit haben und Ihre Stadt und Ihr Land wieder vereint sind, wenn Europa geeint ist und Bestandteil eines friedvollen und zu höchsten Hoffnungen berechtigten Erdteils, dann können Sie mit Befriedigung von sich sagen, daß die Berliner und diese Stadt Berlin zwanzig Jahre lang die Front gehalten haben.

Alle freien Menschen, wo immer sie leben mögen, sind Bürger dieser Stadt West-Berlin, und deshalb bin ich als freier Mann stolz darauf, sagen zu können: Ich bin ein Berliner!

Bertha von Suttner
Vortrag vor dem Nobel-Comitee in Stockholm am 18. April 1906

Die ewigen Wahrheiten und ewigen Rechte haben stets am Himmel der menschlichen Erkenntnis aufgeleuchtet, aber nur gar langsam wurden sie von da herab geholt, in Formen gegossen, mit Leben gefüllt, in Taten umgesetzt.

Eine jener Wahrheiten ist die, daß Frieden die Grundlage und das Endziel des Glückes ist, und eines jener Rechte ist das Recht auf das eigene Leben. Der stärkste aller Triebe, der Selbsterhaltungstrieb, ist gleichsam eine Legitimation dieses Rechtes, und seine Anerkennung ist durch ein uraltes Gebot geheiligt, welches heißt: »Du sollst nicht töten.«

Doch wie wenig im gegenwärtigen Stande der menschlichen Kultur jenes Recht respektiert und jenes Gebot befolgt wird, das brauche ich nicht zu sagen. Auf Verleugnung der Friedensmöglichkeit, auf Geringschätzung des Lebens, auf den Zwang zum Töten ist bisher die ganze militärisch organisierte Gesellschaftsordnung aufgebaut.

Und weil es so ist und weil es so war, solange unsere – ach so kurze, was sind ein paar tausend Jahre? – sogenannte Weltgeschichte zurückreicht, so glauben manche, glauben die meisten, daß es immer so bleiben müsse. Daß die Welt sich ewig wandelt und entwickelt, ist eine noch gering verbreitete Erkenntnis, denn auch die Entdeckung des Evolutionsgesetzes, unter dessen Herrschaft alles Leben – das geologische wie das soziale – steht, gehört einer jungen Periode der Wissenschaftsentwicklung an.

Nein; der Glaube an den ewigen Bestand des Vergangenen und Gegenwärtigen ist ein irrtümlicher Glaube. Das Gewesene und Seiende flieht am Zeitstrome zurück wie die Landschaft des Ufers; und das auf dem Strom getragene mit der Menschheit befrachtete Schiff treibt unablässig den neuen Gestaden dessen zu, was wird.

Bertha von Suttner
Vortrag in San Franzisko, Juni 1912

Meine Damen und Herren, kalifornische Wähler!

Sehr oft stellt man mir die Frage: »Glauben Sie an die Möglichkeit des Weltfriedens?« Es mag als persönliche Geringschätzung angesehen werden, wenn man gefragt wird, ob man an eine Sache glaubt, für die man arbeitet; aber ich werde die Frage nicht vom Standpunkt des Glaubens ansehen.

Der Weltfriede ist keine Frage der Möglichkeit, sondern der Notwendigkeit. Er ist nicht das Ziel, sondern der normale Zustand der menschlichen Zivilisation. Wir dürfen nicht denken, daß wir diesen Zustand erreicht haben, solange wir noch von den Grausamkeiten der Kriege belastet sind. Die Höherentwicklung der Welt muß auf dem Weltfrieden basieren.

Für all dies gibt es Beweise politischer, wirtschaftlicher und gesellschaftlicher Art, die Bände füllen würden.

Diejenigen, die über die Friedensbewegung spotten, gefallen sich in ihrer Pose des Triumphes, die Skeptiker verlieren den Mut, und selbst einige der Pazifisten prophezeien die schlimmsten Katastrophen für die nahe Zukunft.

Die echten und überzeugten Friedenskämpfer sind immer Optimisten. Sie sind Optimisten von Natur aus. Sie wünschen nicht nur, sie hoffen nicht nur, sie sind sicher, daß die Welt Fortschritte macht und sich aufwärts entwickelt. Sie wissen es. Für sie ist die zukünftige, friedliche Organisation der Welt nicht bloß eine Möglichkeit, sondern ihr Entstehen unausweichlich.

Unser Optimismus macht aber uns nicht blind gegenüber den Ereignissen der Stunde und den Gefahren der Zukunft.

Pearl S. Buck
»Die Guten im deutschen Volk«

Der gute Mensch kämpft nicht gern. Er möchte, daß alle in Freundschaft leben – aber er macht sich nicht klar, daß dies nur durch beständigen Einsatz, durch ununterbrochene Wachsamkeit möglich ist.

Ihr Guten in Deutschland, ihr dürft nicht schlafen! Man hört so oft sagen, daß es in Deutschland keine guten Menschen gibt, aber wir wissen, daß sie in jedem Lande vertreten sind und daß in Deutschland jetzt ihre Zeit zum Einsatz gekommen ist. Im selben Maß, in dem ihr jetzt für die gute Sache kämpft, wird das deutsche Ansehen in der Welt steigen.

Deutschlands Hoffnung hängt von der Kraft ab, mit der seine Guten sich jetzt um die Fahnen aller Guten der Erde scharen.

Was einem im Glauben an die Menschheit bestärkt, ist, daß wir alle den gleichen Maßstab für das anlegen, was ein Wesen als »gut« kennzeichnet. Ein »guter« Mann in Deutschland ist auch ein guter Mann in Amerika, und ein guter Chinese ist dasselbe wie ein gütiger Japaner. Die Guten aller Völker sind durch eine natürliche Brüderschaft miteinander verbunden, da die Gesetze der Güte sehr einfach sind.

Über die allmähliche Verfertigung der Gedanken beim Reden

Heinrich von Kleist (gekürzt)

Wenn du etwas wissen willst und es durch Meditation nicht finden kannst, so rate ich dir, mein lieber, sinnreicher Freund, mit dem nächsten Bekannten, der dir aufstößt, darüber zu sprechen. Es braucht nicht eben ein scharfdenkender Kopf zu sein, auch meine ich es nicht so, als ob du ihn darum befragen solltest, nein: Vielmehr sollst du es ihm selber allererst erzählen.

Ich sehe dich zwar große Augen machen und mir antworten, man habe dir in früheren Jahren den Rat gegeben, von nichts zu sprechen, als nur von Dingen, die du bereits verstehst. Damals aber sprachst du wahrscheinlich mit dem Vorwitz, andere, ich will, daß du aus der verständigen Absicht sprechest, dich zu belehren, und so könnten, für verschiedene Fälle verschieden, beide Klugheitsregeln vielleicht gut nebeneinander bestehen. Der Franzose sagt, l'appétit vient en mangeant, und dieser Erfahrungssatz bleibt wahr, wenn man ihn parodiert und sagt, l'idée vient en parlant.

Oft sitze ich an meinem Geschäftstisch über den Akten und erforsche, in einer verwickelten Streitsache, den Gesichtspunkt, aus welchem sie wohl zu beurteilen sein möchte. Ich pflege dann gewöhnlich ins Licht zu sehen, als in den hellsten Punkt, bei dem Bestreben, in welchem mein innerstes Wesen begriffen ist, sich aufzuklären. Oder ich suche, wenn mir eine algebraische Aufgabe vorkommt, den ersten Ansatz, die Gleichung, die die gegebenen Verhältnisse ausdrückt, und aus welcher sich die Auflösung nachher durch Rechnung leicht ergibt. Und siehe da, wenn ich mit meiner Schwester davon rede, welche hinter mir sitzt und arbeitet, so erfahre ich, was ich durch ein vielleicht stundenlanges Brüten nicht herausgebracht haben würde. Nicht, als ob sie es mir im eigentlichen Sinne sagte; denn sie kennt weder das Gesetzbuch, noch hat sie den Euler oder den Kästner studiert. Auch nicht, als ob sie mich durch geschickte Fragen auf den Punkt hinführte, auf welchen es ankommt, wenn schon dies letzte häufig der Fall sein mag. Aber weil ich doch irgendeine dunkle Vorstellung habe, die mit dem, was ich suche, von fern her in einiger Verbindung steht, so prägt, wenn ich nur dreist damit den Anfang mache, das Gemüt, während die Rede fortschreitet, in der Notwendigkeit, dem Anfang nun auch – ein Ende zu finden, jene verworrene Vorstellung zur völligen Deutlichkeit aus, dergestalt, daß die Erkenntnis, zu meinem Erstaunen, mit der Periode fertig ist. Ich mische unartikulierte Töne ein, ziehe die Verbindungswörter in die Länge, gebrauche auch wohl eine Apposition, wo es nicht nötig wäre, und bediene mich anderer, die Rede ausdehnender Kunstgriffe, zur Fabrikation meiner Idee auf der Werkstätte der Vernunft die gehörige Zeit zu gewinnen.

Dabei ist mir nichts heilsamer als eine Bewegung meiner Schwester, als ob sie mich unterbrechen wollte; denn mein ohnehin schon angestrengtes Gemüt wird durch diesen Versuch von außen, ihm die Rede, in deren Besitz es sich befindet, zu entreißen, nur noch mehr erregt und in seiner Fähigkeit, wie ein großer General, wenn die Umstände drängen, noch um einen Grad höher gespannt.

In diesem Sinne begreife ich, von welchem Nutzen Molière seine Magd sein konnte; denn wenn er derselben, wie er vorgibt, ein Urteil zutraute, das das seinige berichtigen konnte, so ist dies eine Bescheidenheit, an deren Dasein in seiner Brust ich nicht glaube. Es liegt ein sonderbarer Quell der Begeisterung für denjenigen, der spricht, in einem menschlichen Antlitz, das ihm gegenübersteht; und ein Blick, der uns einen halb ausgedrückten Gedanken schon als begriffen ankündigt, schenkt uns oft den Ausdruck für die ganze andere Hälfte desselben. Ich glaube, daß mancher große Redner, in dem Augenblick, da er den Mund aufmachte, noch nicht wußte, was er sagen würde. Aber die Überzeugung, daß er die ihm nötige Gedankenfülle schon aus den Umständen und der daraus resultierenden Erregung seines Gemüts schöpfen werde, machte ihn dreist genug, den Anfang, auf gutes Glück hin, zu setzen.

Mir fällt jener »Donnerkeil« des Mirabeau ein, mit welchem er den Zeremonienmeister abfertigte, der nach Aufhebung der letzten monarchistischen Sitzung des Königs am 23. Juni, in welcher dieser den Ständen auseinanderzugehen anbefohlen hatte, in den Sitzungssaal, in welchem die Stände noch verweilten, zurückkehrte und sie befragte, ob sie den Befehl des Königs vernommen hätten? »Ja«, antwortete Mirabeau, »wir haben des Königs Befehl vernommen« – ich bin gewiß, daß er bei diesem humanen Anfang noch nicht an die Bajonette dachte, mit welchen er schloß: »ja, mein Herr«, wiederholte er, »wir haben ihn vernommen« – man sieht, daß er noch gar nicht recht weiß, was er will. »Doch was berechtigt Sie«, fuhr er fort, und nun plötzlich geht ihm ein Quell ungeheurer Vorstellungen auf – »uns hier Befehle anzudeuten? Wir sind die Repräsentanten der Nation.« – Das war es, was er brauchte! »Die Nation gibt Befehle und empfängt keine« – um sich gleich auf den Gipfel der Vermessenheit zu schwingen. »Und damit ich mich Ihnen ganz deutlich erkläre« – und erst jetzt findet er, was den ganzen Widerstand, zu welchem seine Seele gerüstet dasteht, ausdrückt: »so sagen Sie Ihrem Könige, daß wir unsere Plätze anders nicht als auf die Gewalt der Bajonette verlassen werden.« – Worauf er sich, selbstzufrieden, auf einen Stuhl niedersetzte.

Wenn man an den Zeremonienmeister denkt, so kann man sich ihn bei diesem Auftritt nicht anders als in einem völligen Geistesbankrott vorstellen; nach einem ähnlichen Gesetz, nach welchem in einem Körper, der vor dem elektrischen Zustand Null ist, wenn er in eines elektrisierten Körpers Atmosphäre kommt, plötzlich die entgegengesetzte Elektrizität erweckt wird. Und wie in dem elektrisierten dadurch, nach einer Wechselwirkung, der ihm inwohnende Elektrizitätsgrad wieder verstärkt wird, so ging unseres Redners Mut bei der Vernichtung seines Gegners zur verwegensten Begeisterung über. Vielleicht, daß es auf diese Art zuletzt das Zucken einer Oberlippe war, oder ein zweideutiges Spiel an der Manschette, was in Frankreich den Umsturz der Ordnung der Dinge bewirkte.

Man liest: daß Mirabeau, sobald der Zeremonienmeister sich entfernt hatte, aufstand und vorschlug: 1. Sich sogleich als Nationalversammlung, und 2. als unverletzlich zu konstituieren. Denn dadurch, daß er sich, einer Kleistischen Flasche gleich, entladen hatte, war er nun wieder neutral geworden, und gab, von der Verwegenheit zurückgekehrt, plötzlich der Furcht vor dem Chatelot und der Vorsicht Raum.

Dies ist eine merkwürdige Übereinstimmung zwischen den Erscheinungen der physischen und moralischen Welt, welche sich, wenn man sie verfolgen wollte, auch noch in den Nebenumständen bewähren würde. Doch ich verlasse mein Gleichnis und kehre zur Sache zurück. Auch Lafontaine gibt in seiner Fabel: les animaux malades de la peste, wo der Fuchs dem Löwen eine Apologie zu halten gezwungen ist, ohne zu wissen, wo er den Stoff dazu hernehmen soll, ein merkwürdiges Beispiel von einer allmählichen Verfertigung des Gedankens aus einem in der Not hingesetzten Anfang.

Man kennt diese Fabel. Die Pest herrscht im Tierreich, der Löwe versammelt die Großen desselben und eröffnet ihnen, daß dem Himmel, wenn er besänftigt werden solle, ein Opfer fallen müsse. Viele Sünder seien im Volke, der Tod des Größten müsse die übrigen vom Untergange retten. Sie möchten ihm daher ihre Vergehungen aufrichtig bekennen. Er für sein Teil gestehe, daß er, im Drange des Hungers, manchem Schafe den Garaus gemacht; auch dem Hunde, wenn er ihm zu nahe gekommen; ja, es sei ihm in leckerhaften Augenblicken zugestoßen, daß er den Schäfer gefressen. Wenn niemand sich größerer Schwachheiten schuldig gemacht hatte, so sei er bereit zu sterben.

»Sire«, sagt der Fuchs, der das Ungewitter von sich ableiten will, »Sie sind zu großmütig, Ihr edler Eifer führt Sie zu weit. Was ist es, ein Schaf erwürgen? Oder einen Hund, diese nichtswürdige Bestie? Und: quant au berger«, fährt er fort, denn dies ist der Hauptpunkt: »on peut dire«; obschon er noch nicht weiß was? »qu'il méritoit tout mal«; auf gut Glück; und somit ist er verwickelt; »étant«; eine schlechte Phrase, die ihm aber Zeit verschafft: »de ces gens là«, und nun erst findet er den Gedanken, der ihn aus der Not reißt: »qui sur les animaux se font un chimérique empire.«

Und jetzt beweist er, daß der Esel, der blutdürstige! (oder alle Kräuter auffrißt), das zweckmäßigste Opfer sei, worauf alle über ihn herfallen und ihn zerreißen. – Ein solches Reden ist ein wahrhaftes lautes Denken. Die Reihen der Vorstellungen und ihrer Bezeichnungen gehen nebeneinander fort, und die Gemütsakte für eins und das andere, kongruieren. Die Sprache ist alsdann keine

Fessel, etwa wie ein Hemmschuh an dem Rade des Geistes, sondern wie ein zweites, mit ihm parallel fortlaufendes Rad an seiner Achse.

Etwas ganz anderes ist es, wenn der Geist schon, vor aller Rede, mit dem Gedanken fertig ist. Denn dann muß er bei seiner bloßen Ausdrückung zurückbleiben, und dies Geschäft, weit entfernt, ihn zu erregen, hat vielmehr keine andere Wirkung, als ihn von seiner Erregung abzuspannen.

Wenn daher eine Vorstellung verworren ausgedrückt wird, so folgt der Schluß noch gar nicht, daß sie auch verworren gedacht worden sei: vielmehr könnte es leicht sein, daß die verworrenst ausgedrückten gerade am deutlichsten gedacht werden. Man sieht oft in einer Gesellschaft, wo durch ein lebhaftes Gespräch eine kontinuierliche Befruchtung der Gemüter mit Ideen im Werke ist, Leute, die sich, weil sie sich der Sprache nicht mächtig fühlen, sonst in der Regel zurückgezogen halten, plötzlich mit einer zuckenden Bewegung aufflammen, die Sprache an sich reißen und etwas Unverständliches zur Welt bringen. Ja, sie scheinen, wenn sie nun die Aufmerksamkeit aller auf sich gezogen haben, durch ein verlegenes Gebärdenspiel anzudeuten, daß sie selbst nicht mehr recht wissen, was sie haben sagen wollen. Es ist wahrscheinlich, daß diese Leute etwas recht Treffendes und sehr deutlich gedacht haben. Aber der plötzliche Geschäftswechsel, der Übergang ihres Geistes vom Denken zum Ausdrücken schlug die ganze Erregung desselben, die zur Festhaltung des Gedankens notwendig wie zum Hervorbringen erforderlich war, wieder nieder.

In solchen Fällen ist es um so unerläßlicher, daß uns die Sprache mit Leichtigkeit zur Hand sei, um dasjenige, was wir gleichzeitig gedacht haben und doch nicht gleichzeitig von uns geben können, wenigstens so schnell als möglich aufeinander folgen zu lassen. Und überhaupt wird jeder, der, bei gleicher Deutlichkeit, geschwinder als sein Gegner spricht, einen Vorteil über ihn haben, weil er gleichsam mehr Truppen als er ins Feld führt.

Wie notwendig eine gewisse Erregung des Gemüts ist, auch selbst nur, um Vorstellungen, die wir schon gehabt haben, wieder zu erzeugen, sieht man oft, wenn offene und unterrichtete Köpfe examiniert werden und man ihnen ohne vorhergegangene Einleitung Fragen vorlegt, wie diese: was ist der Staat? Oder: was ist das Eigentum? Oder dergleichen. Wenn diese jungen Leute sich in einer Gesellschaft befunden hätten, wo man sich vom Staat oder vom Eigentum schon eine Zeitlang unterhalten hätte, so würden sie vielleicht mit Leichtigkeit durch Vergleichung, Absonderung und Zusammenfassung der Begriffe die Definition gefunden haben. Hier aber, wo diese Vorbereitung des Gemüts gänzlich fehlt, sieht man sie stocken, und nur ein unverständiger Examinator wird daraus schließen, daß sie nicht wissen. Denn nicht wir wissen, es ist allererst ein gewisser Zustand unserer, welcher weiß. Nur ganz gemeine Geister, Leute, die, was der Staat sei, gestern auswendig gelernt und morgen schon wieder vergessen haben, werden hier mit der Antwort bei der Hand sein.

Vielleicht gibt es überhaupt keine schlechtere Gelegenheit, sich von einer vorteilhaften Seite zu zeigen, als gerade ein öffentliches Examen.

Abgerechnet, daß es schon widerwärtig und das Zartgefühl verletzend ist und daß es reizt, sich stetig zu zeigen, wenn solch ein gelehrter Roßkamm uns nach den Kenntnissen sieht, um uns, je nachdem es fünf oder sechs sind, zu kaufen oder wieder abtreten zu lassen: es ist schwer, auf einem menschlichen Gemüt zu spielen und ihm seinen eigentümlichen Laut abzulocken, es verstimmt sich so leicht unter ungeschickten Händen, daß selbst der geübteste Menschenkenner, der in der Hebammenkunst der Gedanken, wie Kant sie nennt, auf das Meisterhafteste bewandert wäre, hier noch, wegen der Unbekanntschaft mit seinem Sechswöchner, Mißgriffe tun könnte.

Was übrigens solchen jungen Leuten, auch selbst unwissendsten noch, in den meisten Fällen ein gutes Zeugnis verschafft, ist der Umstand, daß die Gemüter der Examinatoren, wenn die Prüfung öffentlich geschieht, selbst zu sehr befangen sind, um ein freies Urteil fällen zu können. Denn nicht nur fühlen sie häufig die Unanständigkeit dieses ganzen Verfahrens: man würde sich schon schämen, von jemanden, daß er seine Geldbörse vor uns ausschütte, zu fordern, viel weniger, seine Seele: sondern ihr eigener Verstand muß hier eine gefährliche Musterung passieren, und sie mögen oft ihrem Gott danken, wenn sie selbst aus dem Examen gehen können, ohne sich Blößen, schmachvoller vielleicht, als der eben von der Universität kommende Jüngling gegeben zu haben, den sie examinierten.

Nachwort: Mit Freude leben

Seit es Menschen gibt, hat der Mensch sich zu wenig gefreut. Das allein, meine Brüder, ist unsere Erbsünde. *(Nietzsche)*

Ich freue mich, daß ich lebe!

Mit diesem Gedanken sollten Sie morgens die Augen öffnen. Freude ist das Grundgesetz des Lebens. Alles, was Sie im Verlauf des Tages mit Freude und aus Freude heraus machen, wird gelingen und hat den Glanz des Besonderen.

Aber alles, was Sie aus Unlust tun, trägt den Keim des Mißerfolges in sich.

Nur der Mensch ist mit einem Bewußtsein ausgestattet und kann es erweitern. Zum Beispiel durch die Suggestionsformel:

Ich werde täglich mehr Dinge in meinem Leben entdecken, die mich erfreuen und meinen Tag erhellen.

Viele Menschen halten es für ein Zeichen von Intelligenz, an allen Dingen möglichst viel Negatives zu entdecken. Dabei ist es der Ausdruck konsequent angewandter Dummheit. Es gehört nämlich viel mehr Intelligenz dazu, an allen Dingen und Geschehnissen das Positive zu erkennen.

Wer nach dem Positiven sucht, wird es finden. Wer es nicht sucht, geht an den Quellen seines Glückes und der Freude achtlos vorbei.

Wenn man durch die Straßen unserer Städte geht und sich die Gesichter der Menschen anschaut, wird man darin kaum Heiterkeit, Lebensfreude oder Mut entdecken. Ihre Körperhaltung, ihre Mienen verraten eher das Gegenteil. Die Blicke sind matt, die Köpfe gesenkt, die Gesichter ernst und verkrampft, als ob auf allen ein negativer Druck läge. Viele tragen die Züge von Angst, Kummer, Sorge und Not im Gesicht. Andere schauen gleichgültig, teilnahmslos oder arrogant in die Welt.

Freude aber strahlt – wie auch andere Gefühle – tief in den Körper hinein und deutlich aus dem Gesicht heraus. Freude beschwingt den Gang, das Gesicht leuchtet, ist hell, klar und warm und die Augen sprühen und funkeln.

Vom Herzen – sagt der Volksmund, daß es hüpft, wenn es Freude empfindet, von der Stimme, daß sie jubelt. Die Freude reicht sogar bis in unsere Blutgefäße hinein. Die gesunde Hautfarbe zeigt an, daß die Adern im Zustand der Freude weit geöffnet sind und der Körper vom Blut warm durchströmt wird.

Gesichter sind Lesebücher des Lebens

Wann haben Sie zum letztenmal Ihren Gesichtsausdruck im Spiegel kontrolliert? Nicht nur, wenn Sie am Abend die kosmetische Behandlung vornehmen, sondern täglich in den unterschiedlichsten Lebenssituationen.

Hängen die Mundwinkel?

Ist die Stirn gefurcht?

Sind die Augen kalt und abweisend?

Dann fragen Sie sich, warum das in dem Moment so ist, und ob dieser Tag wirklich so schwer war, wie Ihr Gesicht wiederspiegelt. Jeder Tag bietet uns mehr Chancen, als wir nutzen können. »Glück ist ein Talent für das Schicksal«, sagt Novalis. Entwickeln wir uns zu Glückssuchern, so werden wir im wahrsten Sinne des Wortes zu Sonntagskindern. »Sonntagskinder« haben eine heitere Gelassenheit, strahlen Sicherheit und Geborgenheit aus, haben Geduld und sind dankbare Menschen.

Unzufriedene Menschen dagegen sind fast immer hektisch, aufgeregt, ungeduldig, zerstreut, egozentrisch und rechthaberisch. Da sie selbst nicht positiv motiviert sind, können sie auch andere nicht motivieren. Glück ist ansteckend. Deshalb fragen Sie sich doch täglich, wie groß die Ansteckungsgefahr ist, wenn man mit Ihnen zusammen ist?

Das Erleben von Freude hängt nicht nur von dem Anlaß ab, sondern ist die Fähigkeit, die der Mensch zusammen mit der Gestaltung seines Charakters erwirbt.

Wir sollten daher lernen, unser Gehirn, unser Unterbewußtsein zu beherrschen.

Ich weiß, daß den meisten Menschen dieser Gedanke nicht nur neu, sondern auch fremd ist. Die vielen Mißerfolge und psychosomatischen Krankheiten machen aber die Macht der Gedanken deutlich. Es ist möglich, das eigene Gehirn täglich zu beeinflussen durch positive aufbauende Gedanken, die gesund und glücklich machen.

Die bewußte Autosuggestion ist der königliche Weg, das Gehirn wirkungsvoll positiv zu trainieren.

Wir beschäftigen uns mehr mit der Frage, was die anderen denken mögen, als damit, welche Gedanken wir selbst produzieren. Durch kluge Selbsterziehung und Gedankendisziplin erziehen und trainieren Sie Ihr Gehirn zur Produktion von positiven Gedanken. Schon vor 2 500 Jahren sagte Gaudama Buddha »Herrschaft über das Denken gibt Macht über Leib und Leben«.

Sie lernen Ihre Gedanken und damit Ihren Körper, Ihre Handlungen – und sich selbst zu beherrschen, ganz im Sinne des Philosophen Fichte: »Mensch werde wesentlich«.

Die folgende Autosuggestion sollten Sie so oft wie möglich lesen und auswendig lernen. Lautes Lesen und auswendig lernen ist das beste Gehirntraining. Wir trainieren damit unser Gehirn, weiter zu denken, zu fühlen, zu empfinden und zu handeln. Nach einer gewissen Zeit werden auch Sie täglich mehr Dinge erleben, die Sie erfreuen und Ihren Tag erhellen.

Ich brauche Macht über mein Unterbewußtsein!

Mein Unterbewußtsein ist mein bester Mitarbeiter, es ist der Riese in mir.

Ich lerne mein Unterbewußtsein immer wirksamer zu beeinflussen.

Täglich werde ich mein Unterbewußtsein überzeugend und suggestiv ansprechen, um ihm zu sagen, was ich von ihm erwarte.

Täglich wächst mein suggestiver Einfluß. Das stärkt und kräftigt meine Persönlichkeit. Alle Kräfte und Fähigkeiten meines Unterbewußtseins warten darauf, meine Wünsche zu erfüllen.

Aus diesem Grunde werde ich täglich konzentriert und suggestiv mein Unterbewußtsein beeinflussen, dann wird mein bester Mitarbeiter alles tun, was ich von ihm erwarte. Darum wiederhole und wiederhole ich immer wieder: mein persönlicher Einfluß wächst und wird stärker von Tag zu Tag.

Der Manager eines großen Konzerns fällte eines Tages eine Entscheidung, die sich äußerst negativ auswirkte. Um für die Folgen nicht gerade stehen zu müssen, floh er – unbewußt – in eine Krankheit. Da er ein gewissenhafter Mensch war, führte er ein Tagebuch, in das er alle Krankheitssymptome und alle Verordnungen eintrug. Er schrieb also nicht nur ein Tagebuch, sondern er beschrieb vor allem sein Unterbewußtsein. Eine negative Kettenreaktion begann. Von Tag zu Tag wurde seine Gesundheit sichtbar labiler. Bis er nur noch ein Schatten seiner selbst war.

Stattdessen sollten Sie als Gesunder wie als Kranker ein Glückstagebuch führen. In dieses Buch schreiben Sie täglich, worüber Sie sich gefreut haben, was bemerkenswert schön an diesem Tag war, und davon gibt es viel mehr Eindrücke, als Sie manchmal mürrisch abends noch wissen. Schon einem Monat haben Sie in Ihrem Glückstagebuch nicht nur viele freudige Erlebnisse festgehalten, sondern vor allem in Ihrem Unterbewußtsein – und das ist viel wichtiger. Bewußtsein ist Schöpfung. Das aktivierte positive Bewußtsein wird sich automatisch erweitern; denn – plötzlich werden Sie täglich mehr Dinge erleben, die Sie erfreuen und Ihren Tag erhellen. In der Freude erscheint nicht nur die Welt schöner, sondern mit dem Menschen vollzieht sich eine Wandlung. Ein bejahender Mensch bejaht sein Leben täglich, auch wenn es nicht immer von Erfolgserlebnissen strotzt. Dadurch werden seine seelischen Kräfte mobilisiert; denn das Gefühl der Freude drängt zur Tat. Freude bedeutet Daseinsbereicherung. Das Kraftbewußtsein des Menschen wächst, er fühlt sich vollkommener und sieht die Welt vollkommener.

Freude verleiht dem Menschen Schwung für den Sprung über das Gegebene.

Freude erweitert nicht nur die Auffassungsgabe, sie ermöglicht auch neuartige Erkenntnisse, die nur in dieser Stimmung zu gewinnen sind.

Wer viel Freude hat, erreicht gerade das, was der Klügste mit all seiner Klugheit erstrebt *(Nietzsche).*

Nichts ist höher zu schätzen als der Wert eines Tages. Jeder Tag ist einzigartig. Jeder Tag ist eine Aufgabe für sich.

Wie ein Mensch seinen Tag lebt oder verlebt, zeigt, ob er sein Leben führt oder ob er geführt wird.

Wir wünschen uns täglich gegenseitig einen »Guten Morgen«. Aber wie wenig tun wir selbst dazu, daß es auch ein wirklich guter Morgen wird.

Haben Sie zum Beispiel heute früh schon ihr psychogenes Atemtraining praktiziert und anschließend Ihre Programmierung voller Überzeugungskraft gesprochen? Damit Sie in Schwung bleiben, hier gleich noch eine zweite Autosuggestion.

Jeder liebt den kraftvollen, lebensbejahenden und harmonischen Menschen. Meine positiven Gedanken und Gefühle erzeugen meine Anziehungskraft. Deshalb werde ich immer harmonischer, immer ausgeglichener und auch immer stärker.

Mein Selbstbewußtsein gibt mir Halt und macht mich zufrieden. Der Erfolg ist mein; denn ich verursache ihn selbst.

Morgens sollten wir uns mit der nötigen Spannkraft ausrüsten, die wir für einen Tag der Freude brauchen. Täglich neu muß der Erfolgswille geweckt werden, um dem grauen Alltag keine Chancen zu geben.

Gut die Hälfte aller Sorgen und Probleme rührt von unserer eigenen Dummheit und Faulheit her. Wir leiden unter unseren Sorgen, aber wir tun nichts dagegen. Um satt zu werden, müssen Sie essen.

Da ist keine Delegation möglich. Genauso ist es mit dem Glück, das wir erleben wollen. Auch das müssen wir selbst verursachen.

Der verlorenste Tag aller Tage ist der, an dem man nicht gelacht hat.
(Chamfort)

Es gibt Menschen, die sich durch Kummer, Sorge und Neid viele Jahre ihres Lebens verbittern lassen. Sie bauen eine Mauer um sich herum auf, eine Mauer des Trübsals und des Selbstmitleids, und sie wagen es nicht, über diese Mauer zu sehen. Es sind oft Menschen, die in dem sogenannten Schicksalsschlag etwas Endgültiges sehen. Doch das Leben geht weiter. Wer aber einen Schicksalsschlag als etwas endgültiges nimmt, verhindert eine Weiterentwicklung. Wir sorgen uns zu oft um Dinge, über die wir keine Macht haben. Dabei ist der einzige Mensch, der mich unglücklich machen kann, nur ich selbst.

Der fröhliche Mensch ist aktiv. Er fühlt Kraft und Energie in sich. Trägheit trägt immer einen negativen Keim in sich.

Ein froher Mensch weiß, was er will, er hat immer etwas vor, er lebt in der Zukunft, selbst dann, wenn an der Gegenwart mal schwarze Wolken vorbeiziehen. Frei, heiter und beschwingt sollten wir alle leben. Äußere Hilfe ist nichts im Vergleich zu den Reserven, die wir in uns tragen. Jeder Mensch ist stark, wenn er aus sich heraus lebt. Gelöst und heiter heißt, daß aufkommende Unlustgefühle immer gleich beseitigt werden können. Wer verdrossen und mißmutig ist, sieht nicht die Realität. Wir wissen, daß nur der Optimist der einzige Realist ist.

Ein richtiges Leben muß Vergnügen machen. Wenn uns das Leben keine Freude mehr bereitet, sind wir nicht auf dem erfolgreichen Weg, sondern in einer Sackgasse gelandet.

Das Leben eines Menschen läuft zwischen Freiheit und Zwang, zwischen »müssen« und »wollen«.

Wir sollten im Verlauf unseres Lebens immer mehr danach streben, einen Platz und eine Aufgabe zu finden, wo wir in Übereinstimmung mit uns selbst sagen können: *Ich will!*

Der gehemmte Mensch steht immer unter Zwang. Deshalb ist es wichtig zu lernen, immer besser nach unserer Bestimmung zu leben. Tun wir, was wir tun möchten, werden wir frei und glücklich und erfolgreich. Sie müssen nur an Ihre Persönlichkeit und die Möglichkeiten Ihres Unterbewußtseins glauben.

Das Fundament eines glücklichen Lebens sind Seelenruhe und Gesundheit, Freiheit von Schmerz und Abwesenheit von Angst. Die Freude ist das A und O des Lebens.

Wer sich nicht weiterentwickelt, kann sich auch nicht wirklich freuen. Angst ist ein inneres Gefängnis, aus dem uns nur die Freude befreien kann. Freude ist identisch mit Entwicklung und Entfaltung mit den vielfältigen Werdensmöglichkeiten des Kosmos. In der Freude hat der Mensch an der Entwicklung und dem Werden des Kosmos gleichsam von innen her teil. Er erfährt das Gefühl des Einsseins.

Auch er ist ein Teil einer schöpferischen Bewegung, die in ihm gegenwärtig und wirksam ist. Mit wirklicher Freude leben kann nur ein Mensch, der an der Verwirklichung seiner Lebensaufgabe arbeitet.